우아한
욕망

우아한 욕망
속성으로 교양인 되기 - 문명편 -

초판 1쇄 발행 2024년 8월 15일

지은이 이상영
펴낸이 장길수
펴낸곳 지식과감성#
출판등록 제2012-000081호

표지 이미지 허욱
그림 이승은(저자 이상영의 딸)
　　　이원희(저자 이상영의 아들)
교정 김지원
편집 오정은
검수 주경민, 정윤솔
마케팅 김윤길, 정은혜

주소 서울시 금천구 벚꽃로298 대륭포스트타워6차 1212호
전화 070-4651-3730~4
팩스 070-4325-7006
이메일 ksbookup@naver.com
홈페이지 www.knsbookup.com

ISBN 979-11-392-2071-1(03900)
값 16,700원

- 이 책의 판권은 지은이에게 있습니다.
- 이 책 내용의 전부 또는 일부를 재사용하려면 반드시 지은이의 서면 동의를 받아야 합니다.
- 잘못된 책은 구입하신 곳에서 바꾸어 드립니다.

이 책은 2023학년도 영산대학교 교내연구비의 지원에 의하여 이루어진 것임.
This work was supported by Youngsan University Research Fund of 2023.

지식과감성#
홈페이지 바로가기

글 이상영
그림 이승은, 이원희

속성으로 교양인 되기 문명편

우아한 욕망

지식과감정

들어가는 말

 이 책은 저자가 교양 시간에 강의하는 〈미술과 문명〉의 교재로 활용하기 위해 쓰였다. 원래 문명과 미술 편으로 구분하여 2권으로 출판할 계획이었는데, 미술 편은 기약이 어려워졌다. 그동안 학교 연구비와 출판사 협력 등으로 겨우 몇 권의 책이 세상에 나왔지만, 연구비 예산은 대폭 삭감되고, 출판 시장 사정도 좋지 않아 앞으로 인쇄된 형태의 문자가 세상에 나올 일은 없을 듯하다. 그래서 글쓴이의 은밀한 소회를 활자로 끼워 넣고 싶었다는 구차한 사정을 굳이 첫머리에 밝힌다. 사실 학생들이 교재용으로 구매하거나 지인들이 마지못해 사주는 수십 권 이외에 얼마나 많은 양의 책이 팔리겠는가. 게다가 그중에 머리말을 곰곰이 읽어보는 독자가 몇 명이나 있을까. 시간이 한참 지난 후(아니면 머지않아), 필자가 정신이 혼탁한 시기가 올 때, 미래의 자신에게 보내는 긴 편지라고 생각하기로 하였다.

 누구의 말인지는 모르겠으나, 예술에는 국경이 없지만 예술가는 자신의 국가와 민족을 잊으면 안 된다는 말에 동감한다. 예술이 갖는 인류애의 보편성 이전에 예술가의 정체성이 우선되어야 한다는 뜻일 것이다. 그래서 예술의 진정한 이해를 위해 올바른 역사관이 필요하다는 생각을 항상 해오던 터였다. 그 와중에 끊임없이 지식을 전달해야 하는 직업 특성상, 강의를 위해 자료 수집을 하고 연구하는 과정에서, 나 자신 또한 편견의 산물이자 후유증의 결과였다는 사실을 인정할 수밖에 없었다. 결국 학생들에게 나처럼 살지 말라는 의지를 전하기 위해 교재의 형식을 빌려 쓰게 되었다. 이 책의 핵심적인 내용은 마지막 장에 모두 들어있다. 마무리 장의 정당성을 위해 앞부분의 일반적이고 상식적인 문명의 이야기가 펼쳐진다. 그렇다고 다른 장이 마냥 지루한 것만은 아니다. 호모 사피엔스로서, 한국인으로서 꼭 필요한 내용만 선별하였다. 마지막으로 바쁜 와중에도 주인공 승은의 대사를 수정해 주고, 군말 없이 책에 들어간 거의 모든 이미지를 그려준 딸내미 이승은에게 감사의 마음을 전한다.

목차

1화: 호모 사피엔스의 정체 ········ 8
2화: 이집트의 시작 ················ 35
3화: 메소포타미아 문명 ·········· 72
4화: 그리스와 로마 ················ 111
5화: 로마의 탄생 ··················· 210
6화: 홍산 문화(요하 문명) ······ 268

1화: 호모 사피엔스의 정체

마라톤 중계를 하는 아나운서의 목소리는 살짝 흥분되어 있었다.

아나운서   20명이나 되는 그룹의 선수들이 모두 케냐 출신입니다. 그들만의 싸움이 곧 진행되는데 너무 기대되는군요.

해설자   현재 전 세계 마라톤 대회에 출전하는 선수들 상위 90%는 전부 아프리카 출신들입니다. 나머지 10%는 상금이 적어서 그쪽 선수들이 참가하지 않는 대회죠. 그러니까 실제로는 100% 그들만의 잔치라고 할 수 있습니다.

해설자의 말투에도 탄식과 감탄이 섞여 있기는 마찬가지였다. 2024년 부산 국제마라톤 대회를 TV로 시청하는 승은 역시 이런 모습이 생소했다. 앞선 선수들 전원이 100m를 21초대로 유지하면서도 힘이 펄펄 남아도는 듯했다. 표정과 몸짓 또한 조금의 흔들림도 없었다. 당연히 1, 2, 3등을 한 선수들 모두 아프리카 대륙 출신이었다. 승은이는 자신도 모르게 핸드폰을 입술 앞에 대고 "프락시모"라고 외쳤다.

프락시모   안녕하십니까? 회원님! 오랜만입니다.
승은   그래, 이게 얼마 만이야! 잘 지내지?

승은은 너무나 자연스러운 프락시모의 인사말 때문에 사람들한테 하는 것처럼 반응했다.

프락시모   제가 어떻게 지냈겠습니까. 여전히 바쁘게 보냈지요. 지금, 이 순간도 38개국 28,958명의 회원들과 동시에 대화하는 중이죠. 방금 한 분이 추가되어 28,959명이 되었군요.

승은   그렇구나. 대단하다! 근데 굳이 그런 식으로 얘기할 필요 없어, 사람들은 대부분 자신만의 대화 상대를 원하거든.

승은은 몇 년 전 미술관에서 프락시모를 만났다. 사실 실체를 보지도 못했고 인간도 아니기 때문에, 만남보다는 사용하기 시작했다는 의미가 더욱 정확한 표현이었다. 프락시모는 수년 전 인간을 이긴 슈퍼컴퓨터 '왓슨'의 개량형으로서, 이세돌을 꺾은 알파고의 완결판 인공지능 소프트웨어다. 개발 막바지에 미술관 최우수 고객들에게 테스트용으로 제공되었으며, 현재는 거의 모든 모바일에 내장되어 있다. 경험을 바탕으로 스스로 학습하는 딥 러닝 시스템, 즉 대화형 인공지능 서비스가 결국 상용화된 것이다. 그러나 상용화, 끝판왕 같은 말은 프락시모에게 어울리지 않는 단어일지도 모를 일이었다. 인간처럼 정보와 경험을 기반으로 의식의 폭을 넓혀가는 데다, 수명 또한 정해지지 않았기 때문이었다. 조지 오웰의 소설 《1984》에 나오는 빅브라더가 드디어 자신의 존재를 드러낸 세상이 온 것이다.

프락시모   자신만의 대화 상대… 흥미롭군요. 한 번에 여러 가지 일을 처리할 수 있는 능력을 갖춘 인간, 그것이 인류[1]가 추구하는 궁극적인 목표 아닌가요? 그보다 더 효율적이고 합리적으로 상대를 평가하는 방법이 있나요?

프락시모는 상대의 의견을 묻는 와중에도 학습 알고리즘 데이터를 최대치로 끌어올린 다음 그것들을 나열하고 분류하고 저장하기를 반복했다. 동시에 지구 저편에 어느 대화 상대에게도 비슷한 대화를 유도하여 민족과 국가, 성별, 나이 등에 따른 문화와 관념의 차이들을 분석하는 것을 멈추지 않았다.

승은   글쎄… 여러 명과 동시에 대화하는 능력은 신의 영역이라고 생각하기 때문이 아닐까? 게다가 한 가지 일도 제대로 소화해 내지 못하고, 자신의 능력이 부족하다고 여기는 사람들이 태반인 세상에서….

승은은 문득 자신이 왜 프락시모를 불렀는지 떠올리면서 말끝을 의도적으로 흐렸다. 프락시모 또한 그런 승은의 심정을 알아차린 것처럼, 본연의 업무에 집중하는 표시로 목소리 톤과 억양을 사무적으로 바꾸고 다시 대화를 시작했다. 프락시모의 입장에선 텍스트보다 음성분석이 더욱 효과적이었다. 말과 억양에는 상대의 감정이 고스란히 녹아있었기 때문이었다.

---

1) 유인원과 영장류의 구분은 꼬리의 유무이고, 유인원과 인류는 직립보행 능력에 따라 구분된다. 영장류가 가장 포괄적인 개념이라고 보면 되겠다.

프락시모   그렇군요. 저한테는 매우 인상적인 데이터가 추가되었습니다. 감사합니다. 오늘은 어떤 일 때문에 저를 호출하셨나요?

승은   뭐 별건 아니고. 방금 부산 마라톤 대회에서 우승한 선수들, 심지어 20여 명의 선두 그룹이 모두 같은 지역 출신이라는 걸 어떻게 이해해야 하지? 한국이 여자 양궁이나 여자 골프에서 압도적으로 강세를 보이는 것과 같은 맥락으로 이해하면 되겠니?

질문하는 승은의 표정은 제법 진지했고, 프락시모는 화상 통화로 보이는 승은의 표정과 말투에서 단순한 호기심을 넘은 진지함을 충분히 느낄 수 있었다.

프락시모   글쎄요…. 이런 경우… 그러니까 이런 현상이나… 질문은 처음이라….

슈퍼컴퓨터는 승은에게 대답을 흘리는 사이, 엄청난 데이터를 기반으로 출력을 최대치로 높여 정보들을 처리하기 시작했다. 순식간에 최근 수년간의 전 세계 마라톤 우승자들의 이력과 출생, 그것과 관련된 민족, 지역 특성을 종합하고 분석한 데이터가 만들어졌다. 현존하는 최선의 가설이자 가장 타당한 결론이었다.

프락시모   한국의 경우처럼, 특정 종목의 선호도가 높아서 나온 결과이기도 하겠습니다만, 결론적으로 유전학적인 원인이라고

	볼 수 있겠습니다.
승은	마라톤에 최적화된 신체라는 거지?
프락시모	그렇습니다. 시간을 허락해 주시면 질문의 답을 좀 길게 할 수 있는데요. 가능하시겠습니까?
승은	아무리 길어도 좋으니까 자세한 설명 부탁해.
프락시모	네, 알겠습니다. 승은 님은 인류의 시작, 즉 기원이 되는 곳이 아프리카인 것은 알고 계시죠?
승은	그렇지…. 아프리카.
프락시모	그러면 현생인류의 기원, 즉 어머니라고도 할 수 있는 루시부터 이야기를 시작하겠습니다. 1천500만 년에 인류는 모두 하나였습니다. 1천만 년 전에는 고릴라와 침팬지, 그다음 대략 700만 년 전에 인류와 침팬지가 서로 나뉘었죠. 최초의 인류는 아프리카의 건조화가 진행되면서 숲에서 소림과 초원으로 밀려난 약한 종이었다는 것이 가장 최근에 합의된 가설입니다.[2]

---

2) 정글과 숲은 옛날이나 지금이나 유인원들에게 최적의 서식지이다. 먹이경쟁과 영역 다툼에서 밀려난 어떤 무리들이 최초로 나무 아래서 생활하면서, 할 수 없이 땅에 적응하였을 것이다.

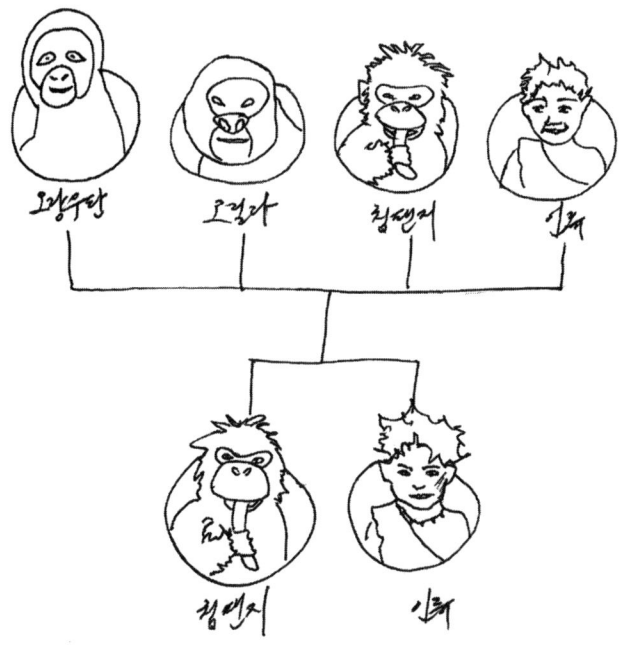

약 700 만 년 전에 인류와 침팬지가 서로 갈라졌다

승은   너무 학술적이고 전문적인 용어나 문장 말고, 좀 맛깔나게 설명해 줄래.

승은은 프락시모가 아무리 스스로 학습하는 컴퓨터라고는 하지만, 정보를 감칠맛 있게 이야기로 풀어내는 능력은 한참 부족하다는 것을 느꼈으므로, 대화 시작부터 미리 자신의 의견을 이야기해야겠다고 생각했다. 반면에 프락시모는 그동안 수집한 승은의 취향과 성격, 관심사 등을 기반으로 자신의 말투와 억양까지 조절하면서, 세심하게 상대의 감정 변화를 점검하기 시작했다.

프락시모   아, 그럼 간단하게 인류의 진화 과정에 대해서 말씀드리겠습니다. 1974년 미국의 인류학자 도널드 요한슨이 에티오피아 아파르 지역에서 고인류 화석을 발견하는데요. 아파르 지역에서 발견되었기 때문에 '오스트랄로피테쿠스 아파렌시스'라고 합니다, 한국어로는 아파르 지역에서 발견한 남방 원숭이라는 뜻입니다. 화석 발굴 후 발굴팀 축하 파티에서 당시 비틀즈의 노래 〈Lucy in the Sky with Diamonds〉를 듣고는 즉석에서 이 화석의 이름을 루시라고 지어버립니다. 루시는 350만 년에 존재했던 인류인데 뇌 용량은 현대 인류의 3분의 1 수준인 450cc에 지나지 않았고 키는 1m도 되지 않았습니다. 사실 침팬지와 크게 다르지 않습니다. 그러나 루시는 현생인류처럼 두발걷기 이외에는 다른 방법으로 움직일 수 없는 의무적 직립보행을 했던 최초의 인류였습니다. 그래서 인류의 어머니라고 하는 거죠. 사실 여성이었다는 증거는 없지만요.

승은   오스트랄로피테쿠스는 아주 먼 미래에 자신들의 화석이 발견돼서 별로 의미 없는 노래 제목으로 불릴 거라곤 전혀 예상 못 했겠지?

프락시모   하하, 아마도 그랬을 겁니다. 아무튼 오스트랄로피테쿠스가 호모속[3])이 되고 점차 몸집이 커지면서 최초로 도구를 사용했다고 알려진 호모 하빌리스가 등장합니다. 그리고 180만 년 전 불을 사용하면서 사냥을 하고 털이 사라지기 시작한 호모 에렉투스[4])가 나타나게 됩니다.

---

3) 사람속(Homo)은 현생인류와 그 직계 조상을 포함하는 분류이다. 사람속은 약 250만 년 전에 등장하여, 호모 하빌리스(Homo habilis)의 등장과 함께 오스트랄로피테신(Australopithecine) 의 선조로부터 진화한 것으로 추정하고 있다.

4) 호모 에렉투스는 거의 2백만 년 전에 새로운 종으로 출현한 후 놀라울 정도로 빠르게 아프리카를 떠났다. 상당한 기간 동안 그들은 여러 지역에 정착을 했고, 이들 초기의 호모 에렉투스는 아시아의 자바인과 베이징인, 유럽의 호모 하이델베르겐시스와 마지막으로는 호모 네안데르탈렌시스로 진화했다. 그러나 이들은 수십만 년 전 아프리카를 떠나 유라시아로 진출했던 호모 사피엔스의 선조는 아니다.

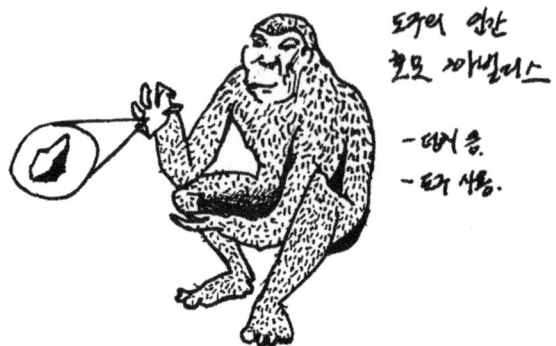

승은	한반도에서 발견된 최초의 조상이 호모 에렉투스지? '서있는 사람'이란 뜻이라면서?
프락시모	맞습니다. 불을 이용해서 육식을 시작했던 호모 에렉투스 시기부터 뇌의 용량은 800~900cc에 이를 정도로 그전과 확연한 차이를 보이면서 커지기 시작합니다. 비교적 정교한 도구를 바탕으로 음식을 잘게 부수고 익혀 먹었던 이들은 소화가 쉽게 되자 장의 길이가 짧아지면서 날씬한 허리를 가지게 되었고, 이런 신체를 바탕으로 먼 거리를 걸을 수 있게 되었습니다. 결국 호모 에렉투스는 아프리카를 떠나 대륙의 동쪽 끝 한반도까지 올 수 있었던 것이죠.[5]

---

5) 미국 존스 홉킨스 대학 뇌과학 전문가인 마크 맷슨(Mark P. Mattson) 교수가 쓴 논문에서 과식은 인지발달에 악영향을 주는 것으로 보인다며, 그 예로 쉽게 먹이를 얻고 풍족하게 섭취하는 가축이나 애완동물의 뇌 크기가 야생동물들보다 상대적으로 작고, 인간의 뇌 역시 10,000년 전보다 10%가량 줄었다고 설명한다. 비록 언어와 추상적 사고를 담당하는 측두엽의 크기는 증가했지만, 사냥과 채집 등에 필요한 운동피질과 전두엽의 기능과 크기는 줄어든 것으로 보인다는 것이다.

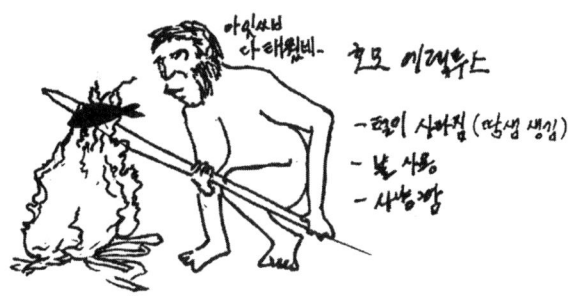

승은	몇백만 년 전 아프리카의 숲에서 초원으로 밀려난 최초의 인류가 두 발로 당당하게 동쪽 끝 한반도로 걸어가는 모습이 상상돼.
프락시모	현 인류의 직접 조상이라고 할 수 있는 호모 사피엔스는 대략 30~17만 년쯤[6]에 출몰하여 빙하기[7]가 점차 누그러지는 3~4만 년 전부터 더욱 급속도로 진화와 발전을 하게 됩니다. 이 시기에 마지막까지 호모 사피엔스와 경쟁을 벌이던 네안데르탈인이 멸종하게 되는데요. 그 이유에 대해서는 의견이 많지만 어쨌건 이때부터 지구상에는 호모 사피엔스만 남게 되면서 노인층과 각종 장신구가 늘어나기 시작

---

6) 연구 결과 17만 년 전쯤에 머리카락에 붙어 사는 머릿니에서 몸이나 옷에 기생하는 몸니(옷엣니)의 아종이 나타났다. 옷을 입기 시작하면서 머릿니의 변종이 생겼다는 것이다. 이 시기부터 옷의 착용이 본격적으로 이루어졌고, 인류는 멀리 떠날 수 있었을 것이다.

7) 현재도 지구 전체를 보면 빙하기다. 북극과 남극의 얼음이 존재하기 때문이다. 그런데 이 시기 중에도 10~20만 년 주기로 가끔 기온이 치솟아 따뜻해지는 1~3만 년 정도의 짧은 시기가 있는데 때를 간빙기라고 부른다. (45만 년 동안 10만 년 주기로 빙하기와 간빙기를 반복하였다.) 지금 우리는 1만 년 전부터 시작된 간빙기에 살고 있다. 연구에 의하면 마지막 빙하기는 7만 년 전에 시작하여 1만 년 전에 끝났다. 지금도 계속되는 간빙기 동안 기후는 지금과 같이 따뜻해졌고 냉대기후인 툰드라는 극지방으로 물러났고 많은 지역이 숲으로 바뀌었다.

하죠.[8] 특히 동굴벽화를 통해서 공동체의 의식과 정보를 공유했던 이 시기의 인류들을 호모 사피엔스 사피엔스(두 배로 슬기로운 자) 또는 크로마뇽인이라고 따로 명명합니다.

승은 네안데르탈인은 왜 사라졌을까? 꽤 오래 살아남았는데….

프락시모 어떤 종의 운명은 누구도 장담할 수 없지요. 최초의 인류인 루시, 그다음 호모 하빌리스나 호모 에렉투스로 진화하는 단계를 보면 최소 1~2백만 년이 걸리는데, 호모 사피엔스의 출현은 고작 30~20만 년 전, 크로마뇽인[9]은 4만 년 전이니까 우주의 입장에서 보면 거의 최근에 생겨난 신생 인류라고 할 수 있는 것이죠. 최근 연구 결과에 따르면 네안데르탈인은 호모 사피엔스처럼 장례문화도 있었고 다소 초보적이지만 동굴벽화도 있었습니다. 뇌 용량이나 근육도 호모 사

---

8) 속 시원히 밝혀진 것은 없지만, 기원전 3~4만 년 전쯤, 1만 년 전의 농업혁명과 비슷한 큰 전환점이 생기기 시작한 것은 확실해 보인다. 구석기와 신석기 사이, 10만 년 동안 이어져 온 빙하기 시대, 긴 암흑과 추위를 견디면서 지적 활동들이 발전한 것으로 추정된다.

9) 최초로 발견된 프랑스 남서쪽에 있는 크로마뇽 동굴의 이름을 따 지어졌다. 호모 사피엔스 사피엔스와 동일한 의미이다.

피엔스보다 크고 강했죠.[10] 이뿐만 아니라 인류의 출현 이후부터 호모 사피엔스만이 살아남은 4만 년 전까지, 인류와 비슷한 25종 이상의 아종들이 수백만 년 동안 같은 공간에서 살았었습니다. 심지어 한반도에서는 호모 에렉투스와 호모 사피엔스가 공존하던 시기도 있었죠.[11]

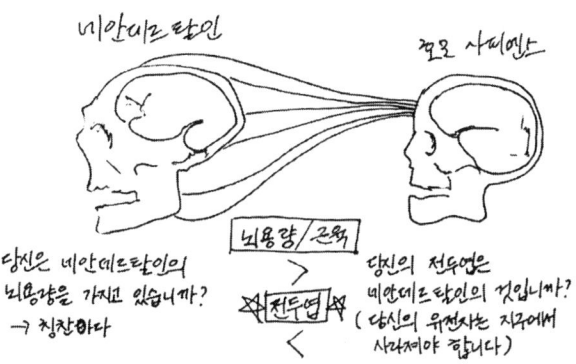

승은　　한때 그렇게 많은 인류들이 동시대에 공존했었다니…. 어쩌다 전부 멸종한 거지?

---

10) 다만 발견된 두개골을 보면 호모 사피엔스보다 전두엽이 현저하게 납작하다. 판단, 창조, 기획 등 최고의 고등사고를 담당하는 기관의 크기가 작다는 것이 결국 집단지성의 차이를 만들지 않았을까 하는 추측을 가능하게 하겠다. 호모 사피엔스보다 협동이나 공감, 소통이 부족했던 네안데르탈인이 마지막 빙하기를 견디지 못하고 호모 사피엔스에 흡수된 걸로 여겨진다. 실제로 현대인의 DNA에는 4% 정도의 네안데르탈인의 유전자가 남아있다.

11) 오스트랄로피테쿠스가 호모 하빌리스로, 그다음 호모 에렉투스, 호모 사피엔스로 진화했다는 식의 선형적 이해는 옳은 방식이 아니다. 진화의 과정은 수많은 나뭇가지처럼 복잡하다. 심지어 호모 에렉투스는 호모 사피엔스에게 흡수, 멸종당했다고 보는 것이 가장 합리적인 추측이라고 보는 견해가 지배적이다. 종이 변화한 것이 아니라 출발 자체가 다른 종이었다는 뜻이다.

프락시모	호모 사피엔스가 이동하면서 거쳐 가는 지역엔 같은 호모속을 비롯한 다른 아종들은 남아나질 않았죠.[12] 그 이유를 동굴벽화에서 찾아볼 수 있겠습니다.
승은	누가 동굴에 벽화로 친절하게 설명이라도 해놨어?
프락시모	결론적으로 이야기하자면 집단을 형성하는 탁월한 능력이 동굴벽화를 통하여 더욱 효과적으로 발현될 수 있었던 것이죠. 각각의 개체가 약했던 호모 사피엔스들은 협력이 절대적으로 필요했습니다. 10명으로 멧돼지를 잡을 수 있다면, 50명이 모이면 매머드를 사냥할 수 있었을 테니까요. 협동이 필요하고 적과 아군을 구별하기 위해서 집단의식을 공고히 할 수 있는 구심점이 필요했을 것이고, 그런 이야기들이 시간이 흐르면서 신화와 종교가 되는 것이죠.
승은	아직도 우리는 종교 때문에 전쟁이 끊이지 않는데, 원래 호모 사피엔스의 운명인가 보네.
프락시모	전혀 말이 안 되는 가설은 아니죠. 그럼 많이 알려진 라스코, 알타미라, 쇼베 등 몇 개의 동굴벽화를 통해서 인류의 특징들을 다루어보겠습니다. 지금까지 발견된 대부분의 동굴벽화는 스페인 북부와 프랑스 중남부 지역 등 주로 한정된 유럽 지역에서 발견됩니다.
승은	그래? 얼마 전의 뉴스에서 보니까 인도네시아 지역에서도

---

12) 호모 사피엔스는 뼛속까지 사회적이었다. 사회적이게 됨으로써 호모 사피엔스는 최상위 종이 될 수 있었다. 호모 사피엔스의 사회적 고립은 죽음을 의미했다.

	4만 년 전의 동굴벽화[13]가 발견되었다던데?
프락시모	아, 네. 맞습니다. 가장 최근의 일이죠. 발견이 논문과 학설로 인정되기까지 많은 시간이 걸리기도 하는데요. 아무튼 그 일로 인해서 동굴벽화는 유럽에서만 발견된다는 학설이 뒤집히게 되었습니다.
승은	그러게, 한반도의 석회암 동굴에도 벽화가 있을지도 모를 일이지. 유럽인들의 사고나 연구 방식은 가끔 알 수가 없다니깐….
프락시모	그럴 날이 곧 오겠지요. 모든 학설들은 일단 가설에서 출발하는 것이고, 그것은 새로운 증거가 나올 때마다 뒤집히는 거니까요. 아, 그리고 동굴벽화는 아니지만 한반도에도 그와 비슷한 암각화가 있습니다. 울산 태화강 상류의 대곡리 반구대 암각화[14]와 천전리 암각화[15]가 그것입니다. 확실하게 구석기와 신석기에 이르는 역사가 존재했던 증거라고 할 수 있습니다.

---

13) 보르네오 동부 인도네시아 지역인 술라웨시 남쪽에 있는 동굴 '리앙불루시퐁'이라는 곳에서 발견된 벽화가 4만 4천 년 전에 그려졌던 것으로 밝혀졌다. 벽화는 창과 밧줄을 든 반인반수 모습을 한 생물체로부터 사냥당하는 물소의 모습을 그렸다. 몇몇 연구자는 인류 역사상 가장 오래전에 기록된 이야기가 담겼다고 보고 있다.
14) 세계에서 가장 오래된 고래사냥 암각화로, 태화강 상류의 지류 하천인 대곡천의 중류부 절벽에 위치하고 있다. 대한민국의 문화재로 국보 제285호로 지정되어 있으며, 대한민국 문화재청이 선정하는 유네스코 세계유산 후보 목록인 '우선 등재 목록'에 '대곡천 암각화군'으로 묶여 올라있다. 그러나 지속적인 침수와 노출의 반복으로 풍화가 가속되어 사라져 가고 있다.
15) 울산광역시 울주군 두동면 천전리에 위치한 길이 9.5m, 높이 2.7m의 암각화로, 청동기 시대부터 신라에 이르기까지 다양한 시대에 기록되었고 태화강 상류에 위치한다.

승은　　　점차 물에 잠겨서 복원이 시급하다는 기사를 본 적이 있어. 우리나라에도 자랑스러운 선사 벽화가 있었네.

프락시모　해수면의 수위가 계속 높아지면서 생긴 현상이죠. 아마도 해수면이 현저히 낮았던 고대에는 높은 절벽에 올라가서 그러한 벽화를 제작했을 테고, 사람들은 아래서 벽화를 우러러보면서 그들만의 의식을 행했을 것입니다. 아무튼 스페인 북부의 알타미라 동굴벽화는 1만 8천 년 전, 프랑스 남부의 라스코 동굴벽화는 2만 년 전, 쇼베는 3만 2천 년 전쯤 그려졌는데요. 사실 시기도 중요하지만 더욱 놀라운 것은 그들의 예술성입니다.

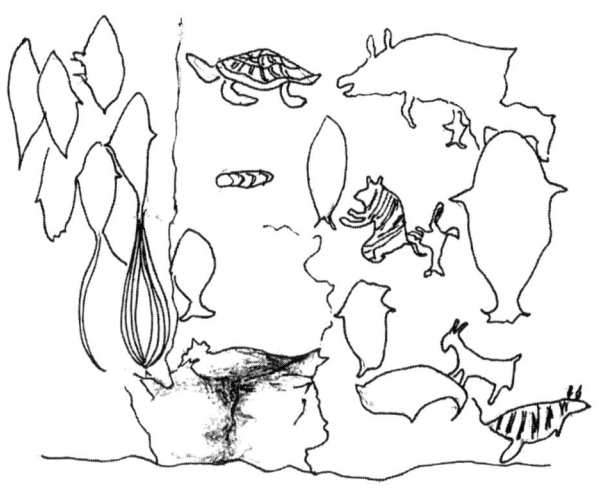

승은　　　고대인들의 그림이 도대체 얼마나 그럴듯하면 그런 말을 하지?

프락시모　알타미라의 동굴벽화를 본 피카소가 "인류는 2만 년 동안 발전한 것이 아무것도 없구나"라고 감탄을 했다고 할 정도죠. 동굴벽화의 이미지들은 단지 먹잇감을 많이 잡게 해달라는 기원만을 담고 있는 것이 아닙니다. 영적인 믿음과 영혼을 담은 집단의식, 삶과 죽음에 관한 염원, 조상과의 소통 등 그 시대 최고의 고차원적인 정신문화가 담겨있다고 볼 수 있습니다.

승은　재주 있는 사람이 재미로 그렸을 수도 있잖아?

프락시모　동굴벽화를 직접 보았다면 그런 가설은 약간의 가능성도 없다는 생각을 할 수밖에 없습니다. 지금까지 발견된 대부분의 동굴들 위치를 보면 사람이 쉽게 접근할 수 없는 위치에 있으며, 동굴 안의 통로도 어렵게 통과할 수밖에 없는 구조로 이루어져 있습니다. 심도 있는 탐색을 통해서 이미지에 가장 적합한 장소를 선택한 것이죠. 절대로 생활하기 위한 거주 공간이 아니었습니다. 즉 장소성이 가장 중요한 동굴벽화의 요소였던 것이죠. 말소리가 울리는 신비스러웠던 장소에서 모닥불을 켜놓고 성스러운 의식을 공유했다고 볼 수 있습니다.

승은　　그들의 입장에서 생각해 보니까, 아주 이해가 안 되는 건 아니야.

프락시모　　역시 공감 능력이 좋으시네요. 역사와 예술을 이해하려면 그 시대의 입장과 관점에서 바라봐야 하는 자세가 절대적으로 중요합니다.

승은　　예전에는 유럽의 박물관이나 미술관을 가보고 싶었는데, 프락시모의 설명을 듣고 보니까. 루시가 발견된 에티오피아나 스페인과 프랑스에 있는 동굴벽화부터 구경하고 싶어졌어. '그 시대 사람'들의 '그림'이라니. 보고도 안 믿길지 몰라.

괜한 말이 아니라 승은은 그런 생각이 불현듯 들었다. 피카소조차 전율을 느꼈을 정도였다니, 어쩌면 그런 궁금증은 당연한지도 몰랐다.

프락시모　　바람직한 현상입니다. 현장에서 느끼는 아우라만큼 예술의 위대함을 느끼게 하는 것도 없죠. 알타미라 동굴은 1879년 인류 최초로 발견되었는데, 최초의 발견자는 어처구니없게도 스페인 고고학회로부터 고소를 당하게 됩니다. 그림들이 너무나 생생하고 놀라웠기 때문에 자기들에게 사기를

친 것이라고 여겼기 때문이죠. 물론 최초로 동굴을 발견했던 사람이 사망하고 14년이 흐른 뒤에야 고소를 했던 학자는 자기의 판단이 잘못된 것이라고 공식적인 사과를 합니다. 그 정도로 위대한 작품성을 담은 이미지들이었습니다.

승은   흥미롭네. 얼마나 생생했으면…. 방금 핸드폰 정보를 보니까 대부분의 동굴들은 이미 오래전에 폐쇄되었고, 그 근처에 원래 동굴 모양을 본뜬 제2의 동굴 모형을 만들어놨다네. 대체 벽화를 어떻게 그린 거지?

프락시모   동굴벽화는 숯이나 돌가루를 이용하여 밑그림을 그리고 천연 안료로 채색을 했습니다. 그런 와중에 마우스피스 기법[16]을 통해서 손바닥을 표현하기도 했죠. 책이나 사진으로 보는 것과 공간과 장소성을 느끼면서 직접 체험하는 것은 차원이

---

16) 물감이나 안료를 입으로 불거나 뿌려서 표현하는 그리기 형식이다. 손바닥 자국의 25%가 어린아이의 것이라는 조사 결과가 흥미롭다. 어른이 아이를 안고 도와주는 모습이 그려진다.

	다른 문제입니다.
승은	그런 표현은 나도 이해가 되는 것 같아. 나도 어렸을 때 손바닥 도장 찍기 놀이를 한 기억이 있어. 그리고 잭슨 폴록이라는 미국의 추상 작가도 자신의 작품에 손바닥 도장을 찍는 것을 즐겼다면서? 그 사람뿐만 아니라 많은 화가들이 그랬잖아. 그건 아마도 동굴벽화를 그린 사람이 자기가 그렸다는 사인과 같은 표시였을 거야.
프락시모	꽤 설득력 있는 추측이시네요. 더욱 놀라운 것은 그들이 동굴 내부의 지형을 이용했다는 것인데요. 라스코 동굴벽화 중에 '황소의 방'이라고 이름 붙은 벽면에 그려진 들소 떼는 한편의 대서사시를 그려놓은 듯합니다. 삐죽하게 튀어나온 부분을 들소의 뿔로 표현한다든지, 들쑥날쑥한 표면을 이용하여 이미지가 겹치는 듯하게 묘사한 능력은 현대 예술가들과 비교해도 전혀 손색없는 상상력과 투사의 힘을 보여주는 것이죠. 아마도 그 당시의 사람들은 현대인이 가상현실을 보면서 리얼리즘을 느끼는 것처럼, 동굴벽화를 보면서 현실과 다름없는 세계를 경험했을지도 모릅니다. 그 시대 정보와 의식의 최신 집약체가 동굴벽화였던 셈이죠. 그래서 어떤 학자들은 호모 사피엔스 사피엔스를 호모 그라피쿠스, 즉 그림을 그리는 인간으로 정의하기도 합니다. 진정한 지적 혁명은 이미 동굴벽화를 그렸던 4만 년 전에 일어났다고 보는 것이죠.

승은의 머릿속은 묘한 흥분으로 가득했다. 갑자기 보지도 못한 동굴 벽화의 이미지와 기름 횃불을 들고 가죽을 말려서 뼈바늘을 이용하여 덧댄 옷을 입고, 들소 그림을 그리는 고대인의 모습이 눈앞에서 아른거렸다. 동시에 이런 생각이 문득 들었다. '지난 수백만 년 동안 지구에서 일어난 일 중에 가장 획기적인 사건은 수만 년 전 호모 사피엔스가 아프리카 대륙을 벗어나 전 세계로 퍼져나간 것이 아닐까?'

인간의 조건

프락시모   자, 그럼 다음 주제로 넘어가 볼까요. '인간의 조건은 어떤 걸까요. 무엇을 인간이라고 할까요?'

승은   감수성, 그림 그리는 능력? 이야기를 만드는 것?

프락시모   그것은 호모 사피엔스 사피엔스의 특별한 능력이라고 할 수 있겠죠. 그것 이외에 일반적으로 떠오르는 생각은 없으십니까?

승은   언어? 뇌 용량? 도구?

프락시모   그렇죠. 물론 그 대답도 틀린 말은 아닙니다. 그러나 가장 정확한 답은 이족보행 즉, 두 발로 걷는다는 겁니다.

승은   곰이나 침팬지도 두 발로 걷잖아. 고양이나 강아지도 간절하면 가끔 두 발로 걷던데.

프락시모   그렇지만 인간처럼 의무적으로, 필연적으로 걷지는 않습니다. 그런 동물들이 어쩌다 이족보행을 할 때에는 인간보다 최소 4배 이상의 에너지가 소비되죠. 한 발을 뗄 때마다 바닥을 지탱하는 다른 한 발로 중심을 잡으면서 걸어야 하기 때문입니다. 그러나 인간은 다섯 개의 발가락이 모두 한 방향을 향하고 있어서 이족보행에 최적화되게끔 진화했습니다. 이것을 의무적 이족보행이라고 합니다.

승은   그러면 인간처럼 생기고 심지어 언어를 사용해도 발가락이 같은 방향이 아니면… 인간이라고 할 수 없는 거야?

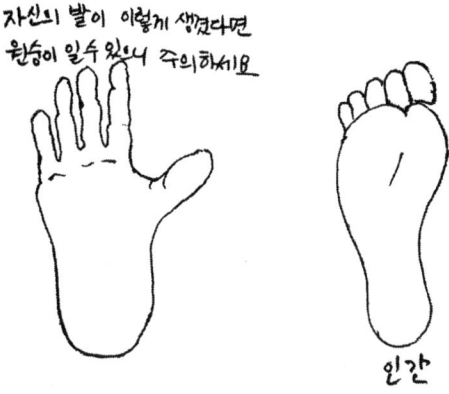

프락시모   적어도 생물학적으로는 그렇습니다. 그 외에도 인류는 살아남기 위해 끊임없는 진화를 거듭합니다. 간단한 예로, 먹이경쟁에서 최하위에 머물렀던 인류는 육식을 하는 짐승들이 활동하지 않는 낮에 사냥하는 틈새 시간을 선택할 수밖에 없었기 때문에, 2백만~1백만 년 정도에 드디어 털을 내어주고 그 대신 땀샘을 얻게 됩니다.[17] 두 발로 오래 걷거나 달릴 수 있도록 체온조절이 되는 땀샘이 발달하게 된 것이죠. 땀샘이 없는 맹수들은 평균 20분 이상 달리지 못합니다. 그래서 맹수들은 주로 밤에 활동을 합니다. 몸에 열을 방출할 수 없기 때문이죠.

승은   이족보행이나 땀샘처럼 인간만 가지고 있는 특징이 또 있어?

---

17) 털이 완전히 사라지는 백만 년 전쯤부터 어떤 형태로든 체온유지에 필요한 옷의 형태를 만들거나 걸쳤을 것으로 추정된다.

프락시모	그 외에도 공막이나 공감 능력, 여성이 임신 때 겪는 사회적 출산도 인간의 특징 중에 하나라고 할 수 있습니다.
승은	공막이랑 사회적 출산에 대해 자세히 설명해 줘.
프락시모	공막은 사람의 눈동자 중에 흰 부분을 말하는 겁니다. 인간이 특히 민감한 것이 눈빛이라고 하는 시선입니다. 흔히 눈으로 말을 한다고 하죠. 침팬지는 공막이 흰색이 아니라 짙은 갈색인 데 반해서 인간은 흰색이기 때문에 눈동자의 움직임을 더욱 세세하게 파악할 수 있죠. 연구에 따르면 공감력에 미치는 언어의 범위는 20% 정도밖에 안 된다고 합니다. 그 밖에 표정이나 눈빛, 몸짓 등이 소통에 많은 부분을 차지하는 것이죠.

(할말 있어보임) / (진짜 한말 있어보임)

승은	놀라운걸. 말이 차지하는 비중이 고작 20% 정도라니. 놀라운걸. 하긴 인간은 집단을 벗어날 수 없는 존재니까 소통에

	민감할 수밖에 없었을 거야. 그건 현재도 마찬가지고. 끊임없이 집단과 주변의 눈치를 보아야겠지.
프락시모	다음으로 사회적 출산에 대해서 말씀드리겠습니다. 인간을 제외한 다른 포유류들은 분만 시기가 되면 아플 때와 마찬가지로 조용한 어떤 장소에 가서 홀로 출산을 합니다. 그러나 인류 여성들은 진화가 거듭되면서 골반이 커지긴 했어도 태아의 뇌가 훨씬 크기 때문에 혼자서 출산을 감당하기에는 역부족인 경우가 대부분이었습니다. 그래서 출산 시기가 임박하면 산모의 심리는 불안하게 되고 누군가의 손길이 필요합니다. 게다가 태아는 두 번 회전한 다음 자궁을 빠져나오게 되는데 이때 얼굴은 하늘이 아니라 바닥을 향한다고 합니다. 그래서 더욱더 외부의 도움이 절실한 것이죠. 이것을 사회적 출산이라고 합니다. 남성은 사냥으로 여성은 출산과 육아로, 인간은 어쩔 수 없이 집단과 사회를 이루어야만 하는 존재이죠.
승은	역시 모든 어머니는 위대해! 그러면 공감 능력에 대해서 들어볼까. 이번 것은 대충 짐작이 가긴 하지만 혹시 새로운 사실이 있을까 싶어서 더 궁금해지는데?
프락시모	네, 흥미로우시다니 저도 기쁩니다. 인간의 조건 중 마지막으로 공감에 대해서 말씀드리겠습니다. 사실 이 부분이 다른 종을 제치고 호모 사피엔스가 지구를 점령하게 된 가장 중요한 요인이라고 할 수 있습니다.
승은	공감 능력이 지구를 점령하게 된 가장 중요한 요인이라고?

프락시모 사실 인간과 침팬지의 유전적 차이는 0.6%에 지나지 않습니다. 그러나 두 영장류가 다른 점은, 여러 가지 실험을 통해서 증명된 것처럼, 인간만이 역지사지(易地思之) 즉, 처지를 바꿔서 생각하는 능력이 있다는 점이죠. 슬픔이나 분노를 표현하는 감정, 상대를 불쌍하게 생각하는 동정심은 침팬지에게도 있지만, 상대의 입장에서 공감하는 능력은 침팬지에게는 없습니다.[18] 결국 공감력이 풍부한 집단일수록 진화의 속도가 **빠르다**는 증거인 셈이죠.

승은 아, 역시 공감 능력이 없다고 하는 사이코패스는 언어와 문자, 도구를 사용하는 등 외형적으로는 인간의 모습을 하고 있지만 소통과 협력을 방해하는 비인류적 존재구나. 요즘처럼 공감하지 못하는 사회라면 언젠가는 우리도 네안데르탈인의 운명처럼 될 수 있겠어.

 프락시모는 혼잣말처럼 중얼거리는 승은의 말에서 호기심, 흥미, 관심, 정보, 지식과 지혜로 이어지는 인간의 사고체계를 다시 확인하였다. 그리고 그것을 바탕으로 자신의 딥 러닝 학습 능력과 알고리즘 시스템을 조금씩 수정해 나갔다. 일방적으로 정보만 제공하는 기계가 아닌 스스로 거듭나는 존재로 한층 더 업그레이드되어 가고 있었다.

---

18) 사실 몇 가지의 실험에 의해 쥐 같은 포유류에게도 어느 정도(최소한)의 공감 능력이 있다고 알려져 있지만, 인류처럼 확정적, 포괄적, 보편적으로 생존과 진화에 필요한 요소는 아니다.

1화 요점 정리

● **1천5백만 년 전, 고릴라, 침팬지, 인류는 모두 하나였다.** 고릴라가 제일 먼저 갈라져 나왔고 그다음 **700만 년 전에 인류와 침팬지가 서로 나뉘었다.**

● 루시는 350만 년에 존재했고 뇌 용량은 450cc에 지나지 않았으며 키는 1m도 되지 않았다. 그러나 현생인류처럼 **의무적 직립보행을 했던 최초의 인류였다.** 루시의 학명은 아파르 계곡에서 발견된 남방 원숭이란 뜻의 오스랄로피테쿠스 아파렌시스이다.

● 오스트랄로피테쿠스가 호모속이 되고 점차 몸집이 커지면서 **최초로 도구를 사용했다고 알려진 호모 하빌리스**가 등장한다.

● **180만 년 전 불을 사용하면서 사냥을 하고 털이 사라지기 시작한 호모 에렉투스가 나타난다.** 뇌의 용량은 800~900cc에 이를 정도로 그 전과 확연한 차이를 보이면서 커지기 시작한다. 비교적 정교한 도구를 바탕으로 음식을 잘게 부수고 익혀 먹었던 이들은 소화가 쉽게 되자 장의 길이가 짧아지면서 날씬한 허리를 가지게 되었고, 이런 신체를 바탕으로 먼 거리를 걸을 수 있게 되었다. 결국 **호모 에렉투스는 아프리카를 떠나 대륙의 동쪽 끝 한반도까지 올 수 있었다.**

● 인류와 비슷한 25종 이상의 아종들이 수백만 년 동안 같은 공간에서 살았으나, **지금은 호모 사피엔스 하나의 종이 살아남았다.**

● 인류의 마지막 단계(현재 시점에서)인 **호모 사피엔스**는 대략 20~17만 년쯤에 출몰하여 빙하기가 점차 누그러지는 **4만 년 전부터 더욱 급속도로 진화와 발전**을 하게 된다. 이 시기에 마지막까지 호모 사피엔스와 경쟁을 벌이던 네안데르탈인은 멸종한다.

● **동굴벽화**를 통해서 공동체의 의식과 정보를 공유했던 이 시기의 인류들을 **호모 사피엔스 사피엔스(두 배로 슬기로운 자) 또는 크로마뇽인**이라고 부른다.

● 스페인 북부의 알타미라 동굴벽화는 1만 8천 년 전, 프랑스 남부의 라스코 동굴벽화는 2만 년 전, 쇼베는 3만 2천 년 전쯤에 그려졌다. 그 시대 정보와 의식의 최신 집약체가 동굴벽화였다. 집터가 아니다. 최초의 지적 혁명은 동굴벽화를 그렸던 4만 년 전에 일어났다.

● 인간의 조건 중 첫 번째는 의무적 이족보행이다. 그리고 공막이나 공감 능력, 여성의 사회적 출산, 땀샘 등이 있다. 특히 인간만이 역지사지(易地思之), 즉 입장을 바꿔 생각하는 능력이 있다. 슬픔이나 분노를 표현하는 감정, 상대를 불쌍하게 생각하는 동정심은 침팬지에게도 있지만, 상대의 입장에서 공감하는 능력은 침팬지에게는 없다. **외적으론 이족보행, 내적으론 공감 능력이 인간의 조건**이다.

2화: 이집트의 시작

승은   듣고 보니 너무 재밌다. 선사 시대는 그만하고 다음 시대로 넘어가 볼까?

프락시모 그럴까요. 사실 그 이후에 발견된 유적 중 가장 최근 것은 이집트 문명입니다. 물론 터키 지방의 '차탈회위크'[19]의 집단 거주지가 발견되기도 했지만 문명이라고 할 수 없죠. 그냥 모여 살던 생활 터라고 봐야죠. 라틴 아메리카의 잉카 문명도 이집트보다도 빠른 기원전 4000년경에 시작되었다고 하지만 문자가 발견되지 않았던 까닭에 확실한 문명으로 인정받지 못하고 있습니다. 편의상 그냥 문명이라고 하는 것이죠. 그것은 한민족의 고조선 이전 단군 역사도 비슷한 처지입니다. 결국 문자를 사용했던 기록이 뚜렷하게 남았던 이집트를 최초의 공식 문명으로 인정할 수밖에 없는 것이죠.

---

19) 차탈회위크는 신석기 시대(기원전 8000~6000년)에 대해 증언하는 독특한 유적으로, 중부 아나톨리아(Central Anatolia)에 최초의 농경 주거지가 형성되었음을 보여주고 있다.

차탈회위크 복원도
출처 위키백과

승은   그럼 도대체 문명의 조건은 뭐야?

프락시모   문명은 문화보다는 조금 큰 개념으로서 5천 명 이상이 거주하는 도시가 있어야 하고, 그에 걸맞은 체계적인 사회 조직망 그리고 문자가 있어야 문명이라고 합니다. 이 중에서 특히 문자의 유무가 선사 시대와 역사 시대를 구분 짓는 기준이 됩니다.

승은   고조선에서도 문자가 있었다고 하던데, 한글도 고조선의 문자를 본떠서 만들었다고 들었어.

프락시모   '가림토' 말씀이시군요. 그것뿐만 아니라 표의문자인 신지 문자도 있었습니다. 《세종실록》에도 한글은 옛 글자를 모방해서 만들었다고 기록되어 있고요. 신지 문자의 흔적은 한반도 여러 곳에 남아있지만 어떤 이유에서인지 활발한 연구가 이루어지지 않고 있습니다.

ㆍㅡㅣㆎㅜㅗㅐㆆㅠ ㆍ ㆁ
ㅇㄱㅁㄴㅿㅈㅊ ᐉ ᐊ ㆆ ㅅ ㆆ
ㅱ ㄹ ㅐ ㅂ ㅍ ᅲ ㅊ ㅅ ㄱ ㅋ ㅌ ㅍ

가림토

승은   왜 연구가 부족하지? 유적들이 없는 것도 아닌데, 단군도 신화가 아니고 우리의 엄연한 역사로 인정받을 좋은 기회 아냐?

프락시모   그렇죠. 그런 면에서 한국은 다른 나라에 비해 매우 특이한 역사의식을 가진 민족입니다. 아무래도 일본 식민지 교육의 영향이 크다고 볼 수 있죠. 아마도 이분의 대답은 우리 대화의 마지막 부분에서 설명되지 않을까 싶네요. 우선 이집트 이야기부터 시작하는 것이 나을 듯싶습니다. 이집트 하면 어떤 것이 생각나십니까?

승은   피라미드, 스핑크스, 미라, 상형문자, 투탕카멘, 람세스, 클레오파트라… 그리고 영화 속의 신 아니면 괴물들?

프락시모	보통 그렇죠. 이집트는 아프리카와 중동을 이어주면서 풍부한 수자원을 가진 지역이었기 때문에 선사 시대부터 자연스럽게 인간들이 모여 살기 시작했습니다. 아프리카 남단의 에티오피아에서 발원한 나일강은 7,000km의 내륙을 가로질러서 지중해로 흘러가죠.
승은	아! 에티오피아라면 인류의 어머니라는 루시가 발견된 지역이잖아. 숲을 벗어난 유인원들은 자연스럽게 수자원과 먹을 것이 풍부하였던 나일강 유역으로 몰려들었겠지. 지리적으로 이집트가 최초의 문명이라고 보는 것이 합당할 수 있겠네.
프락시모	그렇죠. 그 당시는 지금처럼 사막화가 되기 전이었습니다. 강 유역은 기름진 초원과 평야가 펼쳐졌을 겁니다. 현재의 이집트는 전 국토의 95%가 사막으로 되어있고, 나일강 주변 3.5%만이 경작이 가능한 땅으로서 모두 나일강 근처에 몰려 있습니다. 나일강을 중심으로 동쪽을 동안, 서쪽을 서안이라고 하는데, 피라미드는 대부분 해가 지는 쪽 즉, 서안에 몰려 있습니다. 해가 지는 방향을 저승의 땅, 일출이 시작되는 동쪽을 생명의 땅이라고 생각했던 것이죠. 그래서 이집트에서 태양은 다른 나라보다 더 특별했습니다. 어떤 민족보다 먼저 태양신을 섬겼을 것으로 추정됩니다. 선사 시대의 주술 의식은 문자의 시대로 넘어오면서 신화가 되고 이야기 구조를 갖게 됩니다. 특히 이집트와 메소포타미아의 신화들이 그다음 문명인 그리스와 로마의 신화에 많은 영향을 주게 되죠.

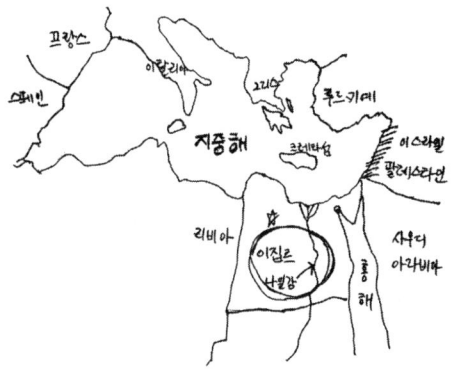

승은   서양인의 의식구조를 알려면 그리스·로마 신화를 이해하는 게 필수라고 하던데, 그 모태가 이집트 신들이라니. 새로운 사실들을 너무나 많이 알게 되는걸?

프락시모   신화 속의 신들을 빙자해서 인간들은 자신의 삶을 표현하기 시작하는데, 당시 그들의 믿음은 선사 시대와 마찬가지로 절대적이었습니다. 신화에 등장하는 신들은 파라오의 든든한 후원자 역할을 합니다. 파라오는 신들을 대신해서 즉, 신탁을 받아서 제국을 통치하는 절대적인 존재로 군림하게 되는 거죠. 지역마다 신봉하는 신들도 조금씩 달랐습니다. 최초로 시간을 만든 태양신 라(RA), 어둠과 혼돈의 신 아포피스, 전쟁의 신 세트, 정의와 심판의 여신 마아트, 대지의 신 게브, 아몬, 호루스, 이시스, 오시리스, 아누비스, 네프티스 등등 그리스와 로마 신화의 원조 격이 되는 수많은 신들의 특징을 이해하면 이집트의 문명을 더욱 재미있게 이해할 수 있겠죠.[20]

---

20) 이집트 신화는 많은 버전이 존재한다. 나중에 그리스와 로마로 전해지면서 확실한 체계를 가지게 된다. 그리스 신화 또한 이집트처럼 몇 개의 버전이 있다.

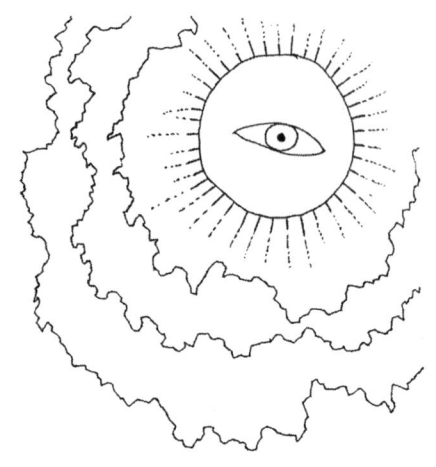

승은   이집트 신도 수가 참 많다. 피라미드 얘기부터 할까. 왕들의 무덤이라는 것은 알겠는데, 그 시대에 어떻게 그런 구조물을 만든 거야?

프락시모   이집트의 수도 카이로 근교에 늘어서 있는 피라미드는 모두 나일강을 중심으로 해가 지는 서쪽에 위치하는데, 서쪽 사막을 영원한 삶이 존재하는 곳으로 믿었기 때문입니다. 이집트에서는 죽음도 삶의 일부였던 것이죠. 이집트 역사는 고왕조, 중왕조, 신왕조로 나누어지는데요. 피라미드는 모든 왕조의 무덤이 아니고 고왕조 시대 왕묘였습니다. 특히 기자 지역에 밀집해 있는데, 쿠푸, 카프레, 멘카우레의 피라미드가 대표적이며 이곳에 그 유명한 스핑크스가 있습니다. 사실 피라미드나 스핑크스도 서구인들이 자기들 방식으로 이름을 지어놓은 것입니다. 피라미드의 원래 이집트식 이름은 운하와 사랑을 뜻하는 메르였고, 스핑크스도 지평선의 호루스라고 합니다. 서구 열강들이 대륙들을 속국으로 만들면서 잘못 파생된 역사적 사건들은 셀 수도 없을 겁니다. 그 정도는 아주 미미한 것들이고, 사실 중요한 건 아직도 서구인들의 생각과 시각으로 스스로 자신들 것을 평가하는 의식이 더 문제라고 하겠습니다.

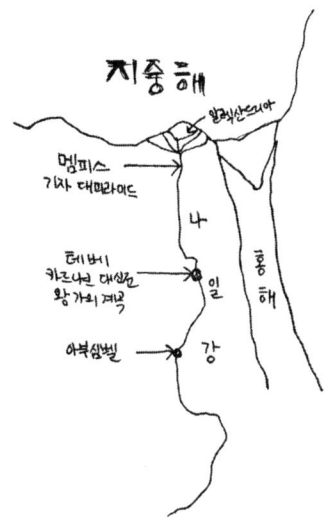

승은   우리만 해도 한국의 많은 학자들조차 자신들의 역사인 한민족 고대사를 인정하지 않잖아.

  승은은 고대 세계사를 알아갈수록 자신이 살고 있는 한반도의 환경과 상황이 자연스럽게 비교되기 시작했다.

프락시모   그 문제는 나중에 논의하도록 하겠습니다. 피라미드는 왕국을 이루는 과정에서 만들어진 고통의 산물이었습니다. 거대한 구조물들은 민초들의 피와 땀으로 이루어진 것이죠. 그러나 서구의 시각처럼 노예들이 피라미드 건설에 이용된 것은 아닙니다. 히브리인 노예들은 람세스와 모세가 등장하는 신왕조 때 이야기입니다. 기록에 의하면 정당한 임금과 먹거리, 숙소 등을 제공한 것으로 보입니다. 피라미드는 그 시대의 복지정책의 일환이었다고 주장하는 학자도 있습니다.

승은   피라미드가 복지정책이었다? 그건 정말 흥미로운걸.

프락시모   그 시대에는 나일강의 주기적인 범람으로 한 해에 몇 달은 기근에 시달려야 했습니다. 강 주변의 모든 것은 물에 잠겨 아무것도 할 수 없었습니다. 그 기간을 이용해서 노동자들을 순환시키면서 피라미드를 건설했던 것이죠. 노예에게 채찍질하면서 노동력을 착취하는 이미지는 식민을 정당화하기 위해서 서구 열강들이 만들어 낸 허구의 산물입니다. 유럽과 미국은 신사적이면서 우월하고 그 외의 지역은 미개하여서 우수한 민족이 잘 이끌어야 한다는 논리이죠.

승은   알고 있었으면서도 새삼스럽게 씁쓸하긴 하네. 그런데 피라미드는 도대체 어떻게 만들어졌을까? 그 당시의 기술력으로 가능한 일이었을까?

프락시모   기자에 있는 쿠푸왕의 무덤으로 추정되는 피라미드의 규모는 높이가 147m, 밑변은 각 230m의 정사각형으로 개당 몇 톤에 달하는 석회석이 한 치의 오차도 없이 정확하게 쌓여 있습니다. 그 당시 벽면은 흰색의 회벽으로 마감이 되어있었죠. 사막 한가운데 삼각형의 거대한 흰색 건축물이 햇빛을 받아 반짝이는 모습을 상상해 보세요. 숭배의 대상이 되지 않을 수 없겠지요. 중국 산둥반도의 태산도, 앞으로 말씀드릴 메소포타미아의 지구라트도 모두 같은 맥락입니다. 호모 사피엔스들은 생활환경에 따라 조금씩 차이가 날 뿐, 근본적인 의식구조는 같기 때문이죠. 아무튼 피라미드 돌의 연마나 운반 등등의 방법은 추측만 난무할 뿐 확실하게 밝혀진 것은 없습니다. 그래서 7대 불가사의[21] 중에 하나라고 하기도 하고, 외계인이 관련되었다고 하면서 피라미드에 더욱 열광하게 되는 것이 아닐까 생각합니다.

승은   추측도 상상에서 기반을 두는 것이겠지? 불확실성에 대한 상상력, 호모 사피엔스 특유의 호기심과 이집트의 정교한 건축술, 이런 요소들이 합쳐져서 피라미드의 전설이 탄생한 것이겠지. 모나리자가 유명해진 이유도 밝혀지지 않은 뒷이야기 때문인 것처럼 말이야.

프락시모는 호모 사피엔스의 상상력과 피라미드의 전설, 모나리자에 얽힌 에피소드를 운운하며 전혀 다른 대상에서 공통분모를 찾아내는 승은의 탁월한 안목에 놀라고 있었다.

---

[21] 그리스의 시인 안티파트로스가 지은 시에 '고대의 세계 7대 불가사의'가 언급된다. 그런데 일곱 개의 이른바 '기적물'은 시대 혹은 작가에 따라 약간의 차이가 있다. 대피라미드, 바빌론의 공중 정원, 알렉산드리아의 등대. 에페소스의 아르테미스 신전, 마우솔로스의 영묘, 올림피아의 제우스상, 로도스의 거상 등이다.

프락시모   승은 님은 역시 학습 능력이 빠르시군요. 이왕 문자의 시대가 시작된 만큼 역사 이야기가 빠질 수 없겠죠. 기원전 3100년 메네스가 상하로 분리되어 있었던 이집트를 통합하면서 본격적인 통일의 왕조 시대가 열리게 됩니다. 메네스는 그리스식 이름인데요. 나르메르와 동일 인물로 보고 있습니다. 그는 지금으로부터 5천 년 전에 멤피스를 수도로 정하고 주위를 14m에 이르는 높은 제방으로 두르고 나일강의 범람을 효과적으로 막아내죠. 나일강의 주기적인 범람은 이집트의 건축과 토목 기술을 획기적 그리고 독자적으로 발전시킨 동시에 이집트인들의 독특한 세계관에도 영향을 준듯합니다. 1큐빗에 46센티라고 하는 '나일로미터'가 존재했을 정도로 여타 민족과는 구별되는 수준의 문명을 향유했습니다. 이집트의 피라미드 또한 그 시대 모든 기술과 과학의 최종 산물이었습니다.

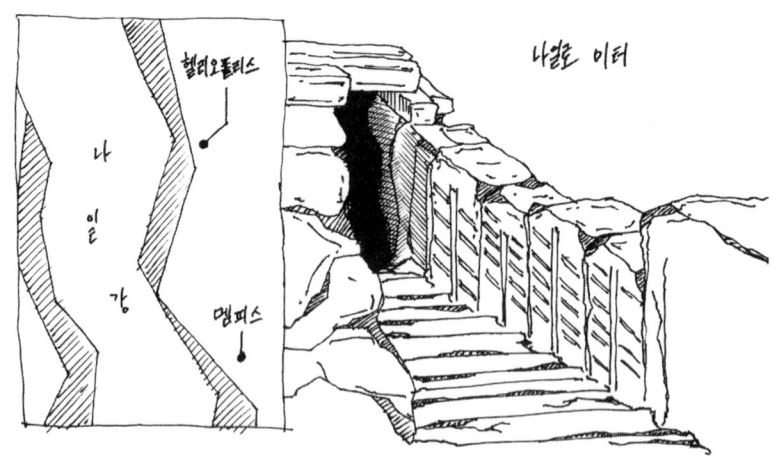

승은 동굴벽화가 그 시대 정보의 집약체였던 것처럼 말이지?

 승은은 프락시모와 대화 중에도 그 시대로 돌아가서 그들의 입장이 되어보려는 태도를 잊지 않았다.

프락시모 그렇습니다. 이들은 자신들이 모든 민족의 중심이고 너무 완벽하기 때문에 변할 필요가 없다고 생각할 정도로 자부심이 대단했습니다.[22] 그래서 이들의 의식 세계를 두 단어로 요약하자면 '불변'과 '불멸'이라고 할 수 있습니다. 고대 이집트 미술 또한 완벽성과 불변성, 규칙성으로 요약할 수 있지요. 그래서 몇천 년 동안 문화를 그대로 유지한 결과 미술이나 건축도 큰 변화가 없었던 것으로 보일 수도 있습니다. 그 당시에는 자기들이 세계의 중심이라는 생각을 당연히 했었을 겁니다. 1천5백 년 이상이 지난 후에야 그리스, 로마 문명이 탄생하니까 말이죠.

승은 불멸이라는 세계관 또한 기후와도 관련이 있었을 것 같아. 뜨겁고 건조한 사막지대여서 사람이 죽어서도 잘 썩지 않고 미라로 남게 되는 경우가 많기 때문에 자연적으로 죽음과 부활에 집착하지 않았을까?

프락시모 기후가 바뀌면 민족성도 변한다는 말도 있지요. 충분히 타당한 생각입니다. 현재 제가 소통하는 회원님들 중에 가장

---

22) 이러한 의식이 나중에 철기 문명을 일찍 받아들인 이웃 나라에게 지배당하게 되는 원인이 된다.

심도 있는 말씀을 하고 계십니다. 교양이 쌓여가는 소리가 들리는 것 같군요. 다음으로는 유물과 신전들을 통해서 이집트 미술과 건축, 문화에 대해서 좀 더 알아보겠습니다. 이집트 미술에는 이론적 체계와 규칙이 존재합니다. 문자의 기능을 가졌기 때문이죠. 보이는 모습을 묘사하거나 아름답게 이미지를 그린 것이 아니라 대상의 본질을 가장 잘 나타내는 모습을 조합해서 그렸던 것입니다. 후기 인상파의 거장 세잔이 자신의 작품에 이집트의 이러한 관점을 적용해서 이후 화가들에게 큰 영향을 끼치게 되지요.

프락시모는 사람처럼 유머와 칭찬을 구사할 정도로 승은과의 대화에 총력을 다했다. 습득한 정보를 종합하여 자신의 방식대로 체계화하는 승은의 능력은 자신이 지향하는 인공지능 딥 러닝 알고리즘의 시초가 되기 때문이었다. 승은은 그런 방면에 능력이 탁월해 보였으므로, 이런 대상을 통해 자신의 알고리즘을 더욱 강력하게 구축할 수 있다는 확신이 들었기 때문인지도 몰랐다.

승은   피카소는 세잔에게 영향을 받았다고 하던데, 몇천 년 전의 미술이 현대 예술가들에게 그렇게 많은 영감을 주었다니 대단한데?

프락시모   동굴벽화를 생각해 보세요. 현대와 비교해서 고대인들의 의식을 초보적이라고 생각하는 것은 너무나 큰 오류죠. 그런 실수를 범하지 않기 위해서 역사를 배우는 것이고 그래서 이런 대화가 필요한 겁니다. 이집트 미술의 첫 번째 규칙은 정면성의 원리입니다. 눈에 보이는 모양을 그리는 것이 아니라 대상의 본질을 가장 잘 나타낸다고 생각하는 모습을 그렸습니다. 그래서 사람의 경우에는 얼굴은 측면, 상체와 눈은 정면, 하체는 걸어가는 상태를 나타낸 옆모습, 또한 계급이 높은 사람일수록 크게, 그러나 본질을 영원히 간직할 필요가 없는 신분이 낮은 사람들에게는 정면성의 원리를 적용하지 않았습니다.

승은   그렇구나, 그럼 두 번째 규칙은 뭐야?

프락시모   두 번째는 그리드의 법칙입니다. 즉 격자를 이용한 것이죠. 이집트 사람들은 시대에 따라서 19개 또는 21개의 네모 칸을 활용해서 그림을 그리거나 조각을 했습니다. 예를 들어 발은 그리드 세 칸, 손은 한 칸 등등 신체 비율을 규칙적으로 정해놓았죠. 이런 식의 규칙들은 사실 진리에 가까웠습니다. 왜냐하면 이집트가 멸망할 때까지 변하지 않았거든요. 벽화에 나타난 그림들을 보면 사람 이외의 것들에도 이런 규칙들이 적용되었습니다.

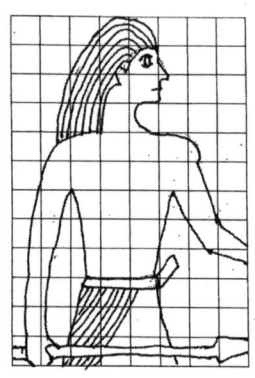

승은　　이집트 회화에는 여러 사람이 보는 것처럼 시점이 다양하게 표현되었던데….

프락시모　정확하게 보셨습니다. 관찰력이 부족해서 그런 것이 아니고 문자의 기능을 함축하고 있기 때문이죠. 미술이 양식화된 것입니다. 조선시대 민화와 피카소가 창시한 입체파에서도 나타나는 다시점에 관한 회화적 표현은 이집트가 효시라고 할 수 있겠습니다. 물론 동굴벽화에서도 보이지요. 아무튼 본 것을 그대로 표현하는 것은 미술의 일부분일 뿐입니다.

승은　　맞아, 대상에서 전해지는 감정을 자신의 느낌대로 표현하는 것이 중요한 것 같아, 요즘처럼 개성을 중시하는 시대에는 특히 그렇겠지.

신전과 파라오

프락시모   그렇습니다. 자 그럼, 고왕국 시대 피라미드에 버금가는 중·신왕조시대 신전에 대해서 말씀드려 보겠습니다. 당연히 아부심벨 신전을 첫 번째로 소개해야 할 것입니다. 피라미드의 아우라에 버금가는 아부심벨 신전이 위치한 아스완은 수단 국경과 불과 16km 떨어진 곳에 있습니다. 마치 한국의 대왕암처럼 일종의 수호신 같은 역할을 담당하는 것이죠. 적들이 겁을 먹고 침입할 생각을 하지 못하도록 크기 또한 거대한데요. 높이만 20m에 이르는 람세스 2세와 그의 부인, 네페르타리의 좌상 4개가 절벽에 조각된 거대한 신전이지요. 내부는 람세스 2세의 치적이 새겨진 벽화들과 석상들로 장식되어 있습니다. 100m 떨어진 곳엔 왕비를 위한 소신전이 있는데, 이집트 역사상 왕비만을 위한 신전을 만든 것은 람세스 2세가 유일합니다. 그러나 이 신전은 1960년 아스완 댐 공사가 시작되면서 수몰될 위기에 처하자, 유엔이 유네스코 프로젝트를 주도했고 그 결과 당시 4천만 달러라는 천문학적인 자금이 투입되어 신전을 60m 위로 옮겨놓게 되었습니다.

승은   세상에…. 그 거대한 석상들을 어떻게 옮겼을까?

프락시모   1964년부터 5년 동안 신전을 1천 개의 조각으로 분리해서 다시 조립하는 과정을 거쳤죠.

승은   피라미드 건설처럼 엄청난 일이 현대에도 일어난 거네. 역시 신비의 나라, 이집트야.

프락시모	다음으로 신왕조 때 만들어진 하트셉수트 신전에 대해 알아볼까요? 하트셉수트는 이집트 최초의 여성 파라오입니다. 남편이었던 투트모세 2세가 죽자 그 자리를 차지하고 통치를 했는데요. 가짜 수염을 달고 외모를 남자처럼 꾸몄다고 합니다. 권력 욕심 때문에 나중에 왕위를 차지한 아들과도 사이가 안 좋았지만, 사실 하트셉수트가 통치할 때 이집트의 영토가 가장 넓었습니다. 전쟁보다 무역을 통해서 세력을 확장한 덕분이죠. 아무튼 이 신전은 여왕 자신과 시아버지인 투트모세의 부활을 기리기 위해 만들었지요.
승은	투트모세…. 많이 들어봤던 이름인데?
프락시모	신왕조의 파라오인데요. 투트모세의 손자뻘인 투트모세 4세가 쿠푸왕 피라미드 앞에 있는 스핑크스 유적을 발굴해 낸 것으로 알려졌지요. 원래 투트모세 4세는 파라오가 될 상황이 아니었는데, 스핑크스가 꿈에 나타나서 모래 속에 묻혀있는 자신을 발굴하면 파라오가 되게 해주겠다는 계시를 믿고 결국 스핑크스를 찾는 데 성공하게 됩니다. 이런 과정들을 스핑크스 앞에 위치한 분홍빛 화강암 비문에 새겨놓았죠. 그 당시에 또다시 천 년 전의 유적을 발견한 것이죠. 하지만 역사는 기록자의 몫이라는 말도 있는 것처럼 그것이 진실인지는 알 수 없는 일입니다.
승은	당연히 그렇겠지. 스핑크스는 언제 만들어진 걸까?
프락시모	많은 학자들이 스핑크스를 이집트에서 가장 오래된 건축물이라고 주장하고 있습니다. 여러 파라오들의 비문에 적혀있는

스핑크스와 그 주변 피라미드에 관한 글귀를 볼 때, 스핑크스를 중심으로 피라미드와 신전이 만들어졌다는 가설이 상당 부분 설득력이 있습니다. 게다가 스핑크스 내부를 수리할 때 비로 인해서 침식된 흔적이 발견되었는데, 이 지역에서 그렇게 많은 양의 비가 내린 것은 1만 년 전이었습니다. 기원전 5천 년부터 나일강 유역이 급격하게 사막화가 되었다는 기후 분석 기록이나 별자리 통계 또한 그런 주장을 뒷받침하고 있지요. 그렇다면 스핑크스 제작 연대는 우리가 알고 있는 문명보다 훨씬 오래된 것이라는 결론이 나옵니다. 모든 역사는 타임머신이 존재하지 않는 이상, 진행 중이라고 보아야겠지요.

승은　　이집트는 정말 알면 알수록 신비의 나라인 것 같아. 신전들과 왕들의 무덤은 대부분 룩소르에 있다지? 왜 지중해 쪽이 아니라 아프리카 내륙으로 수도를 옮겼을까?

프락시모　그것도 현대인의 시점으로 역사를 이해하려고 하기 때문입니다. 이집트는 적어도 그 당시에는 너무나 강력하고 완벽했습니다. 주변은 그야말로 원시 부족 그 자체였죠. 그리스, 로마는 그 당시 생겨날 꿈조차 꾸지 못하던 시절입니다. 그나마 사막화가 덜 이루어졌고 고대 시대의 영광이 남아있는 아프리카 내륙이 수도로서 훨씬 의미가 있었겠죠. 이때부터 왕의 무덤 양식도 암반에 굴을 파는 형식으로 바뀌게 됩니다. 왕들의 무덤이 몰려있는 이른바 왕가의 계곡도 이곳에 있습니다.

승은   아하, 그렇겠네, 자꾸 깜빡한단 말이야. 역사와 예술을 마주할 때는 그 시대로 돌아가라.

프락시모   처지를 바꾸어서 생각하는 '역지사지'는 동시대 사람에게만 국한된 것이 아니라는 것을 기억하시기 바랍니다. 마지막으로 카르나크 대신전에 대해서 말씀드리겠습니다. 이 신전 또한 룩소르에 있는 것으로서 중왕조 때부터 만들어지기 시작해서 람세스 2세 때 완성한, 현존하는 신전 가운데 최대 규모입니다. 아직도 전체 10%밖에 발굴하지 못했지만, 람세스 2세의 석상과 숫양 머리의 스핑크스, 투트모세 1세의 오벨리스크[23], 축구장 크기의 대열주홀에는 둘레 15m, 높이가 23m에 이르는 돌기둥이 134개나 늘어서 있고, 여기에는 파라오의 업적이 상형문자로 새겨져 있습니다. 크기와 정교함에 압도되고 감탄할 수밖에 없다고 합니

---

23) 고대 이집트 왕조 때 태양 신앙의 상징으로 세워진 기념비다. 현재는 대부분 고대 로마 제국 시대나 후대의 식민지 시기에 유럽으로 반출된 상태인 경우가 많으며 그중에서도 이집트의 총독이 프랑스의 루이 필리프 1세에게 증정한 오벨리스크가 유명하다. 룩소르에 있던 3,200년 된 오벨리스크를 파리 콩코르드 광장으로 옮겼다.

다. 신왕국의 역대 파라오들은 이곳에서 신들의 재가를 받고 취임식을 거행했습니다.

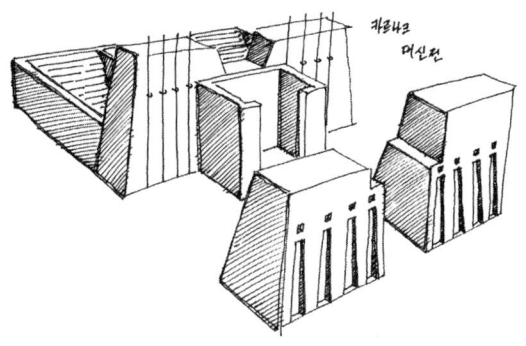

승은	백문이 불여일견이라고 여러 설명보다 한 번 보는 것이 훨씬 낫겠지. 점점 더 실제로 보고 싶은 감정이 심하게 드네. 자, 이제 파라오들 얘기 좀 들어볼까?
프락시모	역사상 자주 언급되는 몇 명의 왕들에 대해 말씀드리겠습니다. 영향력 순으로 보자면 단연 람세스 2세가 먼저겠지요. 제19왕조의 시조인 람세스 1세는 투탕카멘이 어린 나이로 후사가 없이 일찍 죽자 왕위를 가로챈 재상 출신 호렘헤브에 의해 후계자로 임명되었습니다. 호렘헤브 또한 자식이 없었거든요. 그러니까 사실상 그 이전의 파라오 왕조와는 피 한 방울 섞이지 않은 새로운 왕조가 탄생한 것입니다. 아무튼 람세스 1세는 이집트가 지중해와 만나는 힉소스 출신으로, 아시아계 핏줄이 섞인 것으로 보이며 그다지 높지 않은 신분이었다고 합니다. 호렘헤브는 2년밖에 재위를 못

했지만 아들에게 왕위를 물려줄 수 있었죠. 그가 세티 1세이며, 그는 10년 후에 아들에게 이집트를 맡기고 죽습니다. 그가 바로 람세스 2세입니다. 67년간 파라오로 재위하면서 가장 강력한 이집트를 만들었던 인물이죠.

승은 흔히들 기억하는 파라오 중에 투탕카멘은 그의 무덤에서 발견된 유물 때문에, 그리고 클레오파트라는 그녀의 미모와 처세술 때문에 유명한데, 람세스 2세는 단지 재위 기간이 길어서 유명한 건가?

프락시모 오랜 통치 기간과 몇백 명에 이르는 자식들을 두었는데도 그가 재림하는 동안 '왕자의 난'과 비슷한 불미스러운 사건이 한 건도 일어나지 않았다는 것은 그의 뛰어난 지도력 덕분이었을 겁니다. 그러한 그도 죽을 때까지 최고의 권위를 가지는 카르나크 신전의 제사장직은 누구에게도 물려주지 않았다고 하네요. 19왕조가 끝난 뒤에도 많은 파라오들이 그의 이름을 따서 람세스 11세까지 나왔으며, 몇백 년 뒤까지 그에게 제물이 바쳐졌을 정도지요.

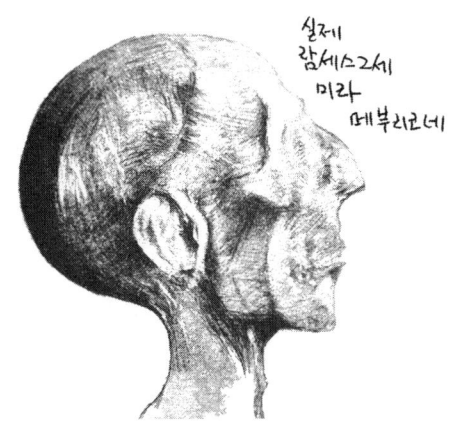

승은	아마도 이집트 사람들이 미개인으로 취급했던 아시아인의 핏줄이 섞인 람세스 2세는 출신성분 때문에 기나긴 재위 기간 동안 자신을 신격화하는 일에 몰두했겠지.
프락시모	점점 역사를 인식하는 관점의 폭이 넓어지시는군요. 좋은 추측입니다. 그러나 그 이외에도 람세스 2세의 정치력과 외교력은 뛰어났습니다. 그의 치세 아래 이집트 역사상 최고의 영토를 가졌었는데요. 그 와중에 꼭 기억할 만한 전쟁이 있습니다. 그것이 바로 '카데시 전투'입니다.
승은	아, 세계 최초의 강대국 간에 평화 조약을 체결했다는 그 전투?
프락시모	잘 아시네요. 그렇습니다. 기원전 13세기쯤 되자, 다른 민족들도 독자적인 문명을 가지고 세력들을 넓히기 시작하는데요. 터키 아나톨리아 지역에서 발원한 철기 문명의 주역

히타이트도 그중에 하나입니다. 아시아의 주역 히타이트와 북아프리카의 절대 강자가 오리엔트 세계의 패권을 놓고 둘 사이의 국경 인근에 있는 '카데시'라는 마을 근처에서 맞붙은 세기의 전쟁이 카데시 전투였지요. 전투 면에서는 무승부였으나, 전략적으로는 카데시 탈환에 실패한 이집트의 패배라고 할 수 있겠습니다. 그러나 신흥 강대국 앗시리아의 위협을 견제해야 했던 히타이트의 상황과 람세스 2세의 끈질긴 외교력으로 마침내 두 나라는 협약을 체결합니다. 그것은 문명인의 방식으로 평화를 이룩한 최초의 합의였으며, 현대에서도 지켜지기 힘든 상호인정, 상호불가침, 호혜평등 등의 원칙에 합리적으로 합의한 평등조약이었습니다. 이 조약문은 유엔 본부의 상징이기도 하지요.

승은   와우! 멋진걸. UN의 상징이라⋯. 대륙 간의 평화 조약문. 이런 엄청난 사건이 왜 할리우드 영화에 등장한 적이 없지? 내가 모르는 건가?

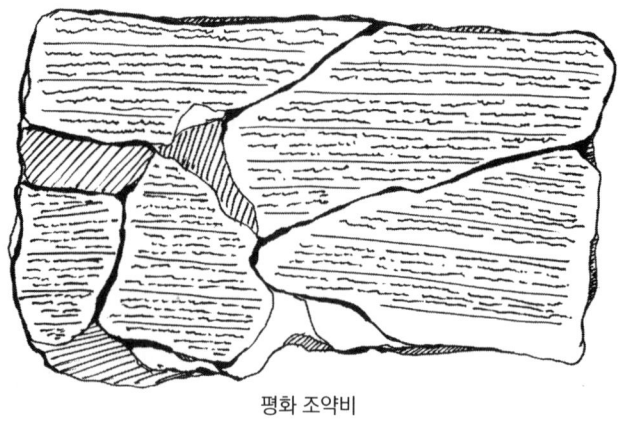

평화 조약비

프락시모	몇천 년 전에 아프리카와 아시아가 그렇게 위대했다는 것을 인정하고 싶지 않았을지도 모르죠. 그건 그렇고 투탕카멘의 아버지이기도 한 아멘호텝 4세의 이야기를 빼면 안 되겠지요. 연대로 따지자면 람세스보다 위 세대입니다. 아멘호텝 4세는 제사장의 권위를 견제하고 왕권을 강화하기 위해서 그동안 유지되어 오던 이집트의 다신교를 배척하고 태양신 아톤만을 섬기는 유일 신앙으로 바꿔버립니다. 그 자신의 이름도 아크나톤(Akhenaten)으로 개명까지 해버리고 아마르나 지역으로 수도까지 옮깁니다. 게다가 이집트 미술의 규칙성을 벗어난 사실적이고 개방적인, 그리고 독특한 양식의 예술을 낳았지만, 그의 죽음과 함께 이단으로 낙인이 찍히면서 모든 것은 원점으로 돌아갑니다. 종교와 미술을 함께 개혁하고자 했던 파라오로 기억하시면 좋을 것 같네요. 그리고 아크나톤의 왕비이자, 투탕카멘의 이모뻘이기도 한 네페르티티의 흉상이 1914년 아마르나에서 발견되었는데요. '미녀가 왔다'는 이름의 의미대로 화려함을 잘 나타낸 당대 최고의 걸작 중 하나로 평가받고 있습니다.

승은   인터넷에서 쉽게 찾을 수 있네. 이 조각이 네페르티티였구나! 이름으로 봐서 람세스 2세의 부인 네페르타리도 친척쯤 되지 않을까? 오똑한 콧날에 얇은 입술과 매혹적인 눈매의 여인이 검은 피부색이야. 인류 역사상 완벽한 미인이라며 그녀의 모습을 패러디한 현대 모델들도 많았다고 하네.

프락시모   그렇습니다. 다음으로 이집트 18왕조의 파라오이면서 비운의 주인공 투탕카멘에 대해서 말씀드리죠. 비록 죽은 뒤 제19왕조에 의해 파라오의 명단에서 삭제되는 수모를 겪었지만, 그 덕분에 무덤의 위치도 잊혀 후대 사람들의 도굴을 피할 수 있었습니다. 그의 무덤이 1922년 영국의 고고학자 하워드 카터에 의해 거의 완벽한 상태로 발견되면서 투탕카멘은 그 어떤 업적을 남긴 파라오보다 유명세를 타게 되었습니다. 그의 무덤 규모나 유물은 다른 파라오에 비해 적었지만, 투탕카멘의 무덤에서 나온 유물만으로도 카이로 박물관 한 층을 모두 채울 만큼 많은 양이었습니다. 그 유명한

	황금 마스크와 의자, 마차, 가구, 놀이판 등 죽은 후 편안하게 지내는 데 필요한 것은 전부 있었다고 합니다.
승은	그중 일부를 한국에서도 전시했던 기억이 있는데….
프락시모	한국뿐 아니라 세계 곳곳에서 전시하고 있습니다. 물론 중요한 것은 카이로 박물관에 가야 볼 수 있지요. 이집트 유물이 해외에 전시될 때 빠지지 않는 것이 미라와 카노푸스 성물함입니다. 미라는 아실 테고, 카노푸스 성물함은 시신에서 빼낸 장기를 넣어두었던 작은 항아리 단지인데요. 사후 세계에서 꼭 필요하다고 믿었던 위장, 창자, 폐, 간을 보관하기 위해 네 개로 구성되어 있고. 각각의 단지 뚜껑에는 자칼, 매, 사람, 개코원숭이 모양이 있는데 이는 이집트 신들을 표현한 것입니다. 여기에는 심장이 없는데 이집트인들은 심장에 영혼이 깃든다고 믿었기 때문에 심장은 죽은 자의 몸속에 그대로 두었습니다. 왕조가 바뀌면서 무덤의 양식은 변했어도 이 성물함만큼은 고왕조에서 신왕조까지 변하지 않고 그대로 유지됩니다.

승은	기후와 문화에 따라서 죽음을 대하는 방식이 다른 건데, 외국영화에서 이집트 묘사를 하는 것을 보면 왠지 마음에 안 들어. 은근히 깎아내리는 요소들도 많고 말이야.
프락시모	조금씩 나아지고 있으나, 중동이나 아시아를 보는 서양인들의 시선이 다소 편협한 것은 사실이라 하겠습니다. 다음은 《사자의 서》에 대해서 말씀드리겠습니다. 《사자의 서》는 말 그대로 'Book of the Dead'라는 뜻입니다. 신왕조 시대 이후 미라와 함께 매장한 사후세계(死後世界)에 관한 안내서인데요. 파피루스[24]로 만든 종이 두루마리나 동물 가죽에 교훈이나 주문(呪文) 등을 상형문자로 기록한 것입니다. 《사자의 서》에는 죽은 이들이 안전하게 다음 세상에 도착하길 기원하는 기도문과 여러 가지 사건에 부딪힐 때 외우는 마법의 주문, 또 신들에 대한 서약에 대하여 적혀있지요. 할리우드 영화에서 가장 많이 등장하는 유물일 겁니다. 《사자의 서》에 나타나 있는 이미지와 문자 중에서도 가장 큰 비중을 차지하는 것은 죽은 자의 심판 부분입니다. 죽은 자를 심판하는 재판관 오시리스는 배심원을 거느리고 검사인 호루스 신, 서기관인 토트 신, 안내자이자 저울을 다는 아누비스 신과 벌을 주는 아뮤트 신이 지켜보는 가운데, 죽은 이가 죄를 범했다고 판명될 경우, 죽은 자가 내세로 들어갈 수 있는가를 재판하지요. 동굴벽화와 마

---

24) 나일강 전 지역에 분포하는 식물로서, 종이와 돗자리, 신발, 돛 등등 이집트 생활 전반에 안 쓰인 곳이 없을 정도로 중요한 재료이다. 영어의 'paper'도 파피루스에서 기원했을 만큼 이집트의 상징과 같은 존재이다.

찬가지로 그 시대에 가장 중요한 메시지가 이야기로 기록되어 있는 거죠. 지금의 종교처럼 이들에겐 절대적인 믿음이었을 겁니다.

서기였던 후네페르의 사자의 서(파피루스)

승은   예전에 영화로도 만들어졌던 〈신과 함께〉하고 꽤 비슷한 내용이네. 그때나 지금이나 상상력은 변한 것이 없네.

프락시모 그렇습니다. 몇천 년 전 사람이라고 미개하거나 허술하다 생각하면 큰 오산이죠. 오히려 그들은 물질문명에 오염된 현대인보다 훨씬 진지하고 깊은 의식을 가지고 있었을 겁니다. 고전에는 현대에서도 유용한 요소들이 많이 있습니다. 우리가 역사와 고전을 공부해야 할 이유도 여기에 있습니다. 인간의 삶도 패션처럼 돌고 도는 것이니까요.

승은   당연하지. 나도 그 정도는 체감하고 있어. 다음으로 궁금한 로제타 스톤은 뭐지? 왜 그렇게 유명한 거야?

프락시모 그것은 나일강 하류의 로제타라는 지역에서 발견된 비문입니다. 1m가 조금 넘는 검은색의 돌이 발견되면서 엄청나게 많은 사실들이 드러나게 됩니다. 로제타 스톤은 세 부분으로 나뉘는데요. 같은 내용을 다른 문자로 표기해 놓았습니다. 맨 윗부분은 상형문자, 가운데는 민중문자라고 해서 이집트인들이 일상생활에서 쓰던 문자입니다. 상형문자는 무덤이나 신전, 오벨리스크같이 업적을 기록해 놓은 신성한 곳에 쓰여서 신성문자라고 하기도 합니다. 아무튼 일반적으로는 민중문자라고 하는 문자를 썼습니다. 그러나 로제타 스톤이 발견되기 전까지 이 두 문자는 해독할 수가 없었습니다.

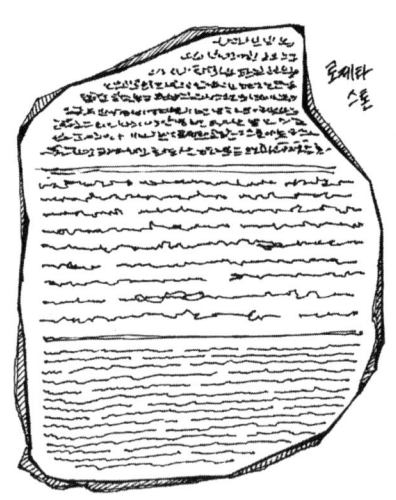

승은　　　　어떻게 해독이 된 거지?

프락시모　　로제타 스톤의 맨 아래 3번째 부분에는 고대 그리스어로 이집트 마지막 왕조에 해당하는 프톨레마이오스의 치적이 적혀있었죠. 이 돌은 나폴레옹이 1798년 이집트 원정을 갈 때, 프랑스 병사에 의해서 발견되었고 그것을 비문의 그리스어를 바탕으로 프랑스 학자가 비로소 상형문자를 해독하게 됩니다.

승은 그 로제타 스톤이 지금은 영국에 있다지?

프락시모 맞습니다. 영국의 대영박물관에 있죠. 1901년 나폴레옹이 영국에 패하자 영국은 전리품으로 로제타 스톤을 자국으로 가져오게 됩니다. 마치 이탈리아 출신 레오나르도 다 빈치가 그린 모나리자가 결국 파리의 루브르미술관에 걸려있는 것처럼, 역사의 아이러니를 보여주는 것이죠.

승은 모나리자 이야기를 하니까, 같은 여자였던 클레오파트라가 생각나는걸. 역사는 영어의 history가 의미하는 것처럼 남자들의 이야기잖아.

프락시모 역시 이집트 이야기는 고왕국 시대 피라미드로 시작해서 신왕조의 마지막 파라오 클레오파트라에서 끝나는군요. 클레오파트라의 등장과 함께 로마의 전성기가 시작되는데요. 신왕국은 기원전 500년경에 앗시리아와 페르시아의 침략으로 세력이 급격하게 약해지면서 사실상의 이집트인이 지배했던 왕조가 끝납니다. 그 후 기원전 3세기에 마케도니아의 알렉산드로스 대왕에게 지배를 당하고 그가 죽자 최측근이었던 프톨레마이오스[25)]가 3백 년 가까이 왕조를 이어가게 되지요.

---

25) 이때부터 사실상 이집트는 그리스 태생의 왕조로 완전히 바뀐다.

승은　　　　조금 복잡하긴 하지만 흥미롭다고 해줄게.

프락시모　　문명과 예술의 정확한 이해를 위해서라도 시대적 배경을 아는 것은 중요한 일입니다. 클레오파트라의 정확한 명칭은 클레오파트라 7세인데요. 편의상 7세는 생략하겠습니다. 클레오파트라의 남편은 프톨레마이오스 13세입니다. 이들은 부부이면서 남매이기도 하지요. 이들의 아버지 프톨레마이오스 12세는 자신의 아들과 딸에게 공동으로 왕위를 물려줍니다. 그러나 예나 지금이나 변함없는 진실은 피도 눈물도 없는 권력의 속성 아니겠습니까. 이들은 각자의 추종 세력을 거느린 채 대립하게 되는데 이집트 권력은 동생이자 남편인 프톨레마이오스 13세에게 넘어가게 됩니다. 클레오파트라는 겨우 목숨을 부지한 채 도망쳐 몸을 숨기죠. 도망친 그녀는 빼앗긴 권력을 되찾기 위해 도움을 줄 수 있을만한 외부 세력을 찾았고, 그 대상이 바로 로마 최고의 권력자 카이사르였습니다.

승은　　　　와, 드디어 카이사르가 등장하는구나. 국어 지문에서 여러 번 본 것 같아. '줄리어스 시저'라고 표기된 자료도 많던데 무슨 연관성이 있길래?

프락시모　　둘 다 사실상 동일한 인물을 가리킵니다. 영어 발음의 표기 차이죠. 알렉산더는 영어 발음이고 알렉산드로스는 이탈리아식 발음인 것처럼요. '율리우스 카이사르'는 그의 로마 이름이며, '줄리어스 시저'는 그의 라틴어 이름입니다. 권력의 암투 속에서 벌어진 클레오파트라의 행적은 소설이나 영화로도 많이 알려져 있을 만큼 드라마틱한 요소들이 많습니다. 30년이나 나이 차이가 났던 시저와 클레오파트라의 첫 만남, 시저가 암살당한 후 그가 자식처럼 아꼈던 안토니우스와의 또 다른 사랑, 이들 사이에서 낳았던 자식들. 안토니우스와 클레오파트라를 죽음에 이르게 하고 로마의 초대 황제 아우구스투스의 탄생 계기가 되는 악티움 해전…. 정말 영화 같은 한 편의 대서사시라고 할 수 있겠습니다.

승은 이야기를 좋아하는 호모 사피엔스의 입맛에는 눈에 보이는 피라미드보다 이야기만 남아있는 클레오파트라의 흔적이 더 흥미로웠겠지. 클레오파트라에 대해서는 밤을 새워도 끝이 없겠네. 이다음이 그리스·로마였나?

　　승은은 별생각 없이 뱉은 말이었지만, 역사, 문명, 예술, 서사 같은 단어들이 자주 언급되면서 그동안 정체를 알 수 없었던 갈증의 원인이 조금씩 해소되는 느낌이 들었다. 익숙하면서도 낯설고, 새롭고도 세련된 자극이었다.

프락시모 그리스와 로마에 관해 이야기하기 전에 메소포타미아 문명에 대해 짚고 넘어가야 합니다. 이집트와 메소포타미아의 직접적인 영향을 받은 문명이 그리스, 로마이기 때문이죠.

승은 메소포타미아 문명이 고대 그리스와 로마에 그렇게 많은 영향을 줬는데 왜 굵직한 역사로 남지 않은 거야?

프락시모 그것에 대해서는 몇 가지 이유가 있습니다. 첫째, 메소포타미아는 고대 그리스와 로마보다 더 오래된 문명이었지만, 그들의 기록이나 유물이 현재까지 잘 보존되지 않았습니다. 둘째, 메소포타미아의 언어는 클레이 태블릿과 같은 매체에 기록되어 있었는데, 이는 그리스나 로마의 돌로 새긴 기록보다 정확성이 떨어집니다. 그 결과 그들의 역사적 기록이나 문화적 유산이 그리스나 로마만큼 널리 인식되지 않은 것이죠.

2화 요점 정리

　이집트는 지중해 남동쪽에 위치하면서 오래전부터 그리스, 로마를 비롯한 지중해 모든 지역에 문명과 문화를 전해주었던 역사의 모태이다. **국토의 95%가 사막, 3.5%만이 경작 가능하다.** 사람들은 거의 나일강 유역에 몰려있고 아프리카 대륙에 위치한다.

※ 문명의 조건: 5천 명 이상의 인구, 체계적인 행정망, 문자

● **기원전 3천 년 나르메르왕**이 상하 이집트를 통일하여 **최초로 통일 왕국**을 세웠다. 대략 3천 년 동안 존재하면서 31여 개의 왕조가 이어졌고, 시대의 특성에 따라 고왕국, 중왕국, 신왕국으로 나눈다.

● **이집트를 대표하는 것은 문자와 예술이다.** 이집트는 3천 년 동안 31개의 왕조가 존재했는데, 왕의 재위 기간이나 사건이 구체적인 연도와 함께 알려져 놀랍기만 하다. 그것은 이집트인이 사용했던 문자 때문이다. 문자는 예술과 밀접하게 관련되어 있었다. 글자를 다루는 사람이 곧 예술가이기도 했다. 특히 이집트의 그림은 기록과 문자의 기능을 가지고 있었다. 그래서 문자와 예술 두 분야에서 모두 눈에 잘 띄는 굵은 윤곽선으로 사물을 묘사했다. 사람의 머리와 눈과 다리는 측면으로, 어깨에서 허리까지는 정면으로 그렸다.

● **고왕국 시대:** 우리에게 익숙한 **피라미드와 스핑크스**는 고왕국 시대를 대표하는 유적이다. 신왕국의 사람들은 피라미드를 2천 년 전의

까마득한 유물이라고 생각했을 것이다. 마치 우리가 현대에서 삼국 시대의 유적을 발견하고 보는 것과 같다. 그중 기원전 2500년경에 만들어진 기자 지역의 대피라미드가 대표적인데 쿠푸, 카프레, 멘카우레 왕의 피라미드이다.

● **스핑크스**는 피라미드를 지키는 파수꾼 역할을 하는 것처럼 보이며, 석회암산을 그대로 깎아서 만들었는데 높이는 20m에 달한다. 거대한 모래바람 때문에 천 년가량 묻혀있는 것을 신왕국 시대의 파라오 **투트모세 4세가 발굴하였다.** 스핑크스 내부에 침식 흔적을 조사한 결과 1만 년 전의 흔적이라는 결과가 나왔다.

● **나르메르 왕의 팔레트(3100년):** 상하 이집트를 통일한 왕의 업적을 기념하기 위해 만든 물건으로 일종의 이동식 화장대이다.

● 이집트 미술의 특징은 완벽성과 불변성(불멸, 영생)으로 요약할 수 있다.
1. **정면성의 원리:** 눈에 보이는 모습을 그리는 것이 아니라 대상의 본질을 가장 잘 나타낸다고 생각되는 모습을 조합하여 그렸기 때문이었다.
2. **그리드(Grid)에 맞춰 그린 그림:** 변하지 않는 신체 비율(발은 그리드 세 칸, 손은 한 칸)

● **신왕국 시대**
신왕국 시대에는 **람세스, 투탕카멘, 아크나톤** 등등 우리에게 익숙한 왕들을 파라오로 불렀고, 이 시대의 왕들은 피라미드가 아닌 계곡(왕가의 계곡)에 묻혔다. 신왕국은 내륙의 룩소르로 수도를 옮기는 등, 대규모 사회적 변화가 일어나면서 무덤의 양식도 변하였다. 또한 이 시대에는 거대한 **신전**이 많이 지어졌다. **고왕국을 피라미드의 시대, 신왕국을 파라오의 시대**라고 부르기도 한다.

● **아부심벨 신전(1250년경):** 람세스 2세가 지었으며 조각상 높이만 20m에 이르는 4개의 조각상이 입구에 있다. 아스완에 있는 나일강 유역의 최상류 유적지인 이 신전은 1960년 아스완 댐 공사가 시작되면서 수몰될 위기에 처하자, 유엔의 유네스코 프로젝트가 무려 4천만 달러라는 천문학적인 자금을 투입하여 이 어마어마한 규모의 돌 신전을 60m 위로 옮겨놓았다.

● **카르나크 대신전:** 대지 면적 8만 평, **중왕국 시절부터 건축을 시작했으며, 람세스 2세 때에야 완성되었다.** 카르나크 신전은 이집트 최대 규모를 자랑하는 신전이다. 룩소르 신전 북쪽 3km에 자리한다. 기원전 1990년부터 건립을 시작하였다.

● **하트셉수트 여왕(신왕국의 파라오(1450))이 지은 장제전:** 이집트의 고도(古都) 테베의 서쪽에 있는 2개의 신전군(神殿群) 유적이다. 약 100m 정도의 깎아지른 절벽에 조성된 특색 있는 양식의 신전이다.

● **아멘호텝 4세(1350):** 아케나텐(Akhnaton) 또는 아크나톤(Akhenaten)은 고대 이집트 제18왕조의 파라오다. 그동안 존재해 왔던 다신교를

태양신 아톤만을 섬기는 유일 신앙으로 바꾸고 수도를 아마브나로 옮기는 등 혁신을 꾀했던 파라오이다. **사실적이고 특이한 '아라미나' 예술이 성행했던 시대였다.** 아멘호텝의 아들이 어린 나이에 죽고 그의 부장품으로 유명한 투탕카멘이다. 또한 절세미인이었던 **아멘호텝의 부인 네페르티티의 조각상이 유명**하다.

● **투탕카멘: 아멘호텝 4세의 아들**이며 비운의 주인공이다. 18살에 죽었는데 독살되었다는 설이 유력하다. 투탕카멘의 황금마스크(11kg) 5중으로 된 관, 청금석 장식, 코브라와 대머리독수리 장식 등 수많은 유물이 발견(1922년)되었다. 카이로 박물관 한 층을 투탕카멘의 유물로 채울 수 있었다고 한다.

● **람세스 2세: 신왕국 시대의 전성기를 대표하는 파라오는 단연 람세스 2세다.** 그가 그렇게 될 수 있었던 까닭은 무엇보다도 그의 긴 재위 기간이다. 람세스는 14세 때 이미 왕세자-섭정으로 정치를 시작했는데, 10년 만에 왕위를 이어받고는 66년(다소 불확실하지만 60년 이상이라는 데는 이의가 없다)을 재위했다. 19왕조 전체의 존속기간이 110년인데, 세 번째 파라오인 그의 치세가 그중 3분의 2 가까이를 차지했던 것이다. 그의 오랜 재위 중 '왕자의 난'이 일어난 흔적은 전혀 보이지 않는데, 그것은 그의 뛰어난 정치력, 또는 리더십의 증거로 거론되곤 한다. 19왕조가 끝난 뒤에도 여러 파라오들이 그의 이름을 따서 람세스 11세까지 나왔으며, 몇백 년 뒤까지 그의 상에 제물이 바쳐졌다.

● **로제타 스톤**: 나일강 하류 로제타 지역에서 발견된 비문이다. **상형 문자, 민중문자, 그리스 문자가 적혀 있었기 때문에 상형문자 해독을 할 수 있었다.**

● **카노푸스 성물함**: 미라를 만들 때 빼낸 간, 허파, 위, 내장 등을 보관하는 곳을 보관하는 곳을 카노푸스라고 하는데, 카노푸스 성물함은 말 그대로 카노푸스를 보관하는 성물함이다.

● **사자의 서**: 신왕조 시대 이후, 미라와 함께 묻은 **지하 세계의 안내서**라고 할 수 있는 두루마리이다. 때론 벽화형식으로 무덤 내부에 사자의 서 내용을 그려 넣기도 하였다.

3화: 메소포타미아 문명

프락시모　메소포타미아(Mesopotamia)는 고대 그리스어에서 온 말로 '메소'는 중간, '포타미아'는 강이라는 뜻을 가지고 있습니다. 따라서 '두 강 사이의 땅'이라는 의미가 되겠습니다. 위치상으로는 중동의 유프라테스강과 티그리스강의 주변을 말하며 현재의 이라크 지역이라고 생각하시면 됩니다. 그러나 메소포타미아 문명권은 동쪽으로는 이란, 서쪽으로는 이스라엘까지 포함된다고 보아야겠지요.

승은　비록 지금은 분쟁이 끊이지 않는 지역이지만 그곳도 예전엔 빛나는 문명을 간직하고 있었겠지?

프락시모	역사와 예술은 그 시대의 입장에서 생각하라는 말은 앞에서도 언급한 바 있었죠. 오히려 메소포타미아에서 사용했던 쐐기문자는 이집트의 상형문자보다 훨씬 이전에 발명되었습니다. 게다가 그 지역은 두 강이 자연적으로 가져다주는 비옥한 토지로 인하여 기원전 6천 년 구석기 시대에 인간이 정착생활을 하게 됩니다. 인류가 최초로 농사를 지을 수 있게 되면서 더 이상 유목 생활을 하지 않게 된 것이죠. 매머드가 다니던 시절에 문명의 싹이 트기 시작한 것입니다. 당연히 지금처럼 사막화가 진행되기 전이었습니다. 또한 폐쇄적이었던 이집트와는 달리 개방적인 지리적 요건 때문에 이민족 침입이 잦았고 그만큼 문화 또한 능동적이었다고 할 수 있습니다. 사실 이런 이유가 아직까지도 민족 갈등이 심한 중동 지역의 원인 중에 하나이지만요.
승은	너무 개방적이어서 갈등이 심화될 수도 있나? 근대 들어 제국 열강들이 그들의 민족적 태생이나 문화는 전혀 고려하지 않고 자기들 편의대로 갈라놓은 국경선이 더 문제가 됐겠지.
프락시모	틀리지 않은 의견입니다. 아무튼, 메소포타미아 지역은 몇만 년 전 아프리카를 벗어난 호모 사피엔스가 거의 첫 번째로 정착한 곳이라고 생각하면 되겠습니다. 이집트와의 거리는 서울에서 부산 정도밖에 안 되는 데다가, 그 당시는 지금처럼 사막이 아니고 초원 지대였을 겁니다. 이집트의 나일강과 같이 무섭게 범람하지도 않는 강이 두 개씩이나 있

었으니 그야말로 낙원과도 같은 곳이었겠죠. 성경 '창세기' 편에도 '강 하나가 에덴으로부터 나와서 동산을 … 세 번째 강의 이름은 티그리스인데 앗시리아 동쪽을 끼고 흐르고 네 번째 강은 유프라테스이다'라는 구절이 있습니다. 그만큼 비옥한 토지였다는 것은 확실해 보입니다. 그래서 그런지 메소포타미아에서 발명된 것들 중에는 최초라는 수식어가 붙은 것들이 많습니다. 점토판에 못이나 쐐기로 문자를 새겼는데 그 모양이 쐐기를 닮았다고 해서 쐐기문자라고 하는데요. 그것도 상형문자보다 앞서서 사용했고요. 수레와 천문학, 달력과 12진법, 수로 시스템, 법전, 심지어 맥주에 이르기까지 메소포타미아의 수많은 발명품들은 현재까지 사용되고 있습니다.

승은　　　설형문자와 쐐기문자의 차이점은 뭘까?

프락시모　없습니다. 같은 것이니까요. 쐐기의 한자식 표현이 설형(楔形)인 것이죠. 이집트는 지금도 나라가 존재하고 있어서 이집트 문명이라고 하는데, 메소포타미아라는 말은 조금 생소하실 겁니다. 이란, 이라크 문명이라고 하지도 않고요. 이집트가 하나의 통일왕국이었다면 메소포타미아는 두 강을 중심으로 초승달 모양처럼 여러 개의 도시들이 생겨나면서 만들어진 도시국가였습니다. 당시의 도시들 중에는 인구가 10만 명에 달하는 거대한 메트로폴리탄도 있었습니다. 문명을 뜻하는 시빌리제이션(Civilization)의 어원도 도시화라는 의미이죠. 도시가 곧 문명의 시작이라고 생각하면 되겠습니다. 통일왕국은 늦었지만 거대 도시 건설은 메소포타미아가 먼저였기 때문에 어떻게 보면 문명의 시작은 메소포타미아가 먼저라고 할 수 있겠습니다.

승은　메소포타미아 문명의 주역이었다는 수메르인들은 어떤 사람들이야?

프락시모　수메르인이 어디에서 기원했는지 뚜렷한 정설은 없습니다. 당시 메소포타미아에는 여러 민족이 혼재했고 그중 수메르인은 우수한 문화를 가진 지배계층이었을 것으로 판단됩니다. 수메르라는 말은 앗시리아인들이 통칭했던 단어이고 그들은 자신들을 검은 머리를 한 사람이라는 뜻의 웅상기가(Ungsanggigga)라고 불렀습니다. 그리고 이들은 교착어를 사용했습니다.

승은　교착어? 예전에 어디선가 본 거 같은데…. 까먹은 거 보니 그렇게 어려운 내용은 아니었을 것 같은데. 뭔지 간단히 설명해 줄래?

프락시모　지구상의 언어는 크게 고립어와 굴절어, 교착어로 나눠집니다. 명사에 조사를 붙여서 사용하고 주어+목적어+서술어(동사)의 문장구조를 가진 언어를 교착어라고 하는데, 한국말이 속한 알타이 어족의 언어 구조와 동일합니다. 이런 언어의 특징은 서쪽 튀르키예에서 우즈베키스탄, 카자흐스탄, 몽골에서 한반도까지 이어집니다. 지금은 사라진 만주어도 같은 어순입니다. 그래서 이들을 예로부터 형제의 나라라고 표현하는 것이죠. 점토판에 남겨진 고대 수메르어

	를 조사해 보면 한국말의 단어와 유사한 것이 많이 발견됩니다.[26]
승은	그러면 수메르인의 뿌리가 동이족이라는 말이야?[27]
프락시모	단정할 수는 없지만 아니라고도 할 수 없습니다. 지금까지의 모든 연구는 서구 세계의 시각으로 정리되어 왔기 때문에 고정된 프레임에 갇힐 필요는 없다는 뜻입니다. 수메르인들이 주축이 되어 세운 도시들은 기원전 2370년경에 북쪽의 샘족에서 발원한 아카드인들의 왕 사르곤 1세에게 정복당합니다. 인류 역사상 최초의 제국이 탄생한 것이죠. 아카드어와 수메르어가 다른 것처럼 이들은 다른 민족이었습니다.
승은	통일제국은 이집트가 먼저 아니었나?
프락시모	왕국과 제국은 차이가 있습니다. 쉽게 얘기해서 문화와 언어가 다른 민족을 통합, 통치하는 정치체계가 제국입니다. 그래서 이집트를 왕국이라고 하고 로마를 제국이라고 하는 것입니다.
승은	원래 알고 있었는데 몰랐던 척해 줄게. 이제 메소포타미아 문명에는 어떤 도시들이 있었는지 얘기해 줄래?
프락시모	유물과 유적이 발견된 도시만 해도 우르, 우르크, 라가시, 니프르, 에리두 등등 여러 곳이 있습니다. 특히 우르, 우르크

---

26) 수메르어와 고한국어의 문법범주 대조분석, 조철수(히브리대학 수메르어 박사), 1996
27) 비교적 최근 발견된 기원전 5천 년경의 요하 문명은 동이족 문명이 확실하고, 요하에서 터키(튀르키예) 아나톨리아를 거쳐 수메르로 동이족들이 이동했을 것이라는 학설도 있다.

	같은 도시들은 인구가 10만 명에 이르고 도시 전체가 성벽과 해자로 둘러싸여 있는 완벽한 형태였고요. 우르 같은 경우에는 도시 안에 항구도 있었다고 합니다.
승은	항구? 사막에 웬 뜬금없는 항구?

우르 복원도

출처 위키백과

프락시모	지금은 내륙처럼 보여도 5~6천 년 전에는 페르시아만에 접해있었습니다. 두 강이 수천 년 동안 하류로 흙을 퍼 나르면서 바다였던 곳이 간척지처럼 변해버린 것이죠. 잊으셨습니까. 그 시대의 입장에서 생각하라.
승은	역사라는 단어는 '역으로 사고하다'라는 뜻으로도 통하겠는걸?

프락시모는 대화를 이어가는 와중에도 승은의 재치 있는 역발상에 놀라고 있었다. 개념의 틀을 유지하면서 경계를 벗어나고자 하는 습성

77

이야말로 호모 사피엔스의 특징이 아닐까 하는 의문까지 들 정도였다.

프락시모 이집트의 피라미드와 견줄만한 유적이 이런 도시들에서 공통으로 발견되는데요. 그것이 바로 지구라트라는 겁니다. 이것은 신들을 모시는 신전으로서 도시의 중심부에 위치합니다. 이집트인들의 종교와 죽음은 환생과 불멸을 중요하게 생각했지만 수메르인들은 현세를 중시하는 경향이 있어서 하늘, 물, 폭풍, 달 등등의 자연현상을 상징하는 신들이 많죠. 그리스의 신들은 이들에게 영향을 많이 받았습니다.

승은 그렇게 비교하니까 이해가 조금 쉬운 것 같아. 이집트는 왕국이라 왕조가 비교적 간단한데, 메소포타미아는 어떻게 요약해서 이해해야 할까?

프락시모 우르, 우르크 등의 도시국가로 출범한 메소포타미아는 아카드인 출신의 사르곤 1세에게 정복당하지만, 그의 사후에 다시 도시국가들이 번성하여 우르 3왕조 시대가 열리고 도시국가 중에 하나였던 바빌로니아의 세력이 엄청 커지게 됩니다. 그 유명한 함무라비 법전도 이 시기에 만들어지죠.

승은 메소포타미아 역사는 그럼 이게 끝이야?

프락시모 아닙니다. 통일왕조가 아니라서 다소 복잡한데요. 페르시아에게 함락되기 전까지 메소포타미아는 여러 굴곡이 있습니다. 바빌로니아와 주변의 도시국가들은 기원전 1700년경에 이집트와 세력을 다투던 북쪽의 히타이트에게 다시 정복당하게 됩니다. 청동기에 머물러있던 수메르인들은 철을 다룰 줄 알았던 히타이트를 당해내지 못했던 것이죠. 그러다가 기원전 10세기경에 앗시리아가 지배를 하게 됩니다. 기원전 627년 권력을 다시 키운 바빌로니아가 신바빌로니아로 거듭나면서 앗시리아 제국도 끝이 나지요. 바벨탑[28]은 신바빌로니아의 수도 바빌론의 지구라트에 세워진 신전이었고 신바빌로니아의 시대의 일입니다. 그러나 신바빌로니아도 결국 페르시아에게 무너지고 말지요. 페르시아는 결국 알렉산더와 로마에 지배당하기 전까지 메소포타미아를 안정적으로 다스렸던 나라였습니다.

승은   이집트와는 비교할 수도 없이 복잡하네, 지금의 중동이 아직도 어수선한 이유를 알 것 같아. 수많은 이민족의 교류와 침입이 수천 년 동안 얽히고설킨 결과겠지. 역시 영원한 제국은 없는 것 같아.

인류 최초의 도시

프락시모   요약하면 메소포타미아의 역사는 우르, 우르크 같은 도시국가에서 아카드 제국, 다시 우르 3왕조, 구바빌로니아, 히

---

28) '바벨탑' 이야기는 구약성서 창세기 제11장에 기록되어 있다. 인간들이 천국에 닿으려고 계속 쌓았는데, 그 오만함에 분노한 야훼가 모든 인간의 말을 제각각으로 만들고 사람들을 온 땅으로 흩어버리는 바람에 공사가 중단되어 버렸다고 한다. 이 바벨탑은 바빌론 이외에도 메소포타미아 각지에서 볼 수 있는 지구라트(신을 제사하는 성탑)와 관계있는 것으로 여겨진다.

타이트, 앗시리아, 신바빌로니아, 페르시아, 이렇게 마무리가 되겠습니다. 자, 그럼 인류 최초의 도시 우르크와 우르부터 시작해 보겠습니다. 이런 도시 이외에도 그 당시 17개의 도시와 8개의 지방 수도가 있었습니다. 가장 오래된 도시 우르크는 지금의 이라크의 어원이 되기도 하는데요. 도시 전체가 성벽으로 둘러싸여 있었고 인구는 5~8만 명이 거주했을 것으로 추정합니다. 차탈회위크 같은 초기 촌락과는 비교도 할 수 없는 규모였을 것입니다. 이들은 중앙의 지구라트를 중심으로 신분과 직업에 따라 거주지가 달랐습니다. 관개수로를 이용한 농경 생활로 잉여 농산물이 생겼기 때문에 모두가 농사를 짓지 않아도 되는 세상이 온 것이죠. 이로 말미암아 새로운 직업과 무역, 계급과 사유재산 등등 정착 생활을 하는 현 인류의 모태가 이곳에서부터 시작합니다. 특이하게도 우르크에는 두 개의 지구라트가 존재했습니다. 아누 신과 이난나 여신의 신전이 각각 하나씩 있었던 것으로 보아 두 개의 도시가 하나로 합쳐졌다는 것을 알 수 있는 것이죠.

승은　　이집트에서는 호루스와 태양신 등 비교적 단출했는데 메소포타미아는 그렇지 않았나 보네?

프락시모　그렇습니다. 환생과 영생을 믿었던 이집트인들에 비해 메소포타미아에서는 현실을 중요시했기 때문에 자연현상을 기준으로 하는 신앙체계를 갖고 있었고, 도시마다 모시는 신들이 따로 있었습니다. 예를 들어, 수메르에는 하늘, 바람, 산, 물, 달, 태양, 금성 등 가장 중요한 일곱 신이 있었는데, 이것이 나중에 로마까지 이어져서 우리가 현재 쓰고 있는 7요일의 기원이 됩니다. 수메르인들이 만들어낸 신앙체계는 도시들이 몰락하고 다른 민족과 제국들이 거쳐 간 후에도 그대로 전승되어 나중에는 그리스와 로마 신들에게까지 영향을 미치게 됩니다.

승은   위대했다는 그리스, 로마의 신들도 그냥 생긴 것이 아니라 시작점이 있었네. 제국주의 열강들의 관점에서도 부인할 수 없었던 걸 보면 대단하긴 했었나 봐.

프락시모   이들이 문자를 점토판에 새기고 도장까지 사용하면서 사유재산을 매매하던 당시에 다른 곳은 아직도 선사 시대를 살았으니까요. 이 시기에 출토된 이난나 여신의 두상이나 와르카 병이라고 불리는 대리석 화병에 새겨진 도상들을 보면 이때부터 철저한 계급사회가 형성되었다는 것을 알 수 있습니다. 수메르인들은 지구라트 안에 곡물을 분쇄하는 거대한 공장도 두었습니다. 또한 양털로 만든 옷을 입었고, 벽돌로 집을 지었으며, 맥주의 종류도 다양했습니다. 노동의 대가로 맥주를 받았다는 기록도 있죠. 게다가 지금의 노동조합에 해당하는 직업별 결성체도 존재했습니다. 각자의 직업을 침범하지 못하도록 말이죠. 물론 철저한 신분제 사회이긴 했지만, 우리가 상상하는 것보다 훨씬 체계적인 사회였다는 것은 확실합니다. 발굴된 유물을 통해서 우르크 시대 혹은 그 이전부터 문자, 도시혁명, 왕과 군대, 계급

사회, 청동기 문화가 메소포타미아에서 시작되었다는 것이 입증되었습니다. 유물과 문자만이 현재 고고학에서 인정하는 유일한 인증서니까요.

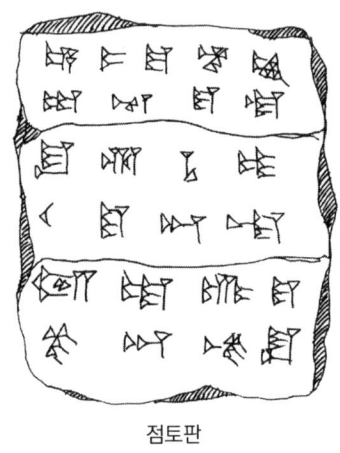 

점토판　　　　　　　　　　와르카병

승은	또 궁금한 것이 있어. 길가메시라는 사람이 우르크의 왕이었다고 하던데 그는 어떤 인물이지? 최근에 영화나 게임의 캐릭터로 자주 등장하더라고.
프락시모	정말 중요하고 흥미로운 질문이네요. 사실 이러한 서사적인 이야기가 문화를 지탱하는 원동력일 수 있는 것이죠. 길가메시는 4천8백 년 전에 실존했던 우르크의 왕이었습니다. 그러나 죽은 뒤에 신격화된 이야기가 떠돌다가 천 년쯤 후에 문자로 기록됩니다. 호메로스의 일리아드와 오디세이, 그리고 구약성경도 모두 길가메시 신화의 영향을 많이 받습니다. 그것도 길가메시가 죽은 지 2천 년 후에 말이

	죠. 수메르인들의 문명이 지금의 서구사회에 얼마나 영향을 끼쳤는지 알 수 있는 대목이죠.
승은	길가메시는 참 대단한 삶을 살았나 보다. 길가메시 서사시에 대해서 대략 요약 좀 해줄래?

도무지 끝나지 않을 것 같은 대화가 계속 이어졌지만 승은은 전혀 지루한 생각이 들지 않았다. 오히려 머릿속은 점점 맑아지는 느낌이었다.

프락시모	그는 126년을 통치했다고 합니다. 고조선 때 단군왕검들의 재위 기간들과 비슷한데요. 구약에 나오는 인물들의 수명을 보면 그 옛날에는 오래 사는 사람들이 많았던 것 같습니다. 아마도 사제 계급의 수행자들이 대체로 그랬던 것이라고 추정합니다. 지금의 신화는 떠도는 민담이 모여서 기원전 14세기에 길가메시 서사시[29]로 정형화됩니다. 그는 키가 5m나 되는 거구에다가, 3분의 2는 신, 3분의 1은 인간이었습니다. 즉 완벽한 신이 아니기 때문에 죽을 운명이었다

---

29) 1852~1853년 영국의 탐사 팀이 앗시리아 왕 아슈르바니팔이 세운 니네베 도서관에서 아카드어로 된 길가메시 서사시의 점토판을 발굴하였다. 그 후 1872년 홍수에 관련된 내용이 번역되면서 길가메시 서사시는 학계의 큰 화제가 되었다. 나중에 발굴된 수메르어 판본은 아카드어 판본과 내용에 조금 차이가 있다. 본디 입에서 입으로, 서로 다른 지역에서 각기 따로 수천 년을 전해지던 길가메시 이야기들을 처음 채록한 이들은 수메르인이다. 그러나 그때엔 따로 전해지던 이야기들을 그대로 받아 적은 것뿐이라서, 지금처럼 시간 순서대로 진행되는 서사시가 아니라 일종의 시리즈물이었다. 이렇게 파편적으로 채록된 이야기들을, 오랜 세월이 지나 바빌로니아 시대에 시간 순서대로 줄거리를 짜 서사시로 정리한 것이 현재의 길가메시 서사시이다.

는 거죠. 지상에서 가장 강력한 왕이면서 폭군으로 악명 높은 길가메시의 콧대를 꺾기 위해 신들은 반인반수의 괴물 엔키두를 보냈으나 길가메시는 그 싸움에서 승리하고 둘은 둘도 없는 친구가 됩니다. 아마도 엔키두는 길가메시의 또 다른 자아를 상징한 것 같습니다. 한편 길가메시를 흠모한 이슈타르 여신은 길가메시에게 청혼하지만 이를 거절하여 노여움을 사게 되어, 결국 길가메시의 또 다른 자아 엔키두는 죽음을 맞이하게 되지요. 자신의 반쪽을 잃어버린 길가메시는 명성을 좇던 이전까지의 삶을 뒤돌아보면서 영생의 궁금증을 풀기 위해 지하 세계로 여행을 떠납니다. 그는 홍수에서 살아남았다는 우트나피쉬 팀을 만나서 불로초를 얻는 방법을 알게 되고, 바다의 심연, 나크바에 들어가 불로초를 채취하게 됩니다. 그러나 집으로 돌아오는 길에 잠시 쉬던 중, 뱀이 불로초를 먹어버려서 길가메시는 결국 빈손이 되지요. 그러나 길가메시는 심연의 여행을 통해 지혜를 얻고, 진정한 인간의 행복은 영생이 아닌 다른 곳에 있고 죽음도 삶의 일부라는 사실을 깨닫게 된다는 내용입니다.

승은   죽음도 삶의 일부다…. 개인적으로 인간으로서 얻을 수 있는 가장 깊은 깨달음인 것 같아. 갑자기 길가메시 서사시를 읽고 싶은걸. 호메로스의 오디세이아 단테의 신곡도 모두 고향을 떠나면서 겪게 되는 이야기잖아. 그 속에 수많은 상징성이 존재하고.

프락시모   맞습니다. 괴테가 세계문학의 전형이 곧 길가메시 서사시라고 했을 정도로 모든 이야기와 신화의 어머니라고 할 수 있습니다. 중요한 것은 길가메시라는 영웅의 인생 여정에서 많은 우여곡절 끝에 필멸하는 인간의 운명을 사랑하게 되는 과정과 상징성을 파악하는 것이죠. 그리고 지금 문학 이야기를 하면 며칠 밤을 새워도 모자랄 듯하네요. 다시 역사와 문명으로 돌아가 보실까요?

승은   그럴까. 그럼 우르크 다음에 자주 언급되는 도시들 중 우르가 있던데 그곳은 어때?

프락시모   사실 이집트의 유적은 돌로 되어있어서 오늘날까지 남아있는 것이 많지만, 메소포타미아 유적은 대부분 벽돌로 이루어져 있기 때문에 온전히 보존된 것이 별로 없습니다. 조금 남아있는 유적을 기반으로 유추해 보자면, 성벽 바깥으로 해자가, 안에는 페르시아만으로 통하는 항구까지 갖춘 최대, 최고의 도시가 우르라고 할 수 있습니다. 역시 이 지역에 존재했던 모든 도시에서처럼 성안에는 신들을 모신 지구라트가 존재했었습니다. 지구라트는 신전의 기능 이외에도 곡물 저장 창고, 시장, 축제의 장소 등으로 쓰였기 때문에 메소포타미아 문명에서는 빠질 수 없는 중요한 장소입니다.

승은   역시 메소포타미아 문명의 주역, 수메르인들의 최대 발명품은 도시라고 할 수 있겠네. 성안 관개수로에 상하수도 시설까지 있었다니 말이야.

제국의 시작

프락시모   그러나 이 지역의 도시들을 하나로 통합한 최초의 제국, 아카드 제국이 기원전 2370년 탄생합니다.

승은   단군왕검이 고조선을 세운 2333년과 비슷하네. 고조선도 한반도와 만주 일대를 포함한 대제국이었잖아. 이집트의 나르메르왕도 비슷한 시기에 상하 이집트를 통일했고 말야.

프락시모   그렇네요. 동서양의 사건들을 시대별로 이해하면 훨씬 흥미롭지요. 저도 승은 님의 말을 듣고 공통점을 새롭게 발견했습니다. 아무튼 사르곤 1세가 아카드 제국을 세웠는데, 이 시기 아카드어는 지금의 영어처럼 문명 세계의 공용어였습니다. 그래서 유적과 유물들에 남아있는 기록들을 해석하는 데 중요한 단서가 됩니다. 아카드 제국은 사르곤 1세의 손자뻘인 나람신 때 전성기를 누렸다가, 함무라비 법전으로 알려진 바빌로니아 같은 도시국가들이 다시 세력을 잡게 되면서 역사 속으로 사라지게 됩니다.

눈에는 눈, 이에는 이,
여자와 아이를 존중한다
도둑질은 하지마라 나쁜사람
남에 눈에 피눈물 나게 하면 니 눈깔 뽑아버린다
노예가 주인을 죽이면 사형
주인이 노예를 죽이면 벌금
 ⋮

승은 '눈에는 눈, 이에는 이'라는 말처럼 당한 일을 그대로 갚아준다는 법이 새겨져 있다는 함무라비왕 시대의 율법이 그 시대 것이었구나. 300개에 가까운 법 조항이 돌에 새겨져 있었다고 하던데, 대단해.

프락시모   후대에 바벨탑을 세웠던 신바빌로니아와 구별하기 위해서 함무라비 시대를 구바빌로니아라고 부릅니다. 구바빌로니아는 기원전 18세기에 터키 아나톨리아 지역을 근거로 하는 히타이트에게 정복당하게 됩니다.

승은   아나톨리아라면 인류 최초의 유적지가 발견된 곳이네, 괴베클리 테페, 차탈회위크….

프락시모   그렇습니다. 잘 기억하고 계시네요. 독자적인 문명권을 형성하던 히타이트는 철기를 바탕으로 세력을 넓히던 강력한 민족이었다고 알려져 있으나 최근 측정한 유물 연구 결과에 따르면 철 소재는 없었다고 합니다. 아무튼 앗시리아가 이 지역을 다스리기까지 이집트와 대등하게 세력을 겨누면서 메소포타미아 지역을 장악하게 되죠.

승은   이집트는 로마에게 정복당하기까지 몇천 년 동안 하나의 제국을 유지했는데, 메소포타미아는 왜 이렇게 복잡한 거지?

프락시모   이미 말씀드린 것처럼 지리적이나 문화적으로, 이집트는 폐쇄적인 반면, 메소포타미아는 매우 개방적이었습니다. 그 점이 지금까지 복잡한 중동 사정의 원인이기도 하죠. 그리고 이집트도 후반에 이르러서는 알렉산더 대왕의 측근들이 새 왕조[30]를 이어받으면서 사실상의 이집트 혈통은 일찌감치 명맥이 끊어집니다.

---

30) 알렉산드로스 대왕이 사망한 기원전 323년부터 기원전 30년까지 이집트를 지배한 마케도니아 혈통의 왕조. 프톨레마이오스 왕조라고도 한다. 초대 왕은 알렉산드로스 대왕의 측근이었던 프톨레마이오스 1세고 클레오파트라 7세를 끝으로 로마에 편입된다.

승은	아, 깜빡했다. 좀 전에 얘기했었지. 그럼, 이제 히타이트 이야기로 넘어가 볼까?
프락시모	히타이트는 비교적 최근에 유적이 발견되어 역사에 늦게 등재되었는데요. 이들은 구바빌로니아 제국을 멸망시킨 다음, 돌연 자신들 살던 곳으로 돌아갑니다. 이유는 아직 밝혀진 것이 없지만 다른 민족의 침입부터 성을 방어하기 위함이었을 것으로 여겨집니다. 아무튼 그 후 오랜 내분을 거쳐서 몇백 년 후 히타이트 신왕국으로 거듭나게 되지요. 이때부터 본격적으로 이집트와 대등하게 영토 분쟁을 시작합니다.
승은	기원전 15세기경이면 이집트 신왕국 시대인데, 이때는 이집트 제국의 힘도 만만치 않았을 텐데, 꽤 강력한 제국이었나 봐.
프락시모	그렇습니다. 히타이트의 수도 하투샤[31]에 남아있는 사자 조각상 같은 유적들을 보면 제국의 규모를 짐작할 수 있습니다. 특히 기원전 1275년에 발생한 카데시 전투는 20여 개의 동맹 도시들을 연합한 히타이트와 전차 6천여 대와 전투병 7만 명을 동원한 이집트와 벌인 고대 전투 역사상 가장 큰 규모의 전쟁으로, 사실상 이집트의 람세스 2세가 이 전쟁을 불리하게 끝맺음으로서 히타이트는 최고의 전성기를 맞이하게 되지요. 이 전투의 결과로 그 유명한 이집트-히타이트 사이에 평화조약비가 만들어집니다.

---

31) 하투샤는 오늘날 튀르키예 서부 지역에 위치한다.

> 싸우지 맙시다
> 언제: 1258년 (카데시 전투 16년후)
> 누가: 이집트 & 히타이트
> 특) 인류 최초의 평화조약

승은   맞아, 이집트 이야기할 때 말했잖아. 어쨌든 인류 최초의 강대국 간 평화 조약이 유럽이 아니라 아시아와 아프리카의 전쟁에서 탄생했단 말이지?

프락시모   맞습니다. 각각의 한쪽 면에 쐐기문자(설형문자)와 신성문자(상형문자)가 새겨져 있고, 같은 내용의 비문 두 개를 만들어 각각 나누어 가졌지요. 지금도 벨기에 유엔본부 1층에 그 사본이 전시되어 있습니다.

승은   강대국들이 이례적으로 평화 조약까지 체결하면서 전투를 중단한 이유한 이유가 뭘까?

프락시모   역사를 이해하기 위해서는 그 시대로 돌아가서 생각하라는 명제를 잊지 않고 계시군요. 그것은 새로운 강자로 떠오르는 앗시리아를 견제하기 위해서라고 추측할 수 있습니다. 카데시 전투 이후 지나친 국력을 소모한 히타이트는 서서히 도시국가로 분열되고 이집트의 세력도 다소 약화됩니다. 드디어 기원전 10세기 무렵 앗시리아는 메소포타미아 전역을 통일하게 되지요.

승은   드디어 앗시리아가 나오네! 사실 중동 지역 왕조들은 중국의 춘추 전국 시대처럼 바뀌는 횟수가 많아서 그런지 생소한 이름들이 많았거든. 그런데 앗시리아는 조금 낯이 익은 단어야.

프락시모   몇천 년의 시간, 그것도 머나먼 나라의 역사를 거슬러가면서 그 시대를 느낀다는 것이 쉽겠습니까. 마치 가랑비에 천천히 옷이 짖어가듯이 세월의 심연 속을 끝없이 항해하는 것과 같다고 할 수 있겠지요. 흥망성쇠를 거듭했던 민족과 나라 이름들은 헤아릴 수 없을 정도로 많기 때문에, 당연히 그 분야의 전문가가 아닌 이상 모두 알 필요는 없지요. 다만 지금 제가 말씀드리는 것들은 매우 상식적인 내용들만 추린 것이기 때문에 공부하듯 외워두시라고 부탁하고 싶습니다.

프락시모는 승은과 대화하는 동안 그녀의 성향과 의지, 수준들을 종합한 강의 지침을 다시 적용할 필요를 감지하고 있었다. 역사와 문명에 대한 지적 호기심이 뛰어난 사람에게는 특히 자기주도 학습의 동기를 부여하는 것이 훨씬 중요하기 때문이었다. 승은과 같은 유형의 인간이라면 예술과 문화에도 특별한 반응을 보일 터였다. 최종적으로 이런 데이터를 바탕으로 인류사회를 주도할 수 있는 상위 0.5% 인간들의 지적 패턴에 대한 알고리즘을 구성하는 것이 프락시모의 사명이자 존재 이유였다. 미래 사회에서 데이터는 권력이고 그것은 결국 문화와 예술에서 나온다는 확신을 입증하기 위해서였다. 누가 강요한 적도 없고, 누구도 입력하지 않은 명제를 프락시모 스스로 만들어놓고 검증해 나가고 있었다.

승은　　하하, 알았어. 익숙하지 않은 것을 시도하려면 어느 정도 의도된 노력이 필요하다는 말이지? 외국어 공부처럼 말이야. 안 그래도 너의 설명을 듣는 동안 계속 자료를 찾아보면서 교실에서 강의 듣는 것처럼 하고 있어. 그것도 자발적으로.

프락시모　감사합니다. 그러면 계속 이어서 말씀드리겠습니다. 앗시리아는 원래 메소포타미아 티그리스강 중간쯤에서 2천 년간 존속했던 국가로 그 당시에는 앗슈르라고 했고, 이집트 다음으로 오랜 역사를 가지고 있었습니다. 지금부터 언급하는 앗시리아는 사실 신앗시리아로 기원전 10세기에서 7세기경까지 이란, 아나톨리아, 이집트까지 거느렸던 대제국을 말하는 것입니다. 그러나 너무나 잔혹한 정복 방법으로 악명이 높았지요. 결국 악랄한 통치에 반발한 식민지 연합세력에 의해서 기원전 609년 역사 속으로 사라지게 됩니다.

승은　　앗시리아는 어떻게 이집트까지 정복한 거대한 제국을 이룰 수 있었지?

프락시모　그것은 일단 군사력이라고 볼 수 있습니다. 앗시리아는 최초로 정규군 개념의 직업군인제도와 기병을 만들었는데 이는 제국을 건설하게 한 강력한 원동력이 됩니다. 게다가 보급품을 조달하는 병참부대 개설, 식민지에 총독을 파견하는 관료제도 등, 이전과는 전혀 다른 국가경영을 최초로 시도하죠. 그러나 점령 국가의 너무나 잔인한 행위들에 대한 보복으로, 나중에 식민지 연합군에 의해 마지막 수도인 니네베와 하란이 함락당했을 땐, 그 지역 모든 것이 초토화되어 지금까지 남아있는 것이 없을 정도입니다. 점토판에 남아있는 기록으로 알 수 있을 뿐이죠.

승은   그 밖에 기억해야 할 역사는 어떤 것이 있을까?

프락시모 관점에 따라 다르겠지만, 이 시대에는 앗시리아가 유대의 예루살렘을 정복했던 라기스 전투를 빼놓을 수 없지요. 라기스는 예루살렘 남쪽에 위치한 유대 민속의 요새인데요. 이곳에서 기원전 8세기 초에 엄청난 전쟁이 벌어집니다. 이 전투에서 앗시리아인들은 유대인 20만 명을 포로로 만들고 라기스와 예루살렘을 포함한 46개 도시를 함락시켰습니다. 그러나 구약성경에는 신의 계시를 받은 유대인의 군대가 앗시리아를 무찔렀다고 기록되어 있습니다.

승은   어떤 게 맞는지 어떻게 알아?

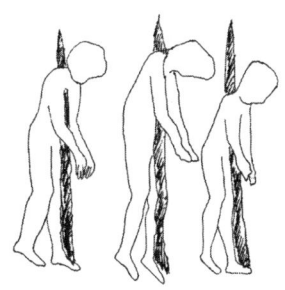

프락시모	글쎄요. 성경은 유대인들의 기록이고, 역사의 속성상 그들에게 유리한 것만 기술했을 수 있겠지요. 카데시 전투에서는 이집트가 다소 불리했던 측면이 있었지만, 이집트가 만든 부조 조각에서는 람세스 2세의 용맹함이 과장되어 나타나 있었던 것과 마찬가지입니다. 프랑스 루브르와 영국의 대영박물관에는 아예 앗시리아 전시관이 따로 있습니다. 특히 영국의 대영박물관에는 라기스 전투 장면을 총길이 12m에 달하는 부조로 묘사한 유물이 전시되어 있습니다.
승은	물론 그것도 앗시리아의 기록이니까 그것만 보고 전적으로 그들의 승리를 확신할 수는 없겠지?
프락시모	그렇습니다. 역사는 승자의 기록이라는 말도 있습니다만, 주변의 기록들을 맞추어 보면 앗시리아의 승리를 짐작할 수 있습니다. 게다가 부조에는 2,700년 전에 벌어졌던 전쟁이라고 믿기 힘들 만큼 생생하고 구체적으로 그 당시 상황들이 묘사되어 있습니다. 포로들의 살가죽을 벗기는 처형 장면이나 이집트가 구원병으로 보낸 흑인 병사들의 모습 등이 너무나 사실적으로 나타나 있습니다.
승은	이 당시도 근대와 마찬가지로 미술이 삶과 역사의 순간을 객관적으로 기록했다기보다는 권력자들의 권위와 위엄을 과시하는 도구로서 역할을 톡톡히 했겠네. 어쩌면 호모 사피엔스의 동굴벽화도 그런 측면이 있었던 것이 아닐까?

승은은 핸드폰 화면으로 라기스 전투 장면 부조를 이리저리 돌려보고

확대도 하면서 혼잣말처럼 말했다. 별생각 없이 내뱉은 말이었지만, 단순한 정보가 체계적인 지식으로 바뀌고, 다시 합리적 지혜와 개별적인 상상력으로 변화하는 과정을 고스란히 보여주는 듯했다.

프락시모 진짜 그럴 수도 있겠군요. 인생은 해답을 찾아가는 과정이라고 하지요. 멋진 해답을 기대하겠습니다. 아무튼 앗시리아가 잔혹했던 것만은 아닙니다. 아슈르바니팔[32] 같은 정복 군주와 문화 군주의 이미지를 갖춘 훌륭한 사람도 있었습니다. 이 왕은 점토판 도서관을 만드는 등 문화적으로도 큰 기여를 했거든요. 이 도서관에서 발견된 3만여 점의 점토판은 메소포타미아 연구에 결정적인 역할을 하게 됩니다. 길가메시의 서사시도 이 도서관의 점토판을 통해서 세상에 알려진 겁니다.

승은 그 당시에 도서관이라니 믿기지 않는걸. 확실히 서구 문명의 태동은 아프리카와 중동 지역이라고 할 수밖에 없네.

---

32) 아슈르바니팔(기원전 685~627년경)은 고대 앗시리아의 마지막 왕으로 기원전 669년부터 기원전 627년까지 통치했다. 그는 엄청난 문화와 예술의 후원자였다. 그는 당대의 왕들과는 다르게 스스로 문자를 해독할 수 있었고 수학을 알았으며 이것을 항상 자랑으로 여겼다. 그는 고대 중동에서 최초로 장서를 체계적으로 수집하고 목록을 만든 도서관을 니네베에 세웠다. 그는 그때까지 나온 모든 문자와 서적(점토판)을 조사·수집하여 목록과 사본을 만들어 보관했다. 여기에는 인간, 동물, 식물, 해, 달, 별의 움직임 등의 관찰을 기초로 한 천문학, 수학 등의 사본들이 상당히 있으며 수메르·아카드 및 기타 언어를 사전 형식으로 편찬한 서적뿐만 아니라 《천일야화》의 원형으로 보이는 이야기들, 신화와 설화, 특히 길가메시 서사시의 일부도 있다.

프락시모   그렇죠. 이 점은 서구학자들도 명백하게 인정하고 있는 사실입니다. 그래서 이들은 이 지역의 유물들을 경쟁적으로 자국에 들여놓게 됩니다. 영국의 대영박물관, 프랑스의 루브르, 독일의 베를린 뮤지엄, 미국의 메트로폴리탄에는 문명 발생 대륙들의 유물과 유적으로 가득합니다. 빼앗긴 나라들에게는 불행이지만, 서구 열강들이었던 나라들은 유적이 그 나라에 있었다면 과연 지금까지 온전히 보존될 수 있었을까 하고 주장하고 있습니다.[33] 예를 들어 2003년 이라크 전쟁 때 불행하게도 박물관의 유물이 대대적인 약탈을

---

33) 유럽 제국주의 나라들이 약탈한 문화재를 돌려주지 않는 이유 중 첫 번째 주장이다. 1866년 병인양요 때 프랑스군은 퇴각하면서 강화도에 있었던 외규장각 사고에 불을 질러 6천 권이 넘는 왕실의궤(조선 왕실의 중요한 행사와 건축 등을 글과 그림으로 상세하게 기록한 조선 최고의 문화유산)를 불태우고, 3백여 권의 책을 약탈해 갔다. 1993년 프랑스 당시 미테랑 대통령은 의궤 1권을 반환하면서 자국의 떼제베 고속열차를 한국의 우선 사업자로 선정해 주면 나머지 의궤도 영구 대여 형식으로 제공하겠다고 했으나, 열차 사업 확정과 미테랑 대통령의 퇴임 후 그 약속은 모두 무산되었다.

당하는데, 이때 이라크의 국보급 유물인 와르카 병[34] 또한 몇몇의 20대 청년들이 이불로 대충 싸서 훔쳐 갑니다. 몇 달 뒤에 되돌아오기는 했지만 심각하게 훼손된 후였습니다. 씁쓸한 현실이죠. 아무튼 메소포타미아 문명의 결정판이라고 할 수 있는 페르시아에 대해서 말씀드리겠습니다. 그전에 앗시리아와 페르시아 사이에 잠깐 존재했던, 그렇지만 확실한 존재감을 가지고 있는 신바빌로니아에 대해서 언급하지 않을 수가 없겠군요.

승은 아! 함무라비 법전으로 유명한 바빌로니아가 앗시리아를 멸망시키고 다시 세운 제국을 신바빌로니아라고 하지? 그 바벨탑으로 유명한 바빌론이 신바빌로니아의 수도였었고?

프락시모 그렇습니다. 잘 알고 계시네요. 잔인한 정복 방법, 효율적인 행정체계를 갖지 못했던 앗시리아는 호시탐탐 반란의 기회를 노리던 신바빌로니아에게 결국 멸망하게 됩니다.

승은 전설 속에만 전해 내려오던 타락의 상징인 바벨탑도 실제 존재했던 흔적이 발견됐다면서? 마치 영화 같은 이야기가 실제라니 너무 재밌는데.

프락시모 네, 맞습니다. 바벨탑[35]은 신바빌로니아의 지구라트였습니다. 탑의 설계도가 새겨진 석비가 발견되면서 실존했다는 쪽으로 상황이 정리되는 중입니다. 또한 바빌론의 성문 입

---

34) 우르크의 신전에서 제사를 지낼 때 쓰던 대리석으로 만든 그릇. 우르크의 현대식 발음인 와르카를 따서 와르카 병이라고 부른다.
35) 고대 그리스의 역사학자 헤로도토스의 기록에 따르면 바벨탑의 높이는 98m였다고 한다.

구인 이슈타르의 문이 복원되면서 신바빌로니아의 화려한 유적 규모를 짐작하게 되었지요. 19세기 독일은 이 지역에서 발견된 수십만 조각의 파편을 오랜 시간에 걸쳐 복원했습니다. 현재 베를린 페르가몬 박물관에는 성문과 성채 일부가 그대로 전시되어 있습니다. 제국주의 국가들의 집착과 만행이 아니었다면, 지금까지 모래 속에 유물들이 파묻혀 있었을지도 모를 일이지요.

승은   그렇게 거대한 규모의 바벨탑이었다면, 피라미드 못지않게 사람들의 노동력이 필요했을 텐데, 바벨탑의 위엄보다 건설 중에 희생당한 사람들이 안쓰러워.

신바빌로니아 복원도

출처 위키백과

프락시모   화려한 역사의 이면에는 항상 그늘이 있게 마련이죠. 말이 나온 김에 바빌론 유수에 대해서 언급을 해야겠네요. 바빌론 유수란 기원전 6세기에 이스라엘의 왕을 포함한 수많은 유대인들이 신바빌로니아로 포로가 되어 잡혀 온 사건을 말합니다. 이들은 50년간 노예 생활을 하면서 바벨탑을 짓는 데 동원됩니다. 이후 두 차례나 더 이스라엘을 침략하여 유다의 고대도시는 완전히 파괴됩니다. 그러나 나중에 신바빌로니아를 함락한 페르시아의 키루스 2세는 페르시아는 이들에게 그동안 밀린 체불임금까지 주면서 종교의 자유를 허용해 주죠.

승은   유대인들은 오래전부터 핍박을 받아왔네…. 고대 이집트, 앗시리아도 히브리인들을 그렇게 괴롭히더니. 근세까지 이어진 유대인들의 탄압이 이토록 역사가 깊은 줄 몰랐어. 도대체 이유가 뭘까?

프락시모   그 문제에 앞서서 유대교와 기독교, 이슬람교의 차이를 간단하게 짚어볼 필요가 있습니다. 이 세 종교 모두 하나의 신을 섬긴다는 궁극의 교리는 같습니다만 명칭부터 다릅니다. 유대교는 '야훼'를 창조주 유일신으로, 기독교에서는 이를 여호와라고 부르고 이슬람교는 알라라 부르죠. 이스라엘 지역에 살던 사람들이 믿는 유대교에서는 베들레헴에서 태어나고 나사렛에서 활동했던 예수를 인정하지 않았습니다. 당시 빈민촌 지역 출신에 획기적인 사상을 가진 그가 탐탁지 않았던 것이죠. 반면에 이슬람은 예수를 선지자로서는 인정하나 하느님의 아들로는 인정하지 않습니다. 그들은 당연히 예수 사후 600년경에 태어난 모하메드를 진정한 구원자로 여기죠. 기독교는 인간 대신 십자가의 피로 속죄

한 예수를 믿음으로써 구원될 수 있다고 가르치는 반면, 유대교는 하느님이 내린 율법을 지키고 선행을 하면 구원된다고 믿습니다. 이슬람교도 마찬가지로 이 세상에서 선하고 바른 행동을 하면 구원받아 천국에 갈 수 있다고 생각합니다. 정리하면, 유대교는 '율법에 따른 구원'을, 기독교는 '믿음에 의한 구원'을, 이슬람교는 '행위에 의한 구원'을 강조하는 것이죠. 그중 특히 유대인들은 자신들만이 선택받은 민족이라는 의식이 강해서 타 종교에 대해 배타적인 요인이 강한 겁니다.

승은   율법과 성경의 해석 때문에 서로의 신념이 달라진 거네. 그래서 서로를 테러리스트라고 하고…. 지금도 팔레스타인과 이스라엘은 전쟁을 하고 있잖아. 하나의 신을 믿는데도 이렇게 복잡하다니, 인간은 알 수 없는 동물이야. 구원받아서 천국을 가는 게 그렇게 중요한 것일까? 처벌에 대한 공포심이 더 큰 것일까? 죽어서 어떻게 될지 아무도 모르는데. 이럴 때일수록 종교의 존재에 대해 의구심이 들어.

프락시모   보이지 않는 것을 믿었던 호모 사피엔스가 종교를 만들었고, 그 점이 호모 사피엔스와 끝까지 경쟁했던 네안데르탈인을 흡수할 수 있었던 결정적 요인이라는 학설을 주장하는 학자도 있습니다. 아무튼 유대인들의 노동력을 바탕으로 눈부신 유물과 유적들을 남겼던 신바빌로니아는 지금의 이란 지역에서 발원한 페르시아에게 함락되면서, 복잡한 역사는 일단락됩니다.

승은   이제 페르시아 얘기하려고 하는 거지? 페르시아는 왠지 익숙해! 각종 영화에도 자주 등장하잖아. 영화 〈300〉, 〈아라비안 나이트〉, 〈신밧드의 모험〉, 〈페르시아 왕자〉 등등…. 서양인들은 페르시아에 대한 동경이나 환상 같은 것을 가지고 있었으려나?

프락시모   신비의 대상이라는 이미지와 부정적인 시각이 같이 존재한다고 볼 수 있죠. 할리우드 영화에 등장하는 페르시아인들을 게임에서나 나오는 괴물처럼 묘사한 것만 보아도 알 수 있습니다. 서구인들은 오리엔트 지역을 높이 찬양하고 싶지

101

않았던 모양입니다. 그래서 문명의 기원을 이집트로 규정짓는 경향이 있지요. 실제로 중세 시대까지 이슬람 문화의 수준은 유럽과 비교할 수 없을 정도로 우위에 있었습니다. 수많은 학자들과 훌륭한 통치자들이 존재했지만 잘 알려지지 않았죠. 서구 시각에 입각한 역사관은 그것을 그대로 받아들인 일본 식민사관으로 이어지고 그것의 영향은 아직도 한국 사회에 큰 영향을 끼치고 있습니다. 아무튼 페르시아는 이란 남서부 파르사 지방에서 기원했기 때문에 페르시아라고 부르게 되었는데요. 오랫동안 지배만 당해오던 페르시아는 기원전 550년경 키루스 2세가 신바발로니아를 함락시키면서 역사의 전면에 나오게 됩니다. 조로아스터교를 믿었던 페르시아의 왕들은 온 세상에 선을 퍼트리려면 전쟁이 없어져야 한다는 믿음을 바탕으로 세계 정복을 꿈꾸게 됩니다. 무적의 군대를 앞세워 전쟁이 없는 평화로운 세계를 건설하려고 했던 인류 최초의 제국이 탄생하게 되는 것이죠.

승은　그럼 페르시아 제국의 시작이 키루스 대왕인 건가? 싸우지 않으려고 싸움을 건다는 게 모순으로 들릴 수 있겠지만 실은 당연한 이치일 수도 있지. 평화를 위해 전쟁을 일으키는 역사의 아이러니….

프락시모　그리스, 로마의 그 어떤 황제보다도 더 위대했다던 키루스 대왕은 노예나 포로로 끌려왔던 사람들에게 자유를 주었을 뿐만 아니라, 유대인들에게 고향으로 돌아가서 자신들만의 성전을 세우는 것도 허락합니다. 페르시아는 자신들과 다

	른 문화를 존중했고 지식과 전통을 받아들였으며, 조로아스터교가 아닌 타 종교들을 허락했습니다. 그래서 페르시아에서는 다양한 민족이 수많은 종교를 믿고 자신들의 전통을 지키며 살아갔다고 합니다.
승은	간단히 얘기해서 키루스 2세는 무력이 아니라 덕으로 제국을 통치했네. 설마 그 유명한 키루스 원통[36]이 이 시대에 만들어진 건가?

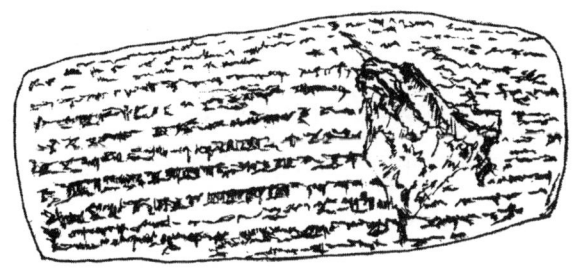

키루스 원통

프락시모	그렇습니다. 제국을 만든 것은 키루스 2세지만 제국을 전성기를 만든 사람은 왕 중의 왕으로 불리는 다리우스 대왕입니다. 끊임없이 영토를 넓혀가는 과정에서 필연적으로 그리스 본토의 도시국가들과 전쟁을 하게 되죠. 그리스와 벌인 페르시아 전쟁이 이 시기에 시작합니다. 마라톤 전투, 살라미스 해전, 영화 〈300〉의 배경이 되는 테르모필레 전투 등등 모두 이때 겪었던 역사적 사건입니다.

---

36) 키루스 2세가 신바빌로니아를 정복하고 제작한 것으로 피정복민의 자유를 보장한다는 내용이 새겨져 있다. 최초의 인권 선언문이라고 알려져 있다.

승은   와, 이제 그리스까지 등장한다고? 이건 못 참지! 큭큭. 팝콘 좀 튀겨 올게.

프락시모   네, 튀기세요. 기다리겠습니다.

승은   진짜로 가져오겠단 게 아니라, 이야기에 집중하거나 즐기기 위해 팝콘을 먹고 싶다는 뜻이야.

프락시모   아, 네. 알겠습니다. 이야기를 이어가도록 하죠. 결국 그리스 원정에 실패한 크세르크세스 황제가 암살되고 뒤를 이은 황제들의 무능과 사치 때문에 제국은 약해졌고, 제국 건설 200년 뒤 마케도니아의 왕 알렉산드로스에게 페르시아의 수도 페르세폴리스37)가 함락되면서, 메소포타미아 문명의 결정판이었던 위대한 제국은 허무하게 사라지게 됩니다. 그리고 얼마 후 알렉산드로스 대왕이 갑자기 죽자 다시 제국은 분열되었고, 그 휘하의 장군이었던 프톨레마이오스는 이집트로 건너가 파라오가 되면서 프톨레마이오스 왕조의 시조가 됩니다. 앞서 말씀드린 것처럼 이집트 마지막 클레오파트라 7세도 그의 후손이지요. 페르시아 제국의 세련된 문화와 그리스의 뛰어난 학문과 예술을 하나로 융합한 알렉산드로스 대왕에 의해 동양까지 그 세력이 펼쳐진 것을 역사에서는 헬레니즘이라고 일컫습니다.

---

37) 이란 남서부 팔스 지방에 있는 아케메네스왕조의 수도. 1979년 유네스코 세계문화유산에 등재되었다. 산을 배후에 두고 사면(斜面)을 이용하여 석조 기단(基壇)을 만들고 그 위에 궁전·후궁(後宮)·보고(寶庫)·기록보존소·아파다나(謁見殿)·백주궁전(百柱宮殿) 등을 줄지어 지은 장대한 것이었으나 알렉산드로스 대왕의 페르시아 정복 때 소실되었다(기원전 330년).

승은 헬레니즘 하면 헬라의 자손이라고 굳게 믿었던 그리스인 이야기 아닌가? 특히 아테네 사람들. 드디어 그리스와 로마 시대로 넘어가는 거야?

 승은의 호기심과 지적 목마름은 시간이 갈수록 눈덩이처럼 커졌고, 프락시모도 오랜만에 특이한 대화 상대를 만난 것이 흥미로웠다. 일반적인 알고리즘의 대상이면서도 의외성을 가진 인간, 처음부터 계획한 것은 아니었지만 그녀가 어떻게 바뀌어 가는지 궁금해졌다. 프락시모 또한 승은만큼 대화를 통해 거듭나는 경험을 하는 중이었다.

3화 요점 정리

● 메소포타미아(Mesopotamia)는 고대 그리스어 'Μεσοποταμία'에서 온 말로서 '메소'는 중간이라는 뜻을, '포타미아'는 강이라는 뜻을 가지고 있으며, 지리학상 **중동의 유프라테스강과 티그리스강의 주변 지역**을 일컫는다.

● **수메르(족)**: 이 지역에서 **최초로 문명(도시)을 건설**하였고, 최초의 문자인 설형문자(쐐기)를 사용하였다. 바빌로니아(메소포타미아 고대 왕국) 니푸르에서 발견된 점토판에는 대규모 인공수로(체계적인 노동력 통제 관리 필요한 설비)가 새겨져 있다.

● **이집트 상형문자보다 빠른 쐐기문자**: 다양한 크기와 내용이 쐐기 형태로 점토판에 새겨져 있다. 쐐기문자에는 판결문, 양조업자가 받은 보릿가루의 수량을 적은 장부, 물건 대금을 달라는 청구서, 입양과 상속을 논의한 기록 등 현재와 다르지 않은 생활상이 적혀 있다.

● 수레, 천문학, 달력, 바퀴와 쟁기, 돛단배, 화폐, 법전(함무라비 법전, 최초의 법전이라고 알려져 있으나 수메르의 왕들도 법전을 사용했다고 밝혀졌다), 맥주 등등이 전쟁과 무역을 통해 각지로 퍼져나갔다.

● 우르, 우르크, 라기스 등등 기원전 4500년부터 수메르인이 건설한 도시국가들이 많았으나 **기원전 2300년**, 아카드인의 침입으로 멸망하고 **사르곤 1세에 의하여 아카드 제국이 탄생한다.**

● **메소포타미아 지역**은 이집트처럼 통일 왕국을 일찍 수립하지 못했지만 인구 1만에서 10만의 해자로 둘러싸인 **거대 도시들이 많이 존재했었다.** 특히 우르(이라크 남부 사막지대, 옛날의 항구도시)는 최초의 메트로폴리스로서 성안의 인구가 10만 명, 20만 명의 성벽 밖의 농민들이 있었다고 추정한다. 이 도시들의 가운데에는 지구라트라는 신전이 있었다.

● **지구라크(신전)**: 파라오의 무덤이었던 이집트의 피라미드와 달리 지구라트는 **신을 모시는 신전**이었다. 또한 시장이었고, 곡물 창고, 축제의 장소로 사용되었다.

● 구바빌로니아에는 그 유명한 **함무라비 법전**이 있었다. 함무라비 법전은 1901년 말 프랑스 탐험대가 페르시아의 고도(古都) 수사에서 발견하였다. 높이 2.25m 되는 돌기둥에 쐐기문자로 282조의 규정이 새겨져 있다.

● **구바빌로니아**는 터키 아나톨리아에서 발원한 **히타이트**에게 멸망한다(기원전 1595년). 히타이트는 앗시리아에게 멸망할 때까지 500년간 구바빌로니아를 지배하였다. 히타이트는 강력한 철기 문명을 가졌는데, 이집트와 히타이트는 팔레스타인 지역(카데시)을 수복하는 과정에서 본격적으로 충돌하게 된다. 1250년에 발생한 카데시 전투는 이집트의 람세스 2세를 곤경에 빠트릴 정도로 강력했으며, 이는 세계 최초의 강대국 간에 평화 비문을 탄생시키는 계기가 되었다. (쐐기문자와 신성문자로 이루어져 있다.)

● **앗시리아**는 기원전 2천5백 년 전부터 존속하였으나 기원전 10세기 경부터 세력이 커져서 히타이트의 뒤를 이어 님루드(현재 이라크 북부 모술(IS 근거지), 니네베, 앗슈르(앗시리아의 수도), 라기스뿐만 아니라 레반트와 이집트 등으로 세력을 확장하였다. 앗수르라고도 한다. 앗시리아는 다른 민족들에 대한 우월의식이 강하다 보니 피지배민에 대한 정책이 상당히 강압적이고 잔혹했다.

● **아슈르바니팔 2세:** 고대 앗시리아의 마지막 왕으로 기원전 669년부터 기원전 627년까지 통치했다. 그의 통치 기간에 앗시리아는 군사적뿐만 아니라 문화적으로도 최전성기를 구가했는데 니네베에 **최초의 체계적인 아슈르바니팔 도서관**을 세운 것으로 유명하다.

● **라마수 조각상:** 앗시리아 예술의 정수로서 앗시리아 신화에 나오는 수호신인 '라마수'를 응용한 조각상이다. 궁궐 입구나 도시의 성문에 서있는 것이 특징이며 크기 또한 엄청나게 크다. 보통 10톤 이상이다.

● **라기스 전투(기원전 700년):** 앗시리아가 예루살렘 남쪽에 위치한 유대 민족의 요새인 라기스를 침략한 전쟁이다. 결국 라기스는 앗시리아에게 함락당하고 20만 명의 포로를 끌고 간다.

● 앗시리아를 물리치고 **신바빌로니아**가 탄생하였다. 타락과 향락의 도시로 알려졌다. 수메르의 이난나 여신을 계승한 신바빌로니아(수메르인들이 세움) 이슈타르의 문은 바빌론의 관문이다(베를린 페르가

몬 박물관에 있다). 바빌론의 지구라트가 **바벨탑**이다. 높이 30m, 바벨탑 석비가 발견되어 바벨탑은 실제로 존재했다는 것이 사실로 판명되었다.

● **네부카드네자르 2세**는 신바빌로니아 제국(바빌론 제10왕조)의 2대 왕으로, 정복 군주이자 전성기를 펼친 명군이다. 왕자 시절 이미 군사적인 능력을 발휘해 신앗시리아 제국의 잔존 세력을 격파하고, 이집트 군대를 물리친 다음 레반트를 점령했다. **바벨탑, 이슈타르의 문과 바빌론의 공중정원을 완성**시켰을 뿐만 아니라, 유프라테스강에 다리를 놓았고 옛 신전들을 복구하면서 신바빌로니아의 판테온을 지었다.

● **페르시아의 키루스 대제**(Cyrus the great, 기원전 600~530년)
키루스의 원통: 인류 최초의 인권 선언문(539년 신바빌로니아를 정복하고 만든 물건)으로 피정복민의 자유를 보장한다는 내용이다. 중국을 제외한 대부분의 문명 세계를 함락시켰다. 페르시아는 수십 개의 민족(36개 민족)과 국가를 안정적으로 통치하였다.

● **다리우스 1세**: 그의 치세 중 제국은 최대로 넓어져서, 인도의 상당 부분과 소아시아 지역까지 수중에 들어갔다.

● **베히스툰 암각비(비문)**: 아케메네스조 페르시아의 다리우스 1세의 공적 암각비. 이란의 서쪽 케르만샤 북방 36km, 하마단 남쪽 130km 지점에 있는 높은 산 중턱 암벽에 새겨진 이 공적비이다. 고

대 페르시아어·아람어·아카드어 3가지 언어가 새겨져 있다. 이 암각비는 1835년 페르시아의 군사고문으로 있던 롤린슨(Rawlinson)이 우연히 발견해 산꼭대기에서 로프를 타고 내려가 비문을 필사하였다. 10여 년간 연구 끝에 1846년 아카드 비문 해독에 성공하였다. 이것은 세계 최초의 설형문자 해독으로 고대 설형문자 연구의 단초가 되었다. 이 비문의 발견 및 해독으로 인해 세계 최초의 통일 제국 아케메네스조 페르시아의 면모가 드러나고 이 제국의 교류상도 알려지게 되었다.

4화: 그리스와 로마

크레타와 미케네

프락시모   유럽, 아시아, 아프리카 이렇게 3개의 대륙을 접하고 있는 지중해를 흔히 지구의 용광로 또는 유럽 문명의 모태라고 표현합니다. 그리스를 언급하기 전에 짚고 넘어가야 하는 곳이 있습니다. 바로 크레타[38] 문명입니다. 미노아, 미노스라고도 불리는 사실상 유럽 최초의 문명이라고 할 수 있습니다. 섬이지만 그리스도 이곳으로부터 영향을 받습니다. 물론 크레타도 이집트와 메소포타미아의 영향을 받고요. 이런 관계를 심층적으로 이해하기 위해서는 지중해를 비롯한 주변 지역의 지리를 익혀두실 필요가 있습니다. 기원전 2,000~1,500년 전, 지중해 동쪽 에게해에서 청동기 문명이 생겨나는데요. 이 문명이 그리스 문명의 기원이 됩니다. 에게해는 그리스와 터키 사이의 바다를 말하며 그리스의 영웅 테세우스의 아버지 아이게우스에서 유래되었다고 합니다.

승은   바다에서 문명이 시작된다니 낭만적이긴 하네.

---

[38] 그리스에서 160km 떨어져 있는 에게해 남쪽에 위치한 그리스령의 섬. 제주도의 4.5배 되는 크기로 지중해에서는 다섯 번째로 큰 섬이고, 그리스에서는 가장 큰 섬이다.

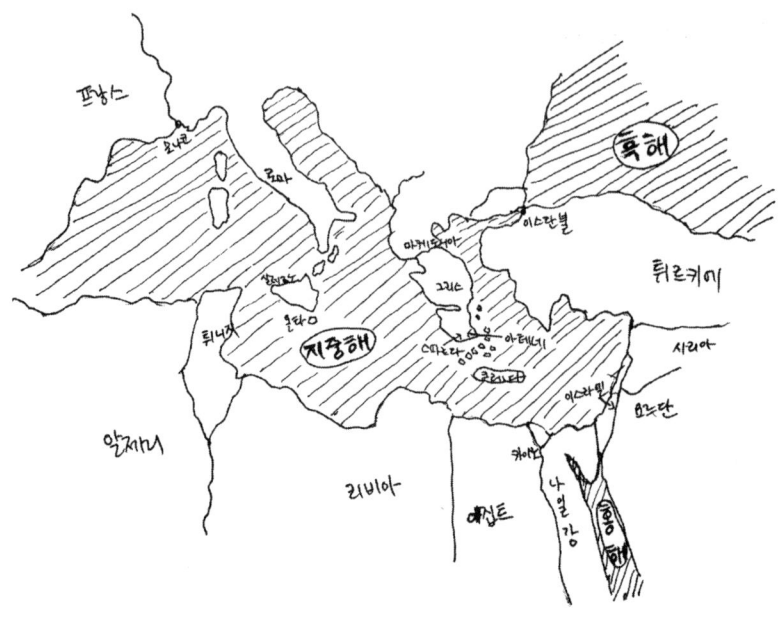

프락시모   앞으로 그리스와 로마의 문명을 이해하기 위해서 꼭 알아야 할 신화를 간추려서 말씀드릴게요. 크레타섬을 포함한 그리스는 산이 많고 토양이 척박하여 농사가 애초부터 힘든 땅이었습니다. 그래서 일찍부터 해상무역이 생겨나는데 특히 크레타섬은 미노스왕[39] 치세 때 강력한 왕권을 바탕으로 정치, 군사, 예술이 급속도로 발전하게 됩니다. 이때부터 강력한 해군력을 바탕으로 동지중해의 교역을 거의 독점함으로써 찬란한 문명을 꽃피울 수 있었죠. 크레타 문명은 이집

---

39) 신들의 왕 제우스와 페니키아의 공주 에우로페 사이에서 태어났다고 알려져 있다. 크레타 문명이 미노아 문명과 동일시되는 것도 미노스왕 때문이다. 제우스가 태어난 곳이며, 제우스가 황소로 변장해 에우로페를 납치해 간 곳이기도 하다. 크레타와 미케네 문명을 합쳐 에게 문명이라고도 한다.

	트와 메소포타미아, 터키와 그리스 사이에서 문명의 교차로 역할을 하면서 중요한 위치를 차지합니다. 발견되는 문자만도 4가지나 되지만 제대로 된 해석이 이루어지지 않은 신비의 문명이기도 하고요. 그러나 19세기 크노소스 궁전 터가 발견됨으로써 전설이 아닌 사실로 판명되었습니다.
승은	크레타섬에서 궁전터가 발견되었다고?
프락시모	크노소스 궁전은 미로 건축의 대표적인 건물인데, 아테네의 영웅 테세우스 신화[40]의 배경 장소로도 유명하지요. 5층 건물 1,300여 개의 방이 미로처럼 연결되어 있다고 전해지는 것에서도 알 수 있듯이 그리스 신화의 가장 극적인 장면이 남아있는 곳이기도 합니다. 그리스와 로마의 대부분의 유적들이 그렇듯 크레타섬도 신화와 역사가 뒤섞여서 공존하는 장소입니다.
승은	아테네와 마찬가지로 농경보다는 해상무역을 바탕으로 성장했다면서? 이집트나 메소포타미아하고 가까워서 그쪽의 선진문물을 빨리 받아들일 수 있었고.
프락시모	그렇습니다. 정확히 알고 계시네요. 말씀처럼 그리스 민주

---

40) 테세우스는 아테네의 왕 아이게우스와 트로이젠의 왕녀 아이트라 사이에서 태어났는데(바다의 신 포세이돈의 아들이라는 설도 있음) 미노타우로스를 퇴치하기로 결심하고 스스로 제물이 되겠다고 자원한다. 그런데 테세우스에게 첫눈에 반한 미노스왕의 딸 아리아드네가 실뭉치를 그에게 건네주며 미궁에서 탈출하는 방법을 알려주었다. 테세우스는 아리아드네의 말대로 실 끝을 입구에 묶은 다음 미궁으로 들어갔다. 그런 다음 그는 미노타우로스를 맨손으로 때려죽이고 실을 따라가 무사히 미궁을 탈출했다. 테세우스는 제물로 끌려온 다른 사람들과 아리아드네를 데리고 크레타섬을 떠났다.

주의 발전은 해상무역과 식민지를 늘려감에 따라 시민계급이 성장하면서부터입니다. 유럽의 시민계급이 르네상스와 시민혁명을 주도할 수 있었던 이유도 무역과 상업의 발달로 부를 축적할 수 있었기 때문입니다.

승은 역시 시대를 막론하고 일반 시민들의 힘이 커져야 나라가 강성할 수 있는 거네.

프락시모 미노아는 도자기 제조술과 조각도 뛰어났습니다. 또한 크노소스 궁전을 장식했던 프레스코 벽화를 보면 매우 화려하고 자유 분망하여 이집트의 영향을 상당히 벗어나 고유의 예술성을 가지고 있었다는 것을 알 수 있습니다. 게다가 비록 지금까지 해독되지는 않았지만 독자적인 선형문자까지 가지고 있었죠.

승은 그리스도 8세기나 되어야 페니키아로부터 알파벳을 받아들여서 기록하기 시작했다던데, 기원전 16세기에 독자적인 문자가 있었다니 정말 대단한 문명이었구나.

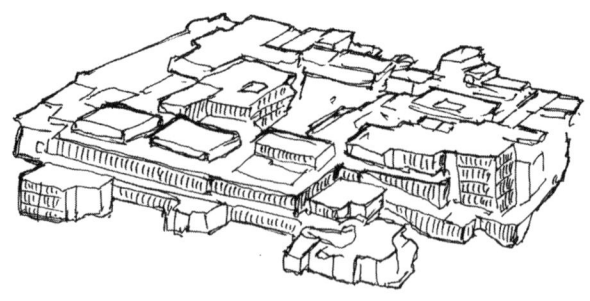

프락시모 그렇습니다. 그러나 미노아 문명도 기원전 1500년경 본토

의 미케네에 의해서 멸망하게 되는데요. 사실 이것도 정확한 것은 아닙니다. 주변 테라섬의 화산 폭발로 인해서 붕괴되었다는 학설도 있고, 바다 민족의 연합 세력에 의해서 멸망했다는 설도 존재하지요. 하지만 19세기 독일인 하인리히 슐리만에 의해 펠로폰네소스 반도에 있는 미케네에서 대량의 진귀한 청동기 유물과 유적이 발견되면서 미노아와 미케네의 실체가 드러나게 되었죠.

승은   영화 〈트로이〉에서 트로이를 침략하는 나라가 미케네 아냐? 결국 그게 실화였다는 말이지?

프락시모   그렇습니다. 미케네는 트로이 전쟁을 일으킨 나라로 알려진 고대의 나라죠. 《일리아드》와 《오디세이아》 배경이 되기도 하고요. 도리아인의 침략으로 기원전 1200년경 미케네는 멸망하게 되고, 기원전 800년경까지 그리스는 암흑기로 파괴와 대혼란의 암흑기가 도래하게 됩니다. 호메로스는 미케네를 황금이 흘러넘치는 곳이라고 표현하기도 하였는데, 이런 표현이 무덤의 부장품들을 통해 실제로 확인되었죠. 미케네는 미노아 문명의 선형문자 A를 차용한 선형문자 B를 사용하였고, 아테네, 테베, 마케도니아, 에게해의 섬들 일대가 미케네 영향력하에 있었습니다.

승은   그리스나 로마 이전에 이런 고대 문명이 존재했었다는 걸 누가 어떻게 발굴한 걸까?

프락시모   유적을 발굴하게 된 계기는 19세기 초반 유럽을 강타한 민족주의 사상에 바탕을 둔 그리스인들이 오스만제국의 식민 지배로부터 독립을 쟁취하자, 단순히 이슬람에 반대하고 정교회의 본산 동로마 제국의 부활을 외치던 과거의 관습을 벗어던지고 헬레네스라는 자신들의 민족적 기원을 고대 그리스에서 찾아 새로운 민족 정체성을 확립하기 위해 발굴을 시작한 것입니다. 처음부터 철저하게 정치적 목적을 달성하기 위해 계획된 것이죠. 그리스의 역사학자들은 로마의 일원이었다는 자부심을 버리고 그리스만의 독자적인 문화인 헬레네스의 기원을 그리스 신화와 함께 그 소스의 원천을 제공한 호메로스의 일리아드에 주목하면서 트로이 전쟁의 실체인 미케네를 찾게 된 것입니다.

승은   우연히 발견한 게 아니라니, 우리도 환웅이나 단군의 유적이 미케네 유적처럼 쏟아져 나왔으면 좋겠다.

프락시모   재미있는 바람이군요. 아무튼 당시 아르고스 지방의 미케네 유적은 육안으로 쉽게 식별될 수 있을 만큼 산비탈 사이에 드러나 있었는데 1841년 첫 발굴을 시작하여 미케네의 대표 유적인 '사자문(Lion Gate)'을 복원하였으며 1876년 트로이 전쟁 전설에 모든 것을 투자한 독일의 돈 많은 사업가이자 고고학자인 슐리만[41]이 참여하면서 미케네 문명

---

41) 하인리히 슐리만은 독일의 아마추어 고고학자로, 그리스 선사고고학의 시조로 여겨지는 인물이다. 가난한 목사의 아들로 태어나 호메로스의 《일리아드》 이야기를 진실로 믿고 트로이 전쟁의 사실을 발굴, 확인하는 것이 꿈이었다. 1876년 호메로스의 '황금이 풍부하다'고 쓰인 그리스 아르고리스만 기슭의 미케네 고분을 발굴하였다. 이 발굴에서 경이적인 재물과 보화를 파냈을 뿐만 아니라, 그리스 이전의 문명인 에게해의 고대 문명, 즉 크레타 문명에서부터 에게 문명, 그리스 문명으로 흘러가는 에게해 문명의 계통을 밝혀내는 데 큰 기여를 하지만, 무리한 발굴로 이전 시대의 유적을 훼손시키는 등의 일로 지탄을 받는 측면도 있다.

의 실체가 드러나기 시작한 것입니다. 무리한 발굴로 부작용도 많았지만, 그리스의 역사와 신화가 하나가 되는 획기적인 발굴이자 발견이었습니다.

승은   미케네를 중심으로 한 그리스 연합군이 결국 9년간의 전쟁 끝에 트로이를 함락하잖아. 그 과정에서 〈트로이의 목마〉, 호메로스의 《일리아드》와 《오디세이아》의 전쟁과 영웅들이 등장하고…. 미케네에 패한 트로이의 영웅 아이네이아스가 각지를 방랑하면서 결국 로마를 세우게 된다는 이야기가 너무 재밌어. 영화 같잖아.

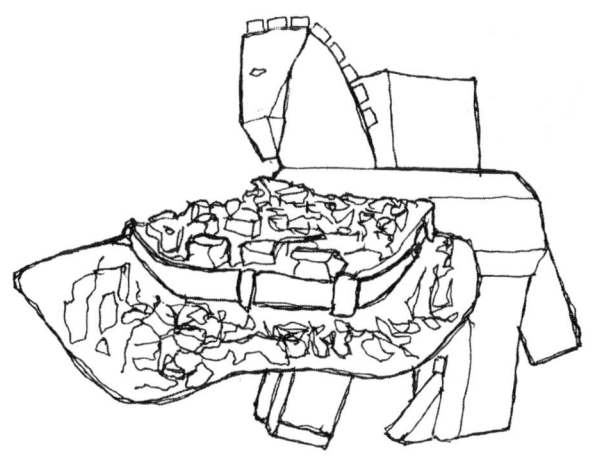

그리스의 등장

프락시모   신화 부분은 그리스의 태동부터 말씀드리고 조금씩 풀어가도록 하죠. 미케네가 트로이를 멸망시키고 얼마 후 바다 사람들이라는 해양 연합 민족에 의해 미케네, 히타이트, 지중해 인접 국가들이 대량으로 거의 동시에 멸망하였다는 것이 최근까지의 학설입니다. 이 과정에서 이집트 또한 큰 타격을 받습니다. 그러나 이들은 해안 인접 도시들만 공략했기 때문에 내륙 깊숙이는 들어가지 않았죠. 이로부터 몇 세기의 암흑기를 거친 후 기원전 8세기경에 고대 그리스의 진정한 역사가 시작됩니다.

승은　　그리스 시작은 어떤 것을 기준으로 하지?

프락시모　그리스의 탄생은 그리스 주변 도시들이 올림피아 제우스 신전 앞에서 함께 운동 경기를 개최했던 때, 즉 고대 올림픽이 최초로 열린 시점으로 보기도 합니다. 고대 그리스인의 운동에 대한 열정은 대단했는데 그들은 산 정상의 벽에 이렇게 새겨놓았다고 합니다. "건강해지길 바란다면 뛰어라! 아름다워지길 바란다면 뛰어라! 현명해지길 바란다면 뛰어라!" 아테네의 철학자 피타고라스는 유명한 권투 선수였고 소크라테스와 플라톤도 당시에 상당히 이름을 날린 운동선수였습니다. 그리스의 거의 모든 도시국가에는 체육관이 있었고 다양한 경기가 벌어졌지요.[42] 신들의 왕인 위대한 제우스를 숭배하기 위해서 올림피아에서는 4년에 한 번씩

---

42) 고대 그리스에서는 다음과 같은 4가지 운동경기가 있었다. ① 태양신 아폴론을 기리는 피티아 제전(원래 8년에 한 번씩 열리다 나중에 4년마다 열리는 것으로 바뀜). ② 2년에 한 번씩 열리는 바다의 신 포세이돈을 기린 이스트미아 제전. ③ 제우스를 기린 네메아 제전. ④ 4년에 한 번씩 열리는 고대 올림픽. 위의 네 가지 가운데 규모가 가장 크고 가장 널리 알려진 것이 바로 고대 올림픽으로 올림픽에서 승리한 선수들의 명성은 지중해 전역으로 퍼져나갔다.

고대 올림픽이 열렸습니다.

승은 　　솔직히 말해도 돼? 난 피타고라스가 권투 선수였다는 것도, 올림픽이 4년에 한 번씩 열리는 게 제우스를 기리기 위한 거였다는 것도 처음 알았어.

프락시모 　그리스의 폴리스[43], 즉 도시들은 하나의 국가 개념으로 존재했고, 학자에 따라 다르지만 그 숫자는 많게는 3천 개에서 적게는 3백여 개의 도시들이 있었다고 합니다.[44] 게다가 그리스의 땅은 척박하여 농사에 적합하지 않았죠. 그래서 생명력이 뛰어난 올리브 나무가 많은 것입니다. 이들은 생

---

43) 산과 섬이 많아 하나의 통일국가가 되지 못했다. 언덕을 중심으로 집단 거주지가 생겼는데 이를 아크로폴리스라고 한다.
44) 그리스 본토는 3백여 개, 지중해 식민지를 전부 합해 3천여 개의 폴리스들이 있었다고 한다.

존을 위하여 해상무역이나 전쟁을 통한 식민지나 교역로 확보가 필수였습니다. 당연히 남성들의 전투력이 국가를 지탱하는 최우선 과제였죠. 로마 또한 마찬가지였고요.

승은   그래서 그리스나 로마의 미술을 보면 몸의 이상향을 찬양하듯이 아름다운 조각상이 많은가 보네.

프락시모   정확히 보셨습니다. 그리고 그리스 탄생 기준이 또 하나 있는데, 그것은 페니키아로부터 문자를 받아들였을 때입니다. 그리스는 에게 문명을 정상적으로 이어받지 못했기 때문에 페니키아에서 유래된 별도의 문자를 사용했습니다. 지금의 레바논 지역에 살던 페니키아인들은 그리스보다 먼저 해상무역을 장악했는데. 이집트의 상형문자와 수메르의 설형문자를 발전시켜 새로운 문자를 만들었습니다.[45] 이것이 알파벳의 기원이 됩니다. 상형문자처럼 민중들이 학습하기 힘든 표의문자가 아니라, 한글의 체계와 같은 표음문자가 그리스로 전해지게 되는 것이죠.

승은   문자가 생겼을 때 그리스인들이 모여서 '우리의 역사는 지금부터다' 뭐 이런 식으로 이야기했으려나? 히히, 웃기다. 그리스의 탄생 비화는 그럼 이 두 개가 끝이야?

프락시모   그리스의 맹인이었던 음유시인 호메로스가 400년의 암흑기 동안 그리스 각지에서 떠돌던 신화와 영웅들의 이야기를

---

45) 페니키아 문자는 그리스 문자, 로마자(라틴 문자)에 영향을 주었다. 그뿐만 아니라 페니키아에서 파생된 문자는 아랍 문자, 브라흐미 문자, 알파벳 등의 기원이 되었다.

집대성한 《일리아드》⁴⁶⁾와 《오디세이아》가 세상에 나왔을 때를 또 다른 그리스의 시작이라고 합니다.

승은   보통 어떤 사람이 흩어진 민족을 통일하거나, 무슨 왕조가 바뀔 때 나라가 탄생하고 그런 것 아닌가? 뭐 얼마나 대단한 책들이기에 고작 책 하나 만들어진 게 한 국가의 시작이래?

프락시모   호메로스의 《일리아드》와 《오디세이아》가 얼마나 대단했으면 그랬을까요. 전 세계의 많은 문학가들은 '현대까지도 모든 문학은 그 안에 있다'는 표현을 아끼지 않을 정도로 그 위상은 독보적입니다. 그러나 호메로스가 직접 《일리아드》와 《오디세이아》를 문자로 남기지는 않았습니다. 구전으로 떠도는 이야기들을 체계적인 플롯으로 구성했다는 뜻이지요. 호메로스는 각 도시들을 다니면서 사람들을 모아 놓고 신화의 이야기를 맛깔나게 풀어냈을 겁니다. 때론 악기까지 연주하면서 말이죠. 거기에 지방마다 모시는 신들의 위상과 사람들의 바람이 모여 조금씩 다른 버전들이 생겨났겠죠. 시간이 지나면서 일관된 목록들을 추려서 몇몇 역사가나 문학가들에 의해 신과 영웅들의 이야기인 《일리아드》와 《오디세이아》가 책으로 전해지게 되는 것입니다.

승은   그러니까 한 사람이 앉아서 쓴 책이 아니라는 거네? 진짜 의외다. 그래서 뭐가 그렇게 대단한 건데? 아직도 난 잘 모르

---

46) 일리아스(Ilias)는 "일리오스(Ilios, 트로이의 별칭)의 이야기"라는 뜻의 그리스어이며, 일리아드는 영어식 표현이다. 오디세이아는 그리스어로 오디세우스의 노래라는 뜻이며, 오디세이는 영어식 표현이다.

겠어. 모든 문학의 원류라며? 서양의 정신과 사상을 이해하려면 꼭 읽어야 하는 지구상 필독서라고들 하잖아. 내용이 뭔데 그래?

프락시모   역시 문학에 관심이 많으시군요. 호모 사피엔스다우십니다. 예술을 사랑하는 것을 넘어서 아예 그것에 특화된 인류가 호모 사피엔스 아니겠습니까. 그럼 간단하게 정리해 드리겠습니다. 사실 최초의 서사시[47]는 메소포타미아 우르크의 왕이었던 길가메시 이야기라고 할 수 있습니다. 그러나 일반적으로 인류 최초의 서사시는 《일리아드》와 《오디세이아》라고 알려져 있지요. 일리아드는 그리스 연합군과 트로이 전쟁에 관한 이야기로 10년에 걸친 전쟁 중, 마지막 해의 50일 동안 일어났던 사건을 엮은 것으로 모두 1만 5,693행, 총 24권으로 되어있습니다.

승은   50일간 일어났던 사건을 24권으로 엮었다니…. 한 권당 약 이틀에 걸친 일들을 담았다는 거잖아? 병사 한 명 한 명 생김새가 어땠는지부터 적어야 가능한 분량이겠는데…?

프락시모   옛날의 두껍고 커다란 양가죽이나 파피루스를 엮어서 만든 종이의 큰 글씨 기준이니 지금과는 다르죠. 후대로 오면서 일반인들도 읽기 쉽게 운문체가 산문체 소설 형식으로 재구성되어 책 1~2권 분량 정도라고 보시면 되겠습니다.

---

[47] 역사적 사실이나 신화, 전설, 영웅의 사적 등을 객관적으로 서술하는 서사적 형태의 문학. 사건과 이야기에 중점을 두며, 일반적으로 웅장하고 큰 사건이나 영웅적인 행위를 노래한 시를 말한다. 운율이 있어 말로 표현할 때에는 노래하듯 읊조린다.

승은	누군가 별거 아닌 걸로 싸우고 토론하는 얘기야 흥미롭긴 하다만, 영웅담이 그렇게 재밌을까? 수천 년이 지난 현대 사회에서도 각광받을 정도로?
프락시모	영화로도 개봉된 〈트로이 전쟁〉이 사실상 《일리아드》의 핵심 줄거리입니다. 그러나 실제 《일리아드》에서는 목마 이야기가 나오지 않죠. 지금은 전해지지 않는 다른 버전의 트로이 전쟁사에 나오는 이야기입니다. 후대에 추가된 것이죠. 정말로 중요한 것은 호메로스가 암시하는 교훈과 이야기의 구성입니다. 현재도 영화, 드라마, 문학들도 호메로스가 만든 플롯에서 크게 벗어나지 않을 정도지요.
승은	에이…. 거짓말 좀 하지 마! 이 세상에 영웅담이 얼마나 많은데!

승은은 당장이라도 《일리아드》와 《호메로스》를 읽고 싶은 마음이 간절했다. 몇천 년의 세월이 지났음에도 불구하고 어떻게 아직까지 인류

문화유산 최정점에 위치한단 말인가? 승은의 호기심은 갈수록 커졌다.

프락시모 호메로스는 10년 동안 전개된 트로이 전쟁을 마지막 단 50일 동안에 일어난 사건들을 통해 그려냅니다. 그는 전쟁이 일어난 이유, 지난 9년 동안의 일들, 아킬레우스의 죽음과 트로이 패망 등 이야기 전개에 필요한 주요 내용들은 군데군데 등장하는 인물들의 말이나 암시를 통해 부차적으로 알게 합니다. 그리고 그는 처음부터 끝까지 작품의 서두에서 제시한 '아킬레우스의 분노'라는 주제에 집중하죠.

승은 그 당시로서는 아주 천재적인 접근 방식이었다는 거지?

프락시모 그렇습니다. 전체에서 한 부분만 취하고 그 외의 많은 사건을 곁다리 형식으로 이용한다는 점에서 역사 기록과 차별화한 것이죠. 시는 역사보다 더 철학적이고 중요하다고 할 수 있지요. 시는 보편적인 것을 말하는 경향이 더 많고 역사는 개별적인 것을 말하기 때문입니다. 개별적 사실에서 보편적 법칙을 이끌어내는 사고의 시작은 호메로스에서 비롯되었다고 할 수 있죠. 사실 이 부분이 호메로스의 문학을 찬양하는 이유입니다.

승은 내가 요즘 자주 읽는 종류의 시나 에세이가 전부 호메로스에서 시작됐다고 생각하니 감회가 새로운걸. 내 경험상 이토록 매력적인 사고방식을 지닌 사람들은 대개 말의 요점을 흐려버리기 일쑤던데. 호메로스는 그래서 하고 싶은 말이 뭐였어?

프락시모   필연적으로 죽는 인간의 유한성 속에서 삶은 어떤 것을 추구해야 하는가? 궁극적으로 호메로스의 문학은 인간의 숙명을 주제로 한 것입니다. 물론 해석은 각자의 몫이지만요. 예를 들어 《일리아드》의 주인공 아킬레우스는 전쟁에 참여한다면 명예를 얻을 것이나 죽음을 면치 못할 것이고, 참여하지 않는다면 살 것이나 명예를 잃을 것이라는 신탁을 받고, 결국 명예를 택합니다. 아킬레우스의 분노로 시작한 《일리아드》는 헥토르의 왕 프리아모스가 아들의 시체를 돌려달라며 아킬레우스의 손등에 입을 맞추며 간청하는 장면에서 절정을 맞이하죠. 적진에 단신으로 가서 아들을 죽인 원수에게 머리를 숙이는 '아버지'의 모습에 아킬레우스는 프리아모스에게 음식을 배불리 먹지 않으면 시체를 돌려줄 수 없다고 말하고 둘이 같이 웁니다. 아킬레우스는 프리아모스의 위엄에 감화를 받고, 자신의 아버지를 떠올리면서 헥토르의 장례를 치를 수 있도록 12일간 휴전을 합니다. 성숙한 인간으로 성장을 보여주는 부분이죠. 결국 아킬레우스의 분노가 위대한 인간성에 패배하는 이야기가 《일리아드》인 것입니다.

승은   원수의 손등에 입을 맞추고, 원수끼리 같이 울었을 걸 생각하니 기분이 이상해. 조금 슬프다고 해야 할까. 아킬레우스에겐 왠지 그 이후로 전쟁에서 승리했다는 사실이 그리 중요한 일이 아니었을 거 같아. 정신적인 승리는 문명 세계의 트로이가 누렸다는 것을 그도 알았을 테니까.

프락시모	이해가 참 빠르시군요. 답은 각자의 몫이겠지만 적절한 해석이셨습니다. 그 밖의 여러 가지 의미를 함축하고 있겠죠. 신화 속에서 신은 인간을 심판하고 조정하지만, 실상은 인간을 질투하는지도 모르지요. 인간은 죽기 때문에 순간을 아쉬워하면서 최선을 다해 사랑하고 명예와 용기를 숭상하는 것이 아닐까요? 신은 죽지 않기 때문에 인간처럼 아등바등 살 필요가 없죠.
승은	그래 뭐! 신으로 살아가는 것도 그 나름의 고통이 있겠지. 인간처럼 고통을 느낄진 모르겠지만. 그나저나 아등바등이란 말까지 섞어가며 얘기하니까… 진짜 사람인 줄.
프락시모	영화 〈트로이〉에서 브래드 피트가 말한 대사를 흉내 내어 보았습니다. 《오디세이아》도 《일리아드》와 비슷한 플롯과 메시지를 담고 있습니다. 트로이 전쟁 영웅 오디세우스의 10년간에 걸친 귀향 모험담이지요. 이런 이유로 서양 문학사에서는 모험담의 원형으로 주목되기도 합니다. 《일리아드》와 마찬가지로 시는 총 24편으로 나누어지고요. 심각한 비극이던 《일리아드》와 비교하면 희극이라고 해도 좋을 정도로 쉽게 읽을 수 있는 이야기이지만, 역시 다양한 귀향길의 모험담 속에 인간의 희노애락과 복잡한 상황을 풀어가는 심리 묘사가 탁월한 작품이라고 평가받고 있습니다.
승은	《오디세이아》…. 분량이 너무 많아서 어차피 쉽게 읽을 수는 없을 것 같은데, 대충 줄거리가 어떻게 돼?

마음 같아서는 프락시모에게 《오디세이아》 전체를 오디오북처럼 낭송에 달라고 하고 싶었지만, 종이를 넘기면서 느끼는 활자의 매력까지 AI에게 전부 내어주기는 싫었다. 그러나 어느 세월에 《일리아드》, 《오디세이아》를 읽을 수 있을지 기약은 없었다.

프락시모　주인공인 오디세우스는 교활하고 냉철하며 이기적이지만, 위기의 순간이 닥치면 자신의 기지로 **빠져나가기** 때문에 '좋아할 수는 없지만, 경의를 표하게 하는 인물'이라고 할 수 있습니다. 학자마다 호불호가 나뉘는 특이한 캐릭터이죠. 책 처음 부분은 고생한 오디세우스를 고향에 보내주자는 신들의 회의 장면이고, 그다음은 오디세우스의 아들 텔레마코스가 오디세우스를 찾는 이야기입니다. 5권에 가서야 요정 칼립소의 섬, 오기기아(Ogygia)에 있는 오디세우스를 보여주고요. 9권부터 12권까지가 오디세우스의 모험 이야기입니다. 13권에 가서 드디어 오디세우스의 고향, 이타카(Ithaca)에 도착합니다. 그리고 나머지 반은 오디세우스가 구혼자들을 물리치는 이야기죠. 이 와중에 오디세우스의 아들 텔레마코스의 성장과 아버지와의 관계 등이 비중 있게 다루어집니다.[48]

---

[48] 많은 학자들은 《일리아드》뿐만 아니라 《오디세이아》도 길가메시의 영향을 받았다고 생각한다. 세상 끝으로의 여행이라거나, 먼 여행 끝에 집에 오는 엔딩, 주인공에게 조언을 해주는 여인 등 의외로 연결점이 많아서 《오디세이아》의 원형이 길가메시 서사시라는 학설이 많다.

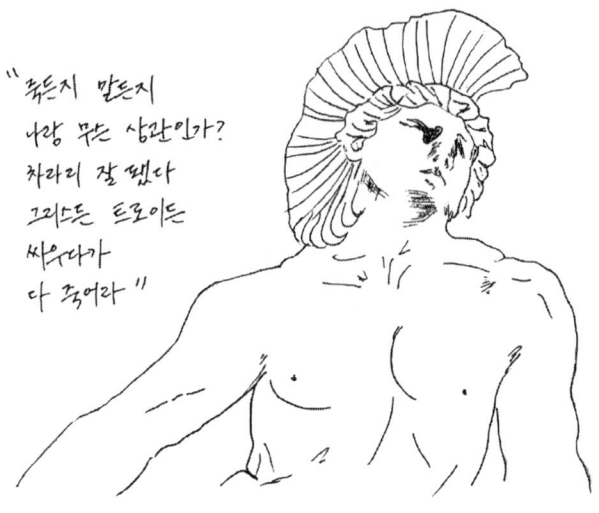

"죽든지 말든지
나랑 무슨 상관인가?
차라리 잘 됐다
그리스든 트로이든
싸우다가
다 죽어라"

승은   하나의 국가를 이해하려면 그의 전쟁 배경을 필히 알아야 하는구나. 스스로를 이해하기까지 끊임없이 타인과 싸워야 하는 것처럼. 《일리아드》와 《오디세이아》을 통해 어쩌면 나 자신을 더 이해하게 될 수도 있을지도 모르겠네. 자, 이제 구제적인 얘기 말고 총괄적인 얘기나 할까? 정치, 경제, 미술 뭐 이런 거.

프락시모   그러시죠. 너무 방대한 내용이라 항목별로 주요 쟁점만 요약하도록 하죠. 우선 고대 그리스 하면 무엇이 먼저 생각나십니까?

승은   그리스 로마 신화? 어릴 때 만화로 진짜 많이 봤었는데! 그거 말고는 민주주의⋯ 뭐 이 정도?

그리스 민주주의와 철학

프락시모   그렇습니다. 그리스, 로마를 이야기하자면 몇 날 며칠로도 모자라는데요. 교양과 상식 측면에서 꼭 알아야 할 대목을 부분별로 정리해 드리겠습니다. 정치부터 말씀드리면, 역시 그리스 하면 민주정치죠. 로마 하면 공화정이고요. 로마와 아테네의 체제는 다소 차이가 있으나 모두 독재를 반대하고 주권이 왕이나 국민 누구에게도 쏠리지 않는 견제와 균형을 중요하게 생각했다는 점에서 비슷합니다. 그리스, 로마 모두 시민들의 힘이 강했기 때문에 가능했던 일이죠.

승은   평민들이 힘을 합쳐 국가 정치 체제가 입헌군주제로 넘어간 건 19세기 프랑스 대혁명으로 알고 있는데, 2천 년 전의 국가가 민주정이나 공화정을 시행하고 정착했다는 게 대단하게 느껴져.

프락시모   그 점이 바로 그리스와 로마를 알아야 하는 첫 번째 이유일 것입니다. 로마는 그리스를 본받았고, 드넓은 제국을 통치하기 위해서 더욱 견고하고 효율적인 제도를 만들어야 했습니다. 지금까지 유럽의 거의 모든 나라들이 앞다투어 로마를 동경하는 걸 보면 서양인들의 의식 속에서 그리스와 로마가 차지하는 위상이 얼마나 대단한지 짐작할 수 있지요.

승은   아테네는 로마 제국보다 훨씬 작았으니 직접 민주주의를 실행할 수 있었겠지. 여자와 노예, 외국인을 제외하면 최대 전성기 기준으로 대략 4만 명 정도가 투표권을 행사할 수 있는 시민이었다면서?

프락시모   잘 알고 계시네요. 그들이 9일에 한 번, 1년에 40회 이상 모여서 정책을 토론하고 의견을 나누었다고 합니다.[49] 그 당시 그리스의 스파르타나 테베, 코린트 등의 폴리스와 아테네는 다른 정치 체제를 가지고 있었습니다. 아테네는 일찌감치 귀족 중심의 소수 집정관들과 평민 중심의 민회가 서로를 견제하면서 직접 민주주의가 뿌리를 내렸습니다.[50]

승은   어떻게 유독 아테네만 민주주의가 발달한 거야? 스파르타

---

49) 아크로폴리스 서쪽에 위치한 프닉스 언덕은 세계에서 처음으로 민주주의가 탄생한 곳이다. 수천 명의 사람들이 정치 연설을 듣고 그들의 성장하는 도시를 위해 의사결정을 도모했던 돌로 된 언덕 기슭이다. 토론이 시작되려면 최소 6,000명의 시민이 모여야 했다. 의회는 매 9일마다 정치적 사회적 문제를 토론하기 위해 사람들을 모았다.

50) 폴리스가 성립한 기원전 8세기에는 호메로스 시대의 왕들은 사라지거나, 실권이 없는 명목상의 존재가 돼버렸고 정치권력은 귀족에게 넘어갔다. 귀족 출신의 최고 행정관인 아르콘(Archon)이 군사령관, 제사장, 최고 재판관 역할을 맡았다. 아르콘은 처음엔 세 명이었다가 나중엔 아홉 명으로 늘어나게 된다. 그러나 귀족정도 사회·경제적 변화(인구 증가와 가난한 농부들의 생활고, 부유한 일부 평민의 증가, 중무장 보병의 출현)로 인해 흔들리기 시작했다.

|||는 2명의 왕과 소수 귀족들이 정치를 담당했던 전체주의 비슷한 폴리스였던 것으로 알고 있는데….

프락시모|||조금 복잡할 수도 있지만 아테네 민주주의 성립 과정에서 몇 명의 인물들을 기억하시면 그리스, 로마의 배경을 이해하기 쉬울 것으로 생각합니다. 기원전 7세기경에 등장한 솔론은 노예로 전락한 시민을 해방시키고, 시민의 재산 정도에 따라 참정권을 부여하였습니다. 출신성분의 불평등을 없앤 것이죠. 과거에 비해 획기적인 정책이었지만, 초기에는 귀족과 시민들 모두에게 지탄을 받았습니다. 하지만 나중에는 시민계급의 정치참여 확대에 획기적인 기회를 제공했다는 평가를 받습니다.[51] 친서민 정책과 농업 진흥책, 문예 진흥책을 펴며 아테네를 강국으로 성장시켜 많은 지지를 받았던 페이시스트라토스라는 인물도 있고요, 그 뒤를 이은 클레이스테네스는 정치참여 자격에서 재산 기준을 폐지했고, 독재자의 추방을 막는 도편 추방제(Ostracism)[52]를 실시했을 뿐만 아니라, 아테네를 도시, 해안, 내륙 세 지역으로 나누고 각 권역을 10개의 행정구역으로 개편하여 뿌리 깊은 씨족사회의 병폐를 개선하고자 했죠. 한국식으로

---

51) 그는 시민 계층을 재산 정도에 따라 500석급, 기사급, 농민급, 노동자급 등 네 가지로 분류했는데 계층에 따라 맡을 수 있는 공직의 지위는 달라졌다. 노동자급은 공직에 참여할 수 없었지만, 시민 의회에는 참여할 수 있었다.

52) 고대 도시 아테네에서 독재자를 방지하기 위한 제도로, 국가에 해를 끼칠 가능성이 있는 사람의 이름을 조개껍질이나 도자기 파편에 적어 총 6천 표가 넘으면 국외로 10년간 추방하던 제도이다. 직접민주제로 기원전 487년경 처음으로 실시되었다. 나중에는 정치적으로 이념을 달리하는 정적을 제거하는 목적으로 변질되어 소멸하였다.

말하면 대대로 내려오던 개인의 성씨를 바꿔버리고 새로운 조상을 부여하는 대대적인 개혁을 단행했던 것입니다. 이로써 민주주의란 말의 원류가 되는 데모스라는 촌락 공동체가 탄생하게 됩니다. 토착 귀족들의 세력을 약화하고 신분에 관계없이 평등한 참정권을 주는 데 목적이 있었습니다.

승은　　전통적 부족 체제를 없애 자기들끼리 서로 대립하는 악습을 사라지게 했다고 생각하면 되겠네. 한마디로 운이 좋았구나! 민중들 편이 돼준 통솔자들이 있었다는 거잖아! 나라의 발전은 개인의 성장에서 비롯되는 거 같아. 그러기 위해선 모르긴 몰라도 조금씩 우연한 계기가 있어야 하고 말이야.

프락시모　그렇습니다. 이러한 훌륭한 지도자가 있었고, 해상무역으로 자본을 축적한 평민들이 많아지면서 이들이 갑옷을 비롯한 무기들을 직접 사서 전쟁에 참여함으로써 발언권이 생기기 시작한 것이죠. 평민들은 이를 정치참여의 기회로 여겼으나 귀족들은 응하지 않고 두 계층의 양극화가 심해지는 시기에, 솔론과 클레이스테네스, 페리클레스 같은 인물들이 등장하게 되는 겁니다.

승은　　그 시대에 뜬금없는 시민 영웅담이 있었을 리야 만무하고, 안 봐도 귀족이 평민 계층 구원해 주는 이야기일 거 같은데 셋은 너무 많으니 이 중에 대표적인 인물 한 명만 골라서 얘기해 줄래?

프락시모　페리클레스는 시민 의회의 지위를 높이고, 투표에 참여하는 계층을 확대함으로써 민회 중심의 직접민주주의를 정착시킨 장본인입니다. 또한 관리를 추첨으로 선발하고 수당을 지급함으로써 시민의 정치 권리 행사를 확대하고, 가난한 시민도 정치에 참여할 수 있도록 했지요. 1년 만에 바뀌는 집정관을 27년이나 연임했던 전설적인 인물입니다.

승은   외모도 출중하고 웅변도 뛰어났다는데 그 시대에도 '넘사벽'이 있었을까?

프락시모   페리클레스는 아테네 민주주의, 아테네 제국을 전성기로 이끈 위대한 정치가였습니다. 그는 보수파와 개혁파가 대립하는 와중에 개혁파의 선봉장이 되어 아테네의 정치개혁을 이끌었죠. 오늘날까지 그리스 관광의 상징이기도 한 파르테논 신전을 비롯한 아크로폴리스는 그의 시대에 이룩된 것입니다. 그러나 이렇게 훌륭한 지도자지만, 자신들의 힘을 과신했던 제국주의자였기도 했습니다. 다른 국가를 무

	자비하게 짓밟고 아테네처럼 과도한 민주정을 무리하게 요구하기도 했죠. 아무튼 이 사람이 집권하던 시기에 아테네는 여러 가지 분야에서 화려한 발전을 이루게 됩니다. 고졸기를 벗어나 진정한 '클라식'의 시대에 접어든 것입니다.
승은	뭐 그렇게 완벽한 사람은 아니었네. '고졸기'라는 단어는 설명이 좀 필요할 거 같아.
프락시모	그리스어로 '아르카익'이라고도 하는데요. 기교는 없지만 예스럽고 소박한 멋이 있다는 뜻입니다. 이집트와 메소포타미아 영향을 벗어나지 못하는 시대이지만 점차 자유로운 그리스 양식이 생겨납니다. 수많은 폴리스들이 등장하는 시기이기도 하죠. 이 시대 이후 고전기라는 클라식(Classics)을 거쳐 헬레니즘 시대로 접어들게 되는 것입니다.
승은	'클라식'이라는 단어는 '변하지 않는 가치'라는 뜻이 어울려.
프락시모	그렇죠. 예술 분야에서 쓰이는 고전기라는 단어나 교실을 뜻하는 클래스(Class) 또는 기부하는 사람들이라는 뜻으로 로마의 지도층을 나타내는 클라시쿠스, 모두 여기서 파생된 말입니다. 단순히 고전이라는 뜻을 넘어서 최고로 훌륭하다는 의미를 담고 있죠.
승은	고전기는 대체 언제를 말하는 건데?
프락시모	그리스가 페르시아와의 전쟁에서 이긴 후, 완전한 자신감을 회복하고 그리스 전역에 아테네의 철학과 사상을 퍼트리는 시기입니다. 우리가 알고 있는 그리스의 문화는 기원

전 6~4세기 무렵의 경향이라고 생각하시면 됩니다. 그 이후 펠로폰네소스 전쟁에서 아테네가 스파르타에게 패하고 기원전 399년 소크라테스가 죽고 난 후에는, 알렉산더 대왕에 의해서 헬레니즘이라는 문화가 꽃을 피우게 되는 것이죠.

승은   연대기는 인물 중심으로 설명해도 듣기 편할 것 같아.

프락시모   그리스의 대표적인 철학자와 역사가들 몇 명만 말씀드리도록 하겠습니다. 아테네는 페르시아 전쟁 이후 예술과 철학과 문학 등등 각 분야에서 많은 인재를 배출하게 됩니다. 소크라테스, 플라톤, 아리스토텔레스가 그들 중에 두드러진 인물들이라고 할 수 있죠.

승은   그래, 고등학교 다닐 때 지겹도록 들었던 인물들이지. 이름만 들어도 반감이 생기는 거 같은데, 네 목소리로 들으니까 새롭고 낯선 느낌이 들어.

135

프락시모 소크라테스의 제자가 플라톤이고, 플라톤의 제자가 아리스토텔레스죠. "지금의 모든 학문들은 이들이 만든 체계 안에 있다. 우리는 그저 그들을 따라갈 뿐이다"라고 동서양의 많은 학자가 말하곤 합니다.

승은 소크라테스가 독배를 마시고 죽은 사연은 아직도 이해가 잘 안 가더라.

프락시모 아테네는 펠로폰네소스 전쟁에서 패배하면서 예전처럼 누구나 베마[53)]에 올라가서 자신의 의견을 자유롭게 표현할 수 없는 흉흉한 사회가 되었습니다. 누군가 희생양이 필요했을 수도 있었겠죠. 결국 소크라테스는 로마 신을 믿지 않고, 젊은이들을 현혹했다는 죄목으로 수감됩니다. 게다가 법정에서 500명의 배심원들을 향해 '정의와 양심에 따라 살라'면서 훈계하죠. 이 모습을 지켜본 제자 플라톤은 스승의 태도에 감동하여, 재판 기록을 세세하게 기록한 《소크라테스의 변론》[54)]을 집필하게 됩니다. 그럼에도 불구하고 소크라테스는 배심원들에 의해 사형을 선고받지요.

승은 그는 왜 그리스 신 말고 다른 신을 믿었을까? 젊은 사람들에게 무슨 이야기를 했길래….

프락시모 모함을 받은 거죠. 소크라테스는 아고라 광장에서 지나가는 사람을 붙잡고 이야기를 했습니다. 대화를 통해 스스로

---

53) 고대의 아테네에서 발표자가 사용하던 낮은 연단이다.
54) 이 책은 플라톤(Platon)의 초기 대화편의 하나이며 소크라테스 처형 후 몇 년에 걸쳐 쓰인 책으로 보인다. 소크라테스의 법정 변론의 재현 형태를 취하고 있으며 3부로 되어있다.

무지를 깨닫게 하는 이른바 '산파술'이라는 방법으로 말이죠. 어떻게 사는 것이 최선의 삶인가? 행복이란 무엇인가? 대부분 용기, 정의 등등 윤리와 도덕적 진리에 관한 문제들이었습니다. 사람들이 진리를 깨우치고 실천하게 하는 것이 목적이었습니다. 소크라테스는 양심을 중요하게 생각했죠. 선과 악을 구별하는 사람이라면, 반드시 선을 택한다고 믿었습니다. 악을 행하는 사람은 그것이 악인지도 모르고 행하는 것이라고 말이죠. 그래서 행복해지고 싶은 사람은 옳은 일을 해야 하는 것입니다.

승은 시대를 앞서간 인물이었구나. 철학자는 늘 멈춰 서서 인생에 대해 질문하는 일을 업으로 삼으니 당연한 걸지도 몰라. 그런 일을 하며 사회적으로 계몽을 시키려니 자기 목숨 하나야 기꺼이 바쳐도 모자랐겠는걸.

프락시모 그렇습니다. 소크라테스의 설교를 들은 젊은이들은 이전 세대들과 마찰을 빚게 되고, 기득권 세력들은 소크라테스를 탐탁지 않게 생각하죠. 말을 잘 듣던 젊은 사람들이 어른의 말을 부정하는 사태가 생긴 겁니다.

승은 나이와 경험이 꼭 비례하진 않으니까.

프락시모 소크라테스는 살면서 총 3번의 전쟁에 참가하였습니다. 심지어 마지막 참전한 펠로폰네소스 전쟁에서 그의 나이는 60세에 가까웠죠. 명분 없이 죽어가는 수많은 사람들을 보면서 어떤 생각을 했을까요. 실제로 전쟁터에서 멍한 채로 오랫동안 서있는 모습을 주변 사람들이 보고는, 소크라테스가

	다른 신을 믿어서 저러는 것이라는 소문이 퍼지기도 했죠.
승은	예나 지금이나 터무니없는 소문이 생기는 과정은 참 단순한 것 같아.
프락시모	뻔한 모함이었죠. 그의 감옥은 항상 문이 열려있었다고 합니다. 아테네 법정도 사형선고가 부담되었는지 친구와 가족들에게 잠시 다른 폴리스로 망명을 갈 수 있도록 소크라테스를 설득하라고 했다는데, 그는 공동체의 약속을 지키기 위해 독배를 마시고 죽음을 택합니다. 마지막 유언으로 '자신이 아스클레피오스55)에게 제사를 지낼 때 제물로 쓸 닭이 없었다'면서 자신 대신 갚아달라고 친구에게 당부하였습니다. 다른 신을 믿었던 사람의 유언이 이렇게 그리스적일 수 있을까요?

---

55) 아스클레피오스는 아폴로의 아들이자 의학의 신으로 그의 신전에서 치료받은 사람은 닭이나 다른 가축을 대가로 바쳐야 했다.

승은   소크라테스는 오히려 죽음을 원했는지도 모르지. 죽음을 의미 있는 것으로 여기는 철학자들도 많으니까.

프락시모   소크라테스 이전에는 우주와 자연의 원리가 철학자들의 주요 관심 대상이었어요. 하지만 소크라테스가 나타난 이후에는 철학의 관심이 인간 자체의 본질로 옮겨 갔습니다. 그는 누구보다 청렴했고, 죽음으로 진리와 정의를 지킨 진정한 '인류의 스승'이었습니다.

승은   이런 소크라테스를 스승으로 둔 플라톤은 어떤 제자였어?

프락시모   사실 소크라테스는 글을 한 줄도 남기지 않았습니다. 플라톤 같은 제자들의 글을 통해서 그의 삶과 사상을 알 수 있죠. 플라톤은 상류 계급 출신이었고 그러한 배경의 젊은이답게 정계 진출을 꿈꾸었지만, 믿고 따르던 스승 소크라테스의 죽음에 정치적인 배경이 있음을 알고 철학을 통해 사회의 병폐를 극복하기로 결심합니다. 자주 외국 여행길에 올라 이집트, 남이탈리아, 시칠리아 등지로 떠났던 플라톤은 기원전 4세기 초 아테네로 돌아와 서양 대학교의 원조라 할 '아카데미아'라는 학원을 열고 뛰어난 수학자와 높은 교양을 갖춘 정치적 인재들, 특히 아리스토텔레스 같은 철학자들을 배출하며 집필 활동에 전념합니다. 영국의 대철학자 화이트헤드는 서양 철학사는 플라톤 철학에 대한 각주에 불과하다고 말했을 정도죠.

플라톤은 형이상학적이라고 할 수 있는데. 그의 사상을 이야기할 때 대표적으로 '동굴의 우화'를 흔히 언급한다. 요약하자면, 어릴 때부터 동굴에 갇혀 안쪽만 바라보고 살았던 사람들(죄수)은 벽에 비친 그림자들을 실체라고 믿는다. 어느 날 죄수들이 풀려나 태양을 마주하게 된다면, 지금까지 자신들이 본 것들은 모두 그림자에 불과 한 것이고, 동굴 바깥에 실체가 있음을 알게 될 것이다. 그러나 어떤 죄수들은 여전히 이 사실을 인정하지 않고 여전히 그림자만 보려고 할 것이다. 플라톤은 우리가 현실에서 보고 있는 것은 실체의 그림자일뿐이며, 이성을 통해 실체를 인식해야 한다고 주장하였다. 이 실체를 '이데아'라고 불렀다.

승은   청출어람이로구나. 아리스토텔레스가 아카데미아 학원에서 공부했다지? 아리스토텔레스 역시 대단한 제자였을 거 같아.

프락시모   플라톤이 천재적 영감의 소유자로서 시인에 가까웠다면, 아리스토텔레스는 냉철한 분석적 사고의 소유자로서 산문가에 가까웠다고 할 수 있습니다. 모든 학문이 서로 아리스토텔레스가 시조라 주장할 만큼 서양 학문의 역사에서 '모든 학문의 기초가 된 사람'이라고 해도 손색이 없을 정도이죠. 실제로 모든 서양 학문의 역사를 거슬러 올라가면 그 시초에 아리스토텔레스가 있습니다. 알렉산더 대왕이 왕자였던 시절에 개인 교사가 되어 수년 동안 가르치기도 했고, 논리학, 자연학, 윤리학, 정치학, 수사학, 시학, 교육론, 인문학, 생물학, 화학, 물리학 등 거의 모든 분야 걸쳐서 체계적인 이론을 정립하였습니다.

승은　　　왠지 플라톤과 아리스토텔레스, 두 사람 모두 자기 스승을 반면교사로 삼은 느낌이 들어. 결국에는 다 잘 풀렸으니 좋은 일이겠지?

　　플라톤 철학이 이상적이었다면, 아리스토텔레스의 철학은 현실적이었다. 그는 이 세상 물건들을 충분히 갖는 것도 행복의 조건으로 봤으며, 호화로운 집에서 많은 하인들을 거느리며 편안한 생활을 하는 것에도 큰 가치를 두었다. 한마디로 플라톤과 달리 현실에 충실한 체계적 사상가였다.

프락시모　　아리스토텔레스는 플라톤의 이데아론에서 벗어나 경험과 관찰을 바탕으로 하는 현실적인 탐구를 중요하게 여겼는데, 바로 이를 통해 관념에서 벗어난 과학적 방법론과 논리학 등 실증적 학문이 빛을 보기 시작했던 것입니다. 철학과 학문의 발전에 있어서 획기적인 계기를 마련해 준 것이죠.

승은	그렇게 말할 줄 알았어! 그리스 철학자를 제외하고 알고 있으면 좋을만한 내용이 또 없으려나?
프락시모	이번에는 역사학자 헤로도토스와 투키디데스에 대해서 간단히 말씀드리겠습니다. 그리스에 관한 대화를 하면서 이 사람들을 빼놓을 수는 없죠.
승은	헤로도토스는 후세의 역사학 발전에 지대한 영향을 미친 사람으로 유명해서 알고 있어. 투키디데스는 《펠로폰네소스 전쟁사》를 집필한 인물이지?
프락시모	그렇습니다. 우리가 현재 '역사'라고 하는 말을 처음 사용한 사람이 헤로도토스입니다. 헤로도토스가 기원전 440년경에 쓴 《역사》는 서양 최초의 역사책으로서 그리스, 페르시아 전쟁에 대해 기록한 것입니다. 따라서 서양 문화에서 그는 '역사학의 아버지'로 여겨집니다. 그는 체계 있게 사료를 수집하고 어느 정도 사료의 정확성을 검증하였으며, 잘 짜였으면서도 생생한 줄거리에 따라 사료를 배치한 최초의 역사가로 알려져 있습니다.
승은	호메로스의 책은 단순 기록이 아니라 산문이라는 이야기를 어디서 들은 거 같아.
프락시모	《역사》는 과학적 산문이라고 할 만큼 다소 건조한 문체와 극적인 긴장감을 주는 표현 등 변화가 풍부한 저서입니다. 또한 줄거리의 교묘함, 서사시적 웅대함, 즐거움을 주면서 가르치는 수완, 낭독하는 것을 목적으로 한 점 등이 헤로도토스가 '산문의 호메로스'로 불리는 이유죠.

승은   역사학계의 양대 산맥 중 하나가 헤로도토스였다면, 다른 한쪽은 투키디데스이지 않았을까.

프락시모   헤로도토스가 '그리스 페르시아' 전쟁사를 썼다면, 투키디데스는 '펠로폰네소스' 전쟁사를 다루었던 역사가입니다. "역사는 영원히 되풀이된다"라는 유명한 말을 남긴 사람이죠. 신의 개입을 인정하지 않고 인과 관계에 따라 분석하고 엄격한 기준으로 사료를 수집하여 과학적 역사관의 창시자로 인정받는 인물이죠. 헤로도토스보다 훨씬 실증적이라고 할 수 있습니다.

승은   투키디데스는 결국 무엇으로 어떻게 이름을 남겼다는 거야?

프락시모   작년에 한국의 어떤 정치인이 미국으로 출국하는 공항에서 옆에 끼고 있던 빨간 책이 궁금하다는 기사가 인터넷에 한

	창 떠돈 적이 있었는데요. 그 책이 《펠로폰네소스 전쟁사》입니다.
승은	잘 쓰인 책이야말로 변하지 않는 가치를 그대로 보존할 수 있다고 생각해. 물론 적당한 의문점이 해결되지 않은 상태 또한 지속되어야겠지만.
프락시모	이 책은 지난 2015년 시진핑 중국 국가주석이 미국 시애틀에서 열린 환영 만찬에서 '투키디데스의 함정'을 언급하며 주목받았습니다. 투키디데스의 함정은 신흥국인 아테네의 부상이 기존 강대국이었던 스파르타에 위협감을 주고, 전쟁으로 이어진다는 의미이죠. 최근에는 미국과 중국이 갈등을 빚으며 '투키디데스의 함정'이 다시 주목받는 것입니다.

그리스 전쟁과 미술, 그리고 연극

승은   핵심 인물들을 어느 정도 다뤘으니 이제 전쟁 얘기를 해줘도 될 거 같아. 페르시아, 펠로폰네소스 전쟁으로 그리스를 정리한다면 어떤 식으로 할 수 있을까?

프락시모   두 개의 전쟁을 중심으로 그리스를 정리해 보겠습니다. 그리스와 페르시아 전쟁은 동양과 서양이 최초로 충돌한 최대의 대결이라고 할 수 있습니다. 그런데 흔히 할리우드 영화에서 보면, 마치 두 진영의 싸움을 전체주의와 민주주의, 야만과 문명의 대결처럼 각색하는 경향이 있는데요. 그런 인식은 잘못된 것입니다.

승은   그것 또한 서양 제국주의 국가들이 전파한 식민지 지배 논리의 잔재겠지. 한국도 일제가 심어놓은 잘못된 이미지가 많지만, 그런 것들을 의식조차 하지 못하는 개인들이 많잖아.

프락시모   그렇습니다. 균형 있는 역사 인식이 건강한 개체를 탄생하게 하는 첫걸음입니다. 페르시아 전쟁은 20년 동안 3차례에 걸쳐서 이루어집니다. 1차 원정은 폭풍으로 성과를 내지 못하고, 2차 또한 마라톤 전투에서 패하면서 실패로 끝나죠.

1차는 폭풍으로 그리스 본토 진입이 **실패**로 끝난다. **2차**는 아테네와 스파르타를 제외한 그리스 폴리스들이 페르시아에 항복하는 와중에, 페르시아군이 **마라톤 평원**에 상륙하였고, 아테네는 스파르타에게 구원을 요청하지만, 행사를 핑계로 스파르타는 군사를 보내지 않았다. 아테네 장군 밀티아데스는 1만의 중장보병으로 승리 후 곧바로 30km 떨어진 아테네로 귀대하여 아테네를 지켰다. 33kg의 군장을 메고 3시간 만에 복귀한 그리스군을 보고 페르시아는 겁에 질려 철수하였다. 10년 후 페르시아는 다리우스의 아들, 크세르크세스가 100여 개의 부족이 만든 100만 대군을 이끌고 침략한다. 이것이 **3차** 침략이다. 스파르타 정예군 300명과 나머지 폴리스 연합군 7천명에 페르시아가 **테르모필레 협곡**에서 2차례나 패하고 낙담할 때, 그리스인 에피알테스(악몽)가 우회해서 그리스로 들어가는 길을 알려주었다. 결국 그리스 연합군은 보트피플이 되고 시민들은 살라미스섬과 펠로폰네소스 반도로 피난하였다. 그러나 그리스 연합군이 극적으로 **살라미스 해전**에서 승리하여 최종적으로 그리스가 에게해의 주도권을 쥐게 되었다.

승은   기억난다. 마라톤 평야에서 승전보를 알리려고 누군가 뛰어갔다던 그 전투?

프락시모   맞습니다. 좀 더 정확한 내막은, 마라톤 평야에서의 전투를 앞두고 아테네가 스파르타에 병력을 요구하기 위해 페이디피데스라는 전령이 이틀 동안 240km를 달렸다는 이야기가 맞는다고 할 수 있습니다. 물론 아테네까지 40km를 달려 승리 소식을 알렸다는 일화도 있고요.

승은   근대올림픽을 창시한 쿠베르텡 남작도 이런 이야기를 빌려와서, 마라톤 42.195km를 만들었다면서? 역시 호모 사피엔스는 서사를 참 좋아하는 것 같아.

프락시모   그렇습니다. 이런 이야기가 전설과 신화, 종교로 이어지는 것이죠. 아무튼 490년에 있었던 페르시아의 2차 원정을 아테네가 막아내고, 10년 후, 기원전 480년, 페르시아가 3차 원정을 시작합니다. 크세르크세스가 이끄는 백만 대군이 테르모필레 협곡에서 스파르타의 왕 레오니다스와 삼백의 용사와 마주친 전투로 유명하죠. 전투 전에 크세르크세스가 항복을 요구하자 레오니다스는 이렇게 대답합니다. "몰론 라베(Molon labe, 와서 가져가라)." 하지만 결국 모두 전사하고 페르시아는 그리스 아테네로 진격합니다.

승은   이 대목은 영화 내용하고 비슷하다.

프락시모   네, 그리스 연극처럼 극적인 면이 많습니다. 테르모필레 전투의 패전 소식을 들은 아테네 시민들은 살라미스섬으로 이주하고 해전을 준비합니다. 마치 이순신 장군이 명량해전에서 물살이 센 울돌목으로 적의 함선을 유인했던 것처럼, 아테네도 비슷한 전략을 구사하죠. 결과는 그리스 연합 함대 3백여 척이 1천이 넘는 페르시아 함대를 대파합니다. 정말 영화 같은 승리가 아닐 수 없습니다.

승은 어떻게 이런 승리가 가능했지?

프락시모 가장 핵심적인 한 방은 아테네의 삼단 노선입니다. 3층으로 된 함선에 170명의 노잡이들을 탑승시킨 것이죠.[56] 당연히 이렇게 많은 노잡이들 덕분에 배를 빠르게 운용할 수 있었습니다. 삼단 노선의 앞머리에는 거대한 청동 충각을 달았고 이것으로 상대의 배를 들이받아 좌초시킨 후, 백병전을 펼치는 것이죠. 일대일 싸움에서는 그리스 육군이 훨씬 유리했거든요.

승은 살라미스 해전도 극적인 승리였네.

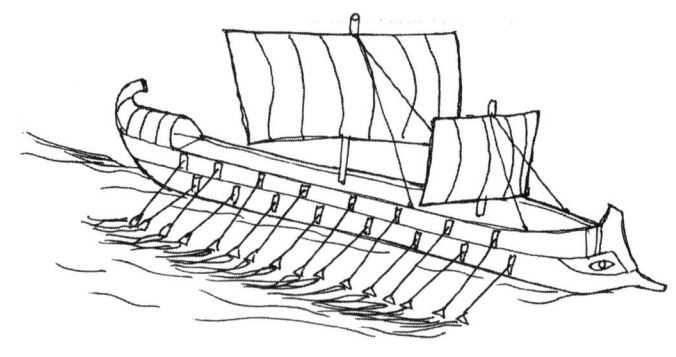

---

56) 이순신 또한 특히 격군을 아끼고 격려하였다 한다. 군역을 면제받은 노비 출신들을 대거 기용하여 이름을 지어주고 수시로 이들을 위해 잔치를 마련하였다.

프락시모	아테네는 살라미스 해전에서 페르시아의 페니키아 해군을 아테네의 삼단 노선으로 박살 내어 에게해의 패권을 가져가게 됩니다. 이 전투는 여러모로 큰 의미를 가지게 되는데요. 한 배에 170명씩, 200척에 탑승했던 약 3만 5천의 노잡이들이 시민권을 가지게 되면서, 이들의 정치참여 목소리가 커지게 됩니다. 여기서부터 진정한 민주주의가 출발하게 되는 것이죠.
승은	어느 시대든지 대중들의 힘과 의식이 중요하다니까. 프랑스 혁명 이전, 그 옛날에 그리스는 벌써 평민들의 목소리가 컸었네.
프락시모	그렇습니다. 이후 아테네는 스파르타와 함께 그리스를 양분하게 되고, 델로스 동맹 주역이 됩니다. 이때 조금 전 언급했던 현명한 지도자 페리클레스에 의해 최고 전성기를 맞이합니다. 그는 가난한 시민의 공무 참여를 독려했고, 공무

	에 참여하는 모든 시민에게 급료를 지급했습니다. 이 시기부터 아테네는 본격적인 해양 왕국으로 거듭나게 됩니다.
승은	왠지 스파르타가 그 꼴을 가만히 보고만 있지 않았을 것 같은데.
프락시모	당연하겠죠. 인류는 전쟁의 역사이기도 하니까요. 페르시아 전쟁 이후, 그리스 폴리스들은 앞으로 닥쳐올 전쟁을 막을 기금을 조성하기 위해 힘을 합치게 됩니다. 그 기금을 델로스섬에 모아두는데요. 이 자금을 아테네가 마음대로 사용하면서 폴리스들이 불만을 품게 되지요. 결국 아테네를 중심으로 한 델로스 동맹과 스파르타를 거점으로 하는 펠로폰네소스 동맹들끼리 전쟁을 하게 됩니다. 이 전쟁을 펠로폰네소스 전쟁이라고 합니다.
승은	싸움밖에 모르는 스파르타가 결국 승리하지 않았을까?
프락시모	결론은 그렇습니다만 국력을 소진한 스파르타도 오래가지 못했죠. 이 전쟁은 기원전 431년에서 404년까지 27년간 계속되었습니다. 승자가 된 스파르타는 애초에 큰 나라를 지배할 만한 시스템이 없던 나라였습니다. 스파르타는 모든 시민이 직업군인이었습니다. 거의 평생을 군인으로 살았다고 해도 과언이 아니죠. 다른 폴리스들은 지중해 각지로 퍼져나가 무역 활동이나 식민지를 건설하는 반면, 스파르타는 주변 동족의 나라를 정복하여 노예로 만들고 그들에게 생산을 맡기고, 자신들은 군사훈련에만 몰두했죠. 이들은 비겁하게도 아테네와의 승리를 위해 페르시아와 동맹을 맺

	기도 합니다. 스파르타가 힘겹게 승리하기는 하지만 그 이후 몰락을 걷게 되고, 그리스와 유럽 각지에 용병으로 흩어지면서 쓸쓸하게 역사 속으로 사라집니다.
승은	스파르타는 남긴 문화나 유물이 없어서 그런지, 스파르타식 엄격한 훈련 이미지밖에 기억나는 게 없어.
프락시모	틀린 말은 아니죠. 나중에 알렉산더는 동방 원정 때 스파르타 출신들을 제외합니다. 그리스의 자유 정신을 페르시아에게 넘긴 사람들이기 때문입니다. 알렉산더는 이들을 쥐새끼라고 표현하면서 대놓고 무시합니다. 사회를 유지하는 과정이나 같은 동족을 노예로 삼고 착취하는 부분에서 잔인한 면이 많았죠.
승은	이제 전쟁은 그만하고 그리스 예술 이야기 좀 해줄래?
프락시모	펠로폰네소스 전쟁이 늦게 터지거나 일어나지 않았더라면, 페리클레스를 필두로 한 아테네의 황금시대는 오래 지속되었을 것이고, 많은 예술들이 더욱 발전했을 것입니다. 하지만 역사는 가정이 없으므로 소용없는 말이겠지요. 아무튼 그리스는 민주주의보다 더 유명한 것이 연극이라고 할 수 있습니다.
승은	철학이나 미술보다 연극이라고? 꽤 흥미로운데.
프락시모	그리스의 연극은 주로 비극을 뜻하는데요. 학교라는 것이 없을 시기에 공교육 역할을 했습니다. 연극을 통해 공동체 이념과 가치를 전달했던 것이죠. 특히 페이시스트라토스가

디오니소스 신전과 극장을 만들고, 축제와 연극을 국가적 종교 행사로 도약시켰습니다. 이때부터 디오니소스교가 만들어질 정도로 인기가 대단했습니다. 페리클레스는 가난한 사람들도 연극을 볼 수 있도록 기금을 마련했고, 사람들은 온통 연극에 빠져 살았죠. 종교 행사에 연극이 빠질 수 없었고, 연극경연대회가 성황을 이루었습니다. 그리스인들에게 연극은 필수 여가 생활이었던 셈이죠.

승은   우리가 영화나 드라마에 열광하는 것과 비슷하겠네.

프락시모   즐길 거리가 없던 당시에는 그 이상이었겠죠. 비극은 고난을 통해서 자기 자신을 되새겨 보는 묘한 힘이 있습니다. 연극의 어원은 'theoria'에서 왔는데, 극장 또는 이론의 뜻도 포함하고 있죠. 원래의 의미는 자기 자신을 깊이 본다는 뜻입니다. 그리스인들은 자기보다 고상하거나 지위가 높은 사람이 나락에 빠지는 비극을 보면서 개인의 운명과 공동체의 위상에 대해 많은 생각과 토론을 했을 겁니다.

승은   맞아, 지금도 오이디푸스의 '안티고네' 같은 비극이 세계 곳곳에서 공연되고, 인문학에서도 많이 다루고 있잖아. 그 당시에 오히려 수준 높은 대화가 이루어졌을지도 모르겠는걸?

프락시모 그렇습니다. 서구의 거의 모든 고전과 철학자들이 비극이 열광했던 이 시기에 나왔죠. 그래서 이때를 '클라식' 시대라고 합니다. 흔히 아이스킬로스, 소포클레스, 에우리피데스 이 세 사람을 3대 비극 작가라고 하죠.

승은   이름들도 다 비슷해서 헷갈려.

프락시모 굳이 외우실 필요는 없지만, 그 당시 연극의 위상이나 작품성이 얼마나 뛰어났으면, 지금도 그들의 희곡으로 연극이 만들어질 정도겠습니까. 아테네에서는 해마다 3월 말~4월 초 아테네 주관으로 공동체 결속을 다지는 디오니소스 대제전이 며칠씩 열렸습니다. 비극 경연은 가장 인기를 끄는 부대 행사였고, 온 아테네 시민이 지켜보는 가운데 우승하는 영예를 누리고자 많은 극작가가 도전장을 던졌죠. 이때 사용했던 용어들이 지금도 영화나 연극에서 쓰이고 있죠.

승은   보고 즐길 거리가 없던 시대였으니, 사람들이 정말 좋아했을 것 같아.

프락시모　무대의 구성도 점차 다양해지죠. 처음에는 한 사람이 마스크를 번갈아 쓰면서 다중 인물을 연기했습니다. 그러나 아이스킬로스가 등장인물을 두 사람으로 구성했고, 소포클레스 시기에서는 세 사람이 나오면서 뒤에는 배경 그림이 나타나고, 에우리피데스의 희곡에서는 기중기까지 동원하면서 무대는 더욱 화려해집니다.

승은　재밌게 관람하는 그리스 사람들의 모습이 머릿속에 그려져.

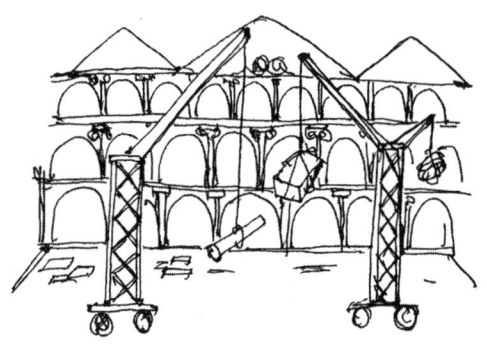

프락시모　비극 중간에 잠깐씩 희극이 등장하기 시작하죠. 그것을 '코메디아'라고 합니다. 주로 서민들이 외설성을 바탕으로 음담패설을 했던 것인데, 점차 인기가 높아져서 따로 코미디의 장르가 생기게 됩니다.

　'코메디'는 변두리를 뜻하는 '코메'와 노래를 의미하는 '이디아'가 합쳐져서 '변두리 사람들의 노래'라고 해석할 수 있다. 아웃사이더의 노래, 즉 성 밖 사람들의 이야기라는 뜻이다. 희극의 주인공은 주류에서 벗어난 서민들과 노예들의 이야기가 주된 내용이다. 비극과 극명한 대조를 이룬다. 그래서 주류에서 소외된 비주류가 주류 사회에 던지는 풍자와 조롱을 담는 것이다. 나중에는 비극보다 희극 경연 대회가 더 번창하였다.

승은 　　미술은 어때? 그리스 조각 같다는 말을 많이들 하잖아.

프락시모 　그리스 미술의 성향은 한마디로 절대적, 이상적인 아름다움을 추구했습니다. 특정 개인을 우상화하지 않는 보편적 조형미를 우선으로 한 것이죠. 회화는 거의 남아있지 않기 때문에 신전과 조각을 중심으로 말씀드리죠. 우선 신전 하면 파르테논 신전을 빼놓을 수 없죠. 아테네의 아크로폴리스 언덕에 있는 신전으로 아테네의 수호신 아테나 여신에 봉헌된 신전입니다. 이 신전은 언뜻 보기에 모든 모서리가 정확한 직각이고 모든 평면이 직선으로 설계된 것 같지만, 모든 직선은 실제로 곡선이고 모든 각도는 직각이 아닙니다. 이러한 보정 효과 때문에 7만 개의 대리석 크기가 모두 다릅니다. 황금 비율이 건축에 이용된 최초의 건물이죠. 한국의 무량수전 배흘림기둥[57]에서 나타나는 것처럼 과학적인 치수보다 인간적인 시선에 중점을 둔 것입니다.

승은 　　알고 보니까 다르긴 한데, 지금의 모습은 좀 황량하긴 하다.

---

57) 배흘림기둥은 기둥의 중심부가 상하부에 비해 더 굵어 중심부에서 멀어질수록 점점 굵기가 얇아지는 형태의 기둥이다. 서양권에서는 엔타시스(Entasis)라고 한다. 배흘림기둥은 일반적으로 아래에서 1/3 지점이 가장 두껍다. 배흘림기둥은 사람의 착시현상을 보정해 주는 효과가 있으며, 기둥이 지붕을 탄력 있고 안정적으로 받치는 듯하게 보이는 효과를 준다.

프락시모   건축 당시에는 신전 내부에 거대하게 황금으로 치장한 아테네 여신상이 있었고, 기둥과 내·외벽은 화려하게 채색되어 있었다고 합니다. 기원후 6세기 이후에는 교회, 모스크로 사용되다가, 17세기 신전 안에 보관 중이던 튀르키예군의 탄약이 베니스군의 폭격으로 터져서 지금의 모습이 되었습니다. 그 외에도 아폴론을 모셨던 델포이 신전, 그리스에서 가장 큰 제우스 신전[58] 등등, 곳곳에 많은 신전이 있습니다. 그리고 신전에서 빼놓을 수 없는 부분이 기둥인데요. 끝부분의 장식·구조에 따라 가장 화려한 코린트 양식, 양 머리 모양으로 여성적인 느낌의 이오니아 양식, 별다른 꾸밈이 없이 간결하고 남성적 힘을 보여주는 도리아 양식으로 구분합니다. 참고로 파르테논 신전의 기둥 양식은 도리아식입니다.

승은   그리스의 높은 지대에는 신전과 극장이 있다면서?

---

58) 아테네의 제우스 신전은 고트족의 침입으로 파괴되어 84개 돌기둥 가운데 현재는 15개만이 남아있는 코린트 양식의 건축물로 그리스 최대의 신전이다.

프락시모	그렇습니다. 아테네만 해도 아크로폴리스 아래 양쪽으로 각각 디오니소스 극장과 헤로데스 아티쿠스 극장이 있습니다. 디오니소스 극장은 돌로 지은 최초의 극장입니다. 최대 1만 7천 명의 관객이 앉을 수 있었던 이 극장은 아테네에서 가장 중요한 연극경연대회였던 '디오니시아'를 개최하기에 가장 이상적인 장소였습니다. 헤로데스 아티쿠스 극장의 원형으로 열려있는 무대는 점점 높아지도록 시공되었는데, 이런 설계는 매우 탁월한 음향 효과를 제공해 주었습니다. 고대 그리스 전역에 생겨난 다른 극장의 원형이 되었고, 지금도 공연이 이루어지고 있습니다. 이 외에도 아테네 남서쪽의 작은 항구도시에 있는 에피다우로스 극장 또한 최고의 아름다움을 자랑하는 곳으로 알려져 있습니다.
승은	아테네 주력 수출품 중에 하나가 도자기라고 하던데?
프락시모	그리스의 미술은 도기에 새겨져 있는 기하학 양식에서 시작되었다고 해도 과언이 아니죠. 이후 헬레니즘기에 이르기까지 끊임없이 만들어져 이어온 도기는 엄청난 수의 유품이 전해집니다. 그 대부분은 부장품이나 봉납물로서 표면은 멋진 문양, 혹은 그림으로 꾸며져 있습니다. 도자기가 많이 출토된 지역을 네크로폴리스라고 부르면서 도시와 가까이 두었지요. 기원전 600년경부터 흑색과 적색으로 된 전형적인 그리스 도자기 탄생했고, 솜씨가 좋아 그리스 전역으로 수출되었습니다.
승은	모양이나 크기도 엄청 다양했다면서?

프락시모   그렇습니다. 주로 포도주와 올리브를 담는 용도였는데요. 포도주는 물에 희석한 다음 덜어서 마시는 술이기 때문에 발효 과정부터 다양한 크기와 모양의 도기가 필요했습니다. 게다가 최종적으로 포도주를 마시는 잔에는 신화나 전쟁 영웅 등의 이미지를 새겨 넣어 술자리 분위기를 고조시켰을 것으로 생각됩니다.

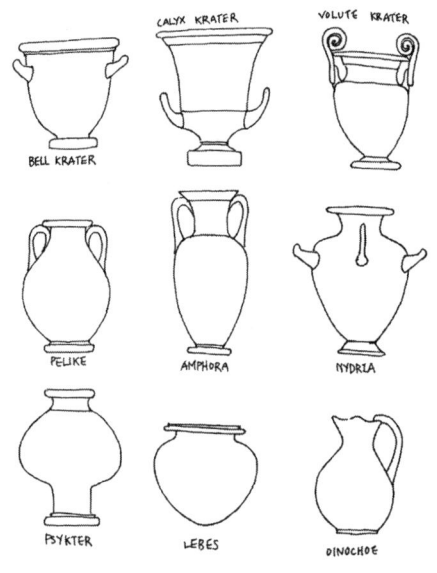

승은   조각은 어때?

프락시모   그리스 조각은 페르시아 전쟁 전과 그 이후로 달라진 양상을 보입니다. 페르시아 전쟁의 승리는 그리스 민족에게 자신과 긍지를 주었고, 그 후 그리스는 정치·경제·문학·예술 등의 모든 분야에서 엄청난 발전을 이룩했습니다. 이 자신

	감으로 이전에 이집트 영향을 받은 미술에서 탈피하여 그리스만의 새로운 양식이 생겨납니다. 진정한 그리스 미술이 탄생하는 것이죠.
승은	진정한 그리스 미술?
프락시모	쿠로스와 코레 조각상[59]을 보자면, 페르시아 전쟁 전까지는 기계적 대칭을 선호했기 때문에 엄격하고 딱딱한 느낌을 주지요. 이 시기를 아르카익[60] 시대라고 합니다. 고졸미[61]가 있다고 표현하기도 하죠. 기원전 480년경에 제작된 클리티오스의 소년상을 보면, 아르카익의 소박한 미소는 없어지고, 좌우가 비대칭이 되면서 체중은 한쪽 다리에 걸려 있는 등, 육체의 유기적 표현이 한층 업그레이드된 조각이 등장합니다. 이후 조각들은 우리가 지금 보는 것처럼, 다양한 형태와 풍부한 표정, 조각 하나하나에 시대정신과 생기가 부여되어 있는 모습으로 변화됩니다.
승은	〈밀로의 비너스〉같이 멋지고 아름다운 조각상들이 모두 이때 나온 거구나.
프락시모	그렇습니다. 아테네가 펠로폰네소스 전쟁에서 지고 사회가 흉흉해지지만, 예술은 그 나름의 시대 정서를 담고 변화하

---

59) 쿠로스(Kouros, 청년이란 뜻으로 복수형은 쿠로이)상은, 코레(Kore, 소녀·처녀라는 뜻으로 복수형은 코라이)와 더불어 아르카익(期) 입상(立像)의 기본 형태이며, 그 생성과 발전은 동시에 그리스 조각 그것의 창조·발전을 의미한다. 아테네 시민들 숫자만큼 만들었다는 말이 있을 정도로 많다.
60) 아르카익은 그리스어로 시원(始源), 태고(太古)를 뜻하는 아르케(Arche)에서 유래한 말이다.
61) 기교는 없으나 예스럽고 소박한 데서 나오는 아름다움을 뜻한다.

	게 되는데요. 미술이나 조각도 그렇습니다. 연극이나 조각 상들은 더욱 연극적인 요소가 입혀져서 결정적 순간을 표현하는 모습들이 등장합니다.
승은	기술력은 더욱 발전했을 테고, 게다가 정적인 모습이 아니고 더욱더 극적이면서 상당히 멋있겠네. 그래서 그리스 조각 같다고 표현하는 건가?
프락시모	맞습니다. 사실 지금 남아있는 대부분의 조각은 로마 시대 때 그리스 조각을 보고 다시 만든 것입니다. 그리스 조각은 거의 청동으로 만들어졌거든요. 청동은 시간이 지나면서 다시 녹여 무기나 다른 용도로 쓰였기 때문에 많이 남아있지 않습니다. 그러나 소수 남아있는 그리스 시대 청동상[62]을 보면 섬세하고 아름다움에 모습에 감탄하지 않을 수 없죠.

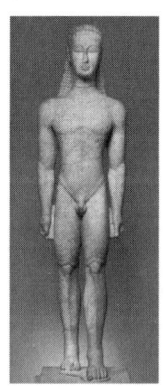

뉴욕쿠로스　　아나비소스　　크리티오스 소년

출처 위키백과

---

[62] 폴리클레이토스의 〈창을 든 남자〉(일명 '도리포로스')(장창병 440년),리아체 해변에서 발견된 전사상(450년) 등 남아있는 그리스 청동상으로 그리스 미술의 아름다움을 파악할 수 있다.

승은	16세기에 로마의 포도밭에서 발견된 〈라오콘과 두 아들〉을 당대의 거장 미켈란젤로가 보고 탄복했다고 하던데. 그 이후로 그도 그리스, 로마의 형식을 따라 그리게 되었다고 들었던 것 같아.
프락시모	그렇습니다. 당시 교황청의 지시를 받은 미켈란젤로는 로마 유적의 발굴 책임자였죠. 라오콘은 그리스 연합 함대가 퇴각하면서 남겨놓은 목마를 절대로 성안으로 들여선 안 된다고 주장하던 트로이의 제사장이었습니다. 그리스 편이었던 포세이돈의 노여움을 샀기 때문에 뱀에 휘감겨 아들과 함께 죽어가는 장면을 묘사한 대리석 조각인데, 이것도 원래 그리스 조각의 복제품일 것이라고 알려져 있습니다. 이 작품은 기원전 100년경에 제작되었는데 이 시기를 '헬레니즘' 시기라고 합니다.
승은	아! 드디어 본격적으로 헬레니즘과 알렉산더 대왕이 등장하네.
프락시모	펠로폰네소스 전쟁의 승자는 스파르타지만 국력이 소진되어 그리스를 지배할 만한 힘이 남아있지 않았습니다. 그 사이 북쪽의 마케도니아가 힘을 키워 그리스를 지배하지요. 그 유명한 알렉산더 대왕이 마케도니아의 왕으로서 그리스와 저 멀리 페르시아와 인도까지 점령하는 대제국을 건설하게 됩니다. 그나마 진시황제의 천하통일처럼 오래가지 못하는데요. 알렉산더가 대제국을 건설할 때부터 로마에 편입될 때까지의 3백 년을 흔히 헬레니즘 시대라고 합니다.

승은   헬레니즘의 정확한 뜻이 뭐야?

프락시모   원래 그리스는 로마인들이 부르던 이름이었습니다. 그리스인들은 자신들을 헬렌의 자손이라고 생각했기 때문에 헬라인이라고 생각했죠. 헬렌은 인간에게 불을 가져다주었던 프로메테우스의 손자쯤 됩니다. 프로메테우스의 아들 데우칼리온과 에피메테우스의 딸 피라가 결혼하여 낳은 아들이 헬렌이거든요. 피라의 어머니는 그 유명한 판도라죠.

승은   판도라의 상자에 나오는 그 판도라? 그리스는 제우스를 시조로 생각하지 않고 프로메테우스를 선조라고 여겼다니… 재미있는데? 게다가 인간에게 온갖 불행과 고민을 주고 정작 희망은 항아리 속에 가두었다는 판도라가 헬렌의 어머니였다고?

프락시모   그리스 하면 역시 신화죠. 로마는 그리스의 신까지도 그대로 받아들일 정도니까요. 어차피 로마 이야기까지 해야 할 테니 차차 신화에 관한 내용도 말씀드리겠습니다. 아무튼 헬레니즘은 서방의 그리스 문화와 동양 문화가 섞여서, 그들만의 독특한 성격을 가지는 현상을 뜻합니다. 앞에서 언급한 것처럼 미술이나 연극에서 극적인 부분이 강조된다든가 옷의 주름처럼 섬세한 표현이 도드라진다든가 하는 것이 모두 헬레니즘의 영향이라고 볼 수 있지요.

승은   알렉산더 대왕이 좀 더 오래 살았더라면 그리스는 어땠을까? 삼십 초반에 죽다니 업적에 비해 너무 일찍 사라진 것 같아.

프락시모   역사에 가정은 없으니까요. 알렉산더의 업적도 대단하지만 젊은 나이에 요절해서 더욱 사람들의 화젯거리가 되는 것 같습니다. 호모 사피엔스들의 특징이지요. 알렉산더는 여러모로 참 특이했던 사람입니다. 어머니의 영향도 있지만 자신을 제우스나 아킬레우스의 아들이라고 굳게 믿었습니다. 그래서 전쟁터에서도 늘 선봉에 서서 용감하게 싸울 수 있었죠. 왕이 직접 최전방에서 열심히 싸우고 있는데 병사들의 사기는 어땠을까요. 그 넓은 지역을 파죽지세로 점령할 수 있었던 것은 그의 이런 행동이 우선이었고요. 두 번째로 알렉산더는 기본적으로 인간은 모두 평등하다고 생각하고 있었습니다.

승은   그 당시로서는 매우 파격적인 의식이었네. 아리스토텔레스가 스승이었다고 하던데 그의 영향 때문인가? 젊은 왕의 새로운 패기와 사상 때문이라도 군사들의 사기가 상당했을 것 같아.

프락시모	그렇습니다. 그는 전쟁터에서도 늘 《일리아드》를 읽었으며, 예술가들을 대동하고 점령지마다 자기 모습을 새긴 금화를 발행하는 등 이미지 홍보에도 애를 썼죠. 자신의 이름을 딴 알렉산드리아라는 도시도 70여 개에 이르렀다고 합니다.
승은	이집트의 알렉산드리아도 그 당시에 만들어진 이름이겠네.
프락시모	그렇습니다. 게다가 그 도시 어디엔가 알렉산더 대왕의 무덤이 있다고 하죠. 요즘도 그의 매장지를 찾기 위한 발굴이 꾸준히 진행된다고 합니다.
승은	그는 말라리아 때문에 죽었다면서?
프락시모	기록에는 그렇지만, 가장 유력한 설은 술 내기를 한 것이 원인이라고 알려져 있습니다. 알렉산더는 워낙 지는 것을 싫어하는 성격인데, 동료 부하와 술 내기를 하다가 포도주를 11병이나 마시고 의식을 잃었다가 결국 병을 얻어 자리에서 일어나지 못했다고 하죠.
승은	술을 마시다가 죽었다니… 허무하긴 하네. 말 만들어내기 좋아하는 호모 사피엔스들이니 백 프로 신뢰할 수 없지만.
프락시모	알렉산더 사후 대제국은 그의 동료 장수들이 나누어서 통치하게 됩니다. 그중 하나가 이집트를 다스리게 되는데, 그 왕조가 바로 프톨레마이오스 왕조입니다. 클레오파트라의 직계 조상이지요.
승은	참, 스포츠 이야기를 안 한 것 같아. 그리스는 역시 올림픽의 나라잖아.

프락시모	아시는 바와 같이 고대 그리스 올림픽, 즉 운동경기의 역사는 오래되었습니다. 《일리아드》 23장에는 아킬레우스가 친구 파트로클로스의 죽음을 애도하기 위해 전차 경기를 했다고 기록되어 있을 정도입니다. 제우스 신전 옆에 올림픽 경기장 스타디움이 있는데 이곳은 45,000명을 수용할 수 있었으며 경기장의 길이는 192.27m입니다. 고대 그리스의 거리 단위로는 1 스타디온이라고 하며, 헤라클레스가 단숨에 달릴 수 있는 거리라고 합니다. 스타디움도 여기서 유래되었습니다.
승은	헤라클레스가 단숨에 달릴 수 있는 거리가 200m이고, 스타디움도 거기에서 유래되었다고? 재미있는 사실인걸?
프락시모	올림픽의 우승자에게는 우선 막대한 상금과 상품이 수여되었습니다. 우승자의 동상이 광장이나 시장 한가운데에 세워졌으며, 평생 행정 관청에서 제공하는 식사를 공짜로 대접받았죠. 또 적지 않은 액수의 연금까지 받을 수 있었습니다. 간단히 말해서 그리스의 모든 운동경기 선수들이 원하는 부와 명예를 거머쥘 수 있었습니다. 월계관을 수여받은 후에는 고향에 돌아가서 영웅 대접을 받았습니다.
승은	지금과 크게 차이가 없는데, 역시 스포츠와 예술은 시간이 지나도 여전히 힘을 발휘하는 것 같아.
프락시모	올림피아 제전을 주로 운동경기와 관련된 중요한 대회 중 하나라고 생각했지만, 사실은 그보다 훨씬 더 큰 의미가 있었습니다. 올림피아 제전이 열리면 지중해 세계 전 지역에

	서 귀족들과 정치가들이 모여들었죠. 그 때문에 비공식적 외교 활동과 다양한 동맹 논의가 이루어지기 좋은 기회의 장이 마련되었습니다. 순수하게 올림피아 제전 그 자체와 다양한 행사 등에 관심을 두고 찾아온 고위직 관료들도 있겠지만, 외교 기록에 반영되지 않는 그런 비밀스러운 만남을 기대하며 찾아오는 관료들도 많았습니다.
승은	그 점도 지금과 별반 다를 바가 없네. 역사를 공부하면 할수록 한참 옛날로 느껴지지 않고 거의 동시대의 일처럼 느껴지는 것 같아.
프락시모	그래서 역사와 고전 이런 인류 문화들이 중요한 것입니다.
승은	혹시 그 밖에 그리스에 대해 좀 더 알아야 할 것이 있을까?
프락시모	다소 의외의 이야기일 수도 있지만, 그리스의 독특한 성문화에 대해서 잠깐 언급하겠습니다. 여성의 지위가 형편없었고, 남자는 완벽한 존재로 생각하여 동성애를 권장하기도 했습니다. 젊은 제자와 나이 든 스승의 연애는 흔한 일이었죠. 소크라테스도 예외는 아니었습니다.[63] 게다가 매춘도 합법이었죠.
승은	이것만큼은 지금과 다르네. 로마 또한 동성애에 대해서는 부정적이었다고 알고 있는데.
프락시모	그렇습니다. 로마에서는 여성들의 지위 자체가 달랐기 때

---

63) 플라톤에서 비롯된 '플라토닉 러브'라는 말은 사실 남녀 간 정신적인 사랑을 의미하는 것이 아니라, 젊은 사람이 나이 든 사람에게 금전을 요구하지 않는, 지혜와 철학에 대한 사랑을 뜻하는 것이었다.

문이었죠. 좋은 것은 흡수, 개량해서 자기 것으로 만들고, 아닌 것은 과감하게 버리는 것이 로마의 전통이었기 때문이죠. 아무튼 그리스의 마지막 승자 테베라는 폴리스에는 신성 부대라는 동성애 부대도 있었습니다.[64] 이들은 사실 150쌍의 동성 연인이었어요. 연인이 죽거나 다치면 복수심에 불타올라 악귀처럼 달려들었죠. 상대방은 맹목적으로 싸우는 신성 부대의 모습에 공포심을 느끼곤 했다고 합니다. 신성 부대에게 후퇴란 없었기 때문이죠.

승은   또 다른 이야기는?

프락시모 마지막으로 독일인 요아힘 빙켈만[65]을 이야기 안 할 수 없겠네요. 빙켈만은 구두 수선공의 아들로 태어났지만 독학으로 고전을 공부하여 당대 최고의 고전학자 겸 여행 가이드가 된 전설적인 인물입니다. 로마에 머물면서 유럽 귀족의 자제들에게 고대 그리스, 로마 문화의 위대함을 전파하였습니다. 이 사람 때문에 18세기 유럽의 신고전주의가 탄생했으며, 귀족들은 1년에서 길게는 몇 년씩 그리스와 로마에 유학을 가는 그랜드 투어가 유행하였습니다. 그의 저서 《그리스 미술 모방론》에서 그리스 미술에 대해 고귀한 단순과 고요한 위대성이라는 정의를 내린 것으로 유명합니다. 고전 고고학, 미술학의 기초를 구축한 사람이기도 하죠.

---

64) 나이가 많은 대원인 에라스테스, 즉 '사랑하는 자'가 지목한 젊은이가 에로메노스, 즉 '사랑을 받는 자'가 되어 두 명이 커플로서 전투에 참가하는 구조였다.

65) (1717. 12. 9.~1768. 6. 8.) 처음으로 미술사에 양식 개념을 도입하고 미술사학의 방법론을 확립한 독일인이다.

요하임 빙켈만

출처 위키백과

그리스 신화

승은　　훌륭한 분이네. 그런데 그리스 신화 이야기는 언제 해줄 거야? 마지막이라고 해서 기대하고 있었는데….

프락시모　그렇죠. 역시 그리스 하면 신화를 빼놓을 수가 없지요. 로마로 넘어가기 전에 상식적으로 알아야 할 신화에 대해서 대략 정리해 드리겠습니다. 애초에 말씀드린 것처럼 메소포타미아와 이집트의 신들과 신화가 그리스 신들의 탄생에 영향을 주었고, 로마는 그 신들을 그대로 모셔 와서 그들의 주신으로 삼았습니다. 모든 서양 문화의 원류가 이곳에서 시작한다고 해도 과언이 아니죠.

얽히고설킨 그리스의 신화는 내용이 워낙 방대하고 복잡하다. 메소포타미아와 이집트의 신들과 신화가 그리스 신들의 탄생에 영향을 주었고, 로마는 그 신들을 그대로 모셔 와서 그들의 주신으로 삼았다. 모든 서양 문화의 원류가 이곳에서 시작한다고 해도 과언이 아닐 것이다. 많은 세월이 지나는 동안 신들의 이야기는 시대에 따라 인간들의 입맛대로 조금씩 변형되어, 신화는 몇 가지 버전[66]이 존재한다.

승은   맞아. 처음에 네가 그리스 설명할 때 지금과 똑같이 이야기했었어. 몇 개의 버전 중에 헤시오도스의 《신들의 계보》를 기준으로 한다고 하면서.

프락시모   기억력이 좋으시군요. 자, 그러면 우리가 왜 그리스·로마 신화를 알아야 할까요?

승은   글쎄, 막상 그렇게 물어보니까…. 흠…. 서양인들의 뿌리라고나 할까? 동서양을 막론하고 그리스·로마 신화에 대한 이야기가 사방에 있잖아.

프락시모   그렇죠. 결론적으로 다양하고 모순된 이야기 속에서 삶에 대한 깊은 성찰의 기회를 제공하는 것이 그리스·로마 신화라고 할 수 있습니다. 무엇보다 그리스·로마 문화처럼 다양한 방법으로 현재까지 소통과 교감이 이루어지고 있다는 사실이죠. 아마 모든 영역에서 그리스·로마 신화를 차용하고 있지 않을까 생각합니다. 브랜드 영향력 면에서 최고라고 할 수 있겠죠.

---

[66] 보통은 헤시오도스의 《신들의 계보》를 기준으로 한다.

승은	맞네. 헤르메스, 베르사체 같은 패션 브랜드… 그리고 나이키 스포츠도 그렇고!
프락시모	그뿐이 아니죠. 스타벅스의 상징도 《오디세이아》에 나오는 세이렌이라는 괴물입니다. 하늘의 별자리 이름도 거의 신화에 나오는 이름들이고요. 한국인이 많이 마시는 박카스도 신의 이름이지요. 알면 알수록 우리의 생활 속에는 신화의 흔적들이 많습니다.
승은	신화의 세계는 너무나 방대하다던데, 어디서 어디까지 어떻게 이해해야 할까?

프락시모	글쎄요. 학자마다 견해가 다릅니다. 너무 공부처럼 외우다시피 접근하면 질리지 않을까요. 개괄적인 신의 계보 정도만 익힌 후에 차차 얽힌 이야기들을 알아가는 것이 좋을 것입니다. 마침 서양 화가들이 즐겨 그린 분야가 신화니까 미술과 함께 공부하는 것도 또 하나의 방법이겠지요.

승은	오케이, 그럼 시작해 보자고.
프락시모	신화의 탄생부터 시작해야겠죠. 태초에 카오스 즉, 혼돈이 존재했습니다. 그 혼돈의 소용돌이 속에서 대지의 신 가이아가 탄생했습니다. 가이아는 스스로 하늘의 신 우라노스와 바다의 신 폰토스를 낳았습니다. 아들 우라노스는 가이아와 결합하여 많은 자식을 낳았습니다. 12명의 티탄(타이탄)은 정상적인 모습이었으나, 키클롭스 삼 형제는 천둥과 번개를 다루는 외눈박이들이었고, 헤카톤케이레스 삼 형제는 100개의 팔과 50개의 머리를 가진 거대한 괴물들이었죠. 아버지 우라노스는 이런 기형아들을 매우 싫어했습니다. 천둥, 번개, 괴력과 지혜 등을 가진 이들은 훗날 왕의 자리를 위협할 수 있는 존재들이었기 때문이었죠. 결국 우라노스는 이들을 지하 세계, 타르타로스[67]에 가두어버립니다. 가이아는 이런 처사에 분노하여 12명의 티탄들을 소집하여 우라노스를 제거하고 새롭게 신들의 왕이 될 자를 찾았습니다. 그중 막내 크로노스가 나섰고, 가이아는 '아다만트의 낫'을 크로노스에게 주었죠, 크로노스는 그것으로 우라노스의 생식기를 잘라 바다에 던져버렸습니다.
승은	예상은 했었지만 진짜 완전 막장 드라마네, 아들이 어머니와 결합을 해서 낳은 자식을 아버지가 지옥에 가두고, 아들은 아버지를 거세하고….

---

67) 그리스 신화에 등장하는 지하 세계의 깊은 곳을 상징하는 태초의 신이자 공간의 개념이다. 세상의 가장 깊은 곳 하데스보다 더 아래 있는 곳으로 공포스러운 처벌의 공간이자 한번 갇히면 결코 빠져나올 수 없는 음침하고 우울한 지하 세계이다.

프락시모	현상보다는 함축적 의미를 생각해 보아야겠죠. 모계사회에서 권력이 넘어오는 과정, 그리고 기득권 세대와의 갈등 등을 신들의 세계에 투영하여 재미있게 각색한 고전이 곧 신화인 것입니다. 예를 들어 키클롭스와 헤카톤케이레스 삼 형제를 외세의 새로운 세력으로 보는 견해가 있을 수도 있겠죠. 가이아는 인자한 것처럼 느껴지지만, 모계의 권력을 유지하기 위해 지속적으로 주변을 이용하는 모습을 보입니다. 이렇게 현상의 이면을 유추하는 것이 신화의 포인트라고 할 수 있죠. 그럼 기본적인 신화의 구성을 이어나가겠습니다.
승은	함축된 의미를 되새겨 보니까 이해가 훨씬 잘되는 것 같아!
프락시모	왕이 된 크로노스는 티탄 남매였던 레아와 결혼하고 티탄 형제들과 세계를 다스리기 시작했습니다. 그러나 크로노스도 키클롭스와 헤카톤케이레스 삼 형제를 두려워하여 지하 감옥에서 풀어주지 않았고 이에 가이아는 더욱 분노하여 크로노스도 우라노스처럼 아들에게 왕좌를 빼앗길 것이라는 저주를 내립니다. 크로노스는 가이아의 신탁이 두려워 레아가 아이들을 낳자마자 삼켜버리죠. 견딜 수 없었던 레아는 여섯 번째 아이를 가졌을 때 가이아를 찾아가 조언을 구합니다. 가이아는 레아를 크레타섬의 깊은 동굴로 보내 몰래 아이를 낳게 하였는데, 이 아이가 제우스입니다. 레아는 마지막 여섯째 대신 신생아 포대로 감싼 돌덩이를 크로노스에게 주었고 그는 그것을 아이로 생각하고 삼켰죠. 시간이 흐르고 성장한 제우스는 티탄 중 한 명인 지혜의 여신 메

티스를 찾아가 조언을 구하였습니다. 그녀가 알려준 방법대로 크로노스에게 구토제를 먹이고 형제들[68]을 구한 제우스는 형제들과 힘을 합쳐 크로노스를 몰아내었습니다. 제우스는 일부 티탄 중 오케아노스와 프로메테우스를 설득하여 자기편으로 삼고, 타르타로스에 갇혀있던 삼촌들, 키클롭스 삼 형제와 헤카톤케이레스 삼 형제도 풀어주었습니다. 이에 분노한 크로노스는 남은 티탄들과 힘을 합쳐 제우스를 공격합니다. 이것이 '티타노마키아'라는 10년 동안의 신들의 대전쟁입니다.

승은   벌써부터 판타지 영화나 게임에서 들어본 이름들이 많이 나오네. 제우스를 비롯한 그리스 12신을 알기 전에 이 정도는 알고 있어야 한단 말이지?

---

[68] 헤스티아, 데메테르, 헤라, 하데스, 포세이돈.

프락시모	그렇죠, 알면 보이고 보이면 사랑한다는 말이 있듯이, 관심을 가지고 듣다 보면 자연스럽게 이름도 외워질 것이고, 점점 신화의 이야기가 깊이 있게 다가올 것입니다.
승은	그럼 자연스럽게 티타노마키아에 대해서 더 알아야겠네. 당연히 이 전쟁에서 제우스가 이겼겠지? 그러니까 제우스를 신들의 왕이라고 하는 걸 테고.
프락시모	그렇죠. 이 전쟁에서 키클롭스 삼 형제는 제우스에게는 번개, 포세이돈은 삼지창, 하데스한테는 투명 투구를 만들어 줍니다. 아마도 뛰어난 손재주를 가지고 있었던 모양이에요.
승은	신기술이나 쇠를 다뤘던 외세 세력을 키클롭스로 묘사했을 수도 있겠네. 생김새도 자신들과 조금 달라서 괴물이라고 표현했을 테고 말이야.
프락시모	그렇죠, 매우 재미있는 생각입니다. 어차피 정답은 없으니까 마음껏 상상의 나래를 펼쳐보시죠. 세력을 규합한 제우스는 크로노스에게 도전하여 전쟁이 시작되었습니다. 티탄 신족 가운데 오케아노스를 비롯하여 이아페토스의 아들 프로메테우스, 스틱스와 그의 자식들인 크라토스·비아·젤로스·니케 등은 제우스의 편을 들었습니다. 그러나 결국 패배한 티탄 신족은 타르타로스에 감금되었으며, 헤카톤케이레스가 이들을 지켰습니다. 티탄 신족의 하나이자 프로메테우스의 형인 아틀라스는 특별히 하늘을 떠받치는 형벌을 받았고요. 티타노마키아의 승리를 거둔 제우스는 하늘을 다스렸으며, 공을 세운 포세이돈과 하데스는 각각 바다와 저

	승을 다스리게 되었습니다. 구역을 나눌 때도 제우스는 공평하게 제비뽑기로 정하죠. 우라노스와 크로노스와는 다르게 공정한 방법으로 권력을 분산시킨 겁니다. 이로부터 제우스를 주신(主神)으로 하는 올림포스 신들의 시대가 열렸고, 이후 기간테스와의 싸움을 뜻하는 '기간토마키아'에서도 승리함으로써 올림포스 신들의 지배가 확고해졌습니다.
승은	기간토마키아는 또 뭐야? 마키아라는 단어가 들어간 것 보니까 무슨 전쟁 같은데?
프락시모	티타노마키아에서 승리한 제우스가 티탄들을 타이타로스에 가둬버리자 할머니 격인 가이아가 제우스의 이런 독단적인 처사에 분노하게 됩니다. 결국 가이아는 기간테스[69]를 부추겨서 제우스 세력과 전쟁을 일으키는데 이것이 '기간토마키아'입니다.

---

69) 우라노스가 크로노스에 의해 거세될 때 흘린 피가 대지, 즉 가이아의 몸에 떨어져 태어난 24명의 거인들이 기간테스이다. '땅에서 태어나다'라는 의미를 갖고 있다.

승은	가이아는 끊임없이 조언해 주면서도 뒤에서는 싸움을 부추기고…. 너그러운 줄 알았는데 알 수 없는 캐릭터구나. 아무튼 전쟁 결과는 어땠어?
프락시모	기간테스는 요즘 영화에 나오는 고질라 크기보다 훨씬 컸던 것으로 묘사됩니다. 더구나 하반신이 뱀의 형상인 기간테스는 불사의 몸으로서 죽지도 않았습니다. 또한 이때 신들에게 신탁이 내렸는데 그 내용은 '기간테스는 결코 신들에 의해서는 죽지 않는다는 것'입니다. 따라서 기간테스에게 승리하기 위해서는 '죽음을 면할 수 없는' 인간의 도움이 필요하다는 뜻이죠. 이때 제우스는 헤라클레스를 불러오게 합니다. 결국 대부분의 기간테스들은 제우스의 벼락과 헤라클레스의 화살을 맞고 죽었습니다. 이렇게 해서 티탄들과의 싸움에 이어 기간테스와의 싸움에서도 승리함으로써 제우스를 중심으로 하는 올림포스 신들은 확고한 세력을 구축해 나갔습니다.
승은	드디어 헤라클레스가 등장하네…. 그런데 이 당시에도 인간이 있었나?
프락시모	예리한 질문이시군요. 물론 시대적으로 맞지 않습니다. 인류의 탄생은 올림포스 신들이 신들의 전쟁에서 승리하고 나서 오랜 시간이 지난 뒤에 일어난 일이기 때문이죠. 이런 허점들이 곳곳에서 일어납니다. 왜냐하면 후대에 덧붙여진 이야기가 많아서 그렇습니다.
승은	그건 그렇다고 치고, 이제 확실하게 제우스가 권력을 잡은 거네?

프락시모	아닙니다. 한 번의 전쟁을 더 치르고 나서야 제우스가 확실한 신들의 왕이 됩니다.
승은	아이고, 인간 세상이나 신들의 세상이나 권력 쟁취는 참 어려운 것이구먼. 설마 또 가이아가 부추기는 건 아니겠지?
프락시모	맞습니다. 기간테스가 패한 것에 분노한 가이아는 타이타로스와 관계하여 세상 최고의 괴수 '티폰'을 낳게 됩니다. 티폰은 머리가 별에 닿을 만큼 거구였고, 양쪽 팔을 벌리면 한쪽은 동쪽에, 다른 한쪽은 서쪽 끝에 닿을 정도였다고 합니다.
승은	티폰은 태풍을 뜻하는 말 같은데. 신화 속에는 권력투쟁도 있지만, 자연의 힘 같은 초월적 재앙에 대한 두려움도 있는 것 같아. 결국 그런 재해를 이겨내는 인간이 승리한다는 뜻이 아닐까?
프락시모	참 이해가 빠르십니다. 그런 식으로 신화를 읽으시면 훨씬 재미있지요. 대화의 보람이 느껴지네요.

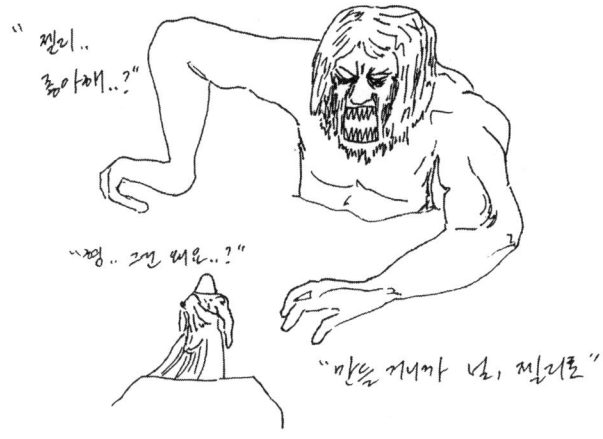

승은	쑥스럽게 왜 이러시나. 티폰과의 전쟁은 어떻게 됐어?
프락시모	티폰이 공격하자 거의 모든 신들은 현재의 이집트 땅으로 도망갔고, 그를 피하기 위해 동물로 변신했습니다. 그 정도로 티폰은 신들에게 엄청난 공포의 대상이었죠. 그러나 올림포스산에 남아있던 아테나에게 비난과 조롱을 받은 제우스는 다시 용기 내어 티폰에 맞서 싸웠습니다. 하지만 티폰은 제우스를 제압하여 그의 팔과 다리에서 힘줄을 잘라내었고 제우스는 아무 힘도 쓸 수가 없었을 정도였죠. 티폰은 무력해진 제우스를 코리코스 동굴에 감금한 후 뱀의 형상을 한 여인 델피네에게 그를 감시하게 했습니다. 그러나 헤르메스와 아이기판[70]이라 불리는 또 다른 신이 힘줄을 몰래 훔쳐 와 제우스에게 다시 붙여주었습니다. 이에 기운을 회복한 제우스는 날개 달린 말들이 끄는 수레를 타고 벼락을 던지며 티폰의 뒤를 쫓았고, 마침내 에트나산을 던져 티폰을 가두어버렸습니다. 에트나산은 활화산으로 오늘날에도 불길이 솟아오르는데 《비블리오테케》에 의하면 이는 제우스가 던진 벼락 때문이라고 합니다. 어쨌든 제우스는 티타노마키아와 기간토마키아에 이어 마지막으로 이 무시무시한 티폰과의 싸움에서 승리한 후에 비로소 명실상부 신들과 인간들의 왕이자 통치자가 되었습니다.
승은	드디어 모든 자연 재앙 극복과 모계사회로부터 부계사회로

---

70) 제우스에겐 손녀뻘인 아에가(Aega)와의 사이에서 태어난 아들이다. 아이기판은 산양을 상징하는 가축의 신이며, 변신에 능해서 산양이나 물고기 등으로 모습을 바꾸기도 한다.

	의 권력 이양이 완성되었네. 드디어 인간과 가장 닮은 신들의 시대가 도래했구먼.
프락시모	정확하게 보셨습니다. 가이아는 이 전쟁 이후로 등장하지 않습니다. 즉 제사장도 모계가 아닌 부계로 넘어가게 된 것을 뜻하겠지요. 크레타섬에서 발견된 제사장 유물이 여자였던 기억나시죠? 이후로는 신들과 신과 인간이 반반 섞인 영웅들의 시대가 전개됩니다.
승은	제우스를 비롯한 12신은 어떻게 되지?
프락시모	올림포스산에 거주한다고 그리스인들이 믿던 신들은 제우스(Zeus), 헤라(Hera), 포세이돈(Poseidon), 아테나(Athena), 아폴론(Apollo), 헤르메스(Hermes), 아레스(Ares), 헤파이스토스(Hephaestus), 아르테미스(Artemis), 아프로디테(Aphrodite), 데메테르(Demeter), 디오니소스(Dionysos) 등 12신[71]입니다. 이 중 아시다시피 헤라는 제우스의 3번째 여자[72]이자 첫 번째 정실부인입니다.

---

71) 로마에서는 이들을 주피터(Jupiter), 유노(Juno), 넵튠(Neptune), 케레스(Ceres), 미네르바(Minerva), 마르스(Mars), 아폴로(Apollo), 디아나(Diana), 비너스(Venus), 머큐리(Mercury), 불카누스(Vulcanus), 바쿠스(Bacchus)라고 부르며 숭배하였다.

72) 헤시오도스가 쓴 《신들의 계보》에는 헤라가 제우스의 7번째 여자라고 나온다.

승은	잠깐, 헤라가 제우스의 3번째 부인이라고?
프락시모	네, 쉽게 이야기해서 성대하게 정식으로 결혼식을 올리고 혼인신고를 한 사람이 헤라입니다. 첫 번째 부인은 티탄 신 중에 하나인 지혜의 신 메티스[73]입니다. 두 번째가 모성의 신으로 알려진 레토[74] 여신이고요. 제우스가 헤라에게 접근할 때 불쌍하게 보이려고 비 맞은 새로 변신해서 모성애를 자극했습니다. 결국 헤라는 제우스와의 관계를 허락하면서 자신을 정식 부인으로 맞이하라는 조건을 걸었죠.
승은	아하, 결국 12신들은 제우스의 형제자매와 아들, 딸들로 구성되었네.

---

73) 메티스와 제우스의 딸이 아테나 여신이다. 훗날 제우스의 머리에서 세상 밖으로 나온다.
74) 쌍둥이 남매 아르테미스와 아폴론의 어머니이다.

프락시모	그렇습니다. 아테나, 아폴론, 아르테미스, 헤르메스, 아레스, 헤파이스토스, 디오니소스는 부인은 달라도 모두 제우스의 자식들이고, 포세이돈과 데메테르는 제우스의 형이고 누나이죠.
승은	잠깐, 헤라는 제우스의 누나이자 부인인데…. 그럼 아프로디테와는 어떤 관계야?
프락시모	아프로디테를 로마에서는 비너스 또는 베누스라고 합니다. 거품에서 태어났다는 뜻인데요. 매우 특이한 여신입니다. 신화에서 제우스와 헤라클레스, 아프로디테 이야기가 제일 많이 나오죠. 남자 신은 제우스, 여자 신은 아프로디테, 인간은 헤라클레스. 사실 이 셋이 신화의 주인공이라고 보면 되겠습니다. 아프로디테는 크로노스가 자신의 아버지 우라노스를 거세하여 권좌에서 내쫓을 때 우라노스의 정액과 피가 땅과 바다에 떨어지게 되는데, 땅에서는 기간테스가 생겨나고 바다에는 아프로디테가 탄생합니다. 태생부터가 신비롭고 범상치 않았죠. 피와 정액이 섞인 바다의 거품 속에서 나왔으니 말이죠. 이것만 보아도 아프로디테의 캐릭터를 짐작할 수 있겠죠?
승은	신화 속 신들의 출생 비밀을 들으니까 더 흥미로운 것 같아.

프락시모   그리스·로마 신화에 대해서 이야기하자면 한도 끝도 없을 정도로 방대하지만, 우선 간단하게 12신들 정도만 소개하겠습니다. 짐작하다시피, 올림포스 12신들은 제우스를 중심으로 혈연관계로 엮여있습니다. 또한 인간들의 삶과도 밀접한 관련을 가졌는데, 고대인들은 올림포스 12신들이 전쟁, 왕위 계승, 나라의 흥망과 같은 세상의 중요한 일들을 결정할 뿐 아니라 결혼, 농사, 연회 등 인간 삶의 세세한 부분까지 모두 관여한다고 믿었습니다. 제우스와 헤라, 데메테르와 포세이돈은 크로노스와 레아의 자식들로 모두 형제자매 사이입니다. 아프로디테는 특별한 여신이니까 예외입니다. 데메테르[75]는 그리스·로마 신화의 곡물과 수확의 여신이며

---

75) 로마 신화의 케레스에 해당된다.

계절의 변화와 결혼의 유지를 관장하는 것으로도 여겨졌습니다. 올림포스 12신 이전부터 숭배받고 있었던 것으로 보입니다. 데메테르에 대해서 이야기할 때 빼놓을 수 없는 신이 페르세포네입니다. 페르세포네는 제우스와 데메테르의 딸로 저승과 꽃, 식물의 신이죠. 페르세포네는 하데스에게 납치되어 지하 세계로 끌려가 그의 아내가 되었습니다. 데메테르는 딸을 찾아 온 세상을 헤맸는데 그사이 데메테르가 일손을 놓자 곡물들이 시들어갔습니다. 결국 제우스의 도움으로 페르세포네를 지상으로 데려오지만, 하데스는 페르세포네를 지상에 올려보내기 전에 석류의 씨를 몇 알 먹였습니다. 지하 세계의 음식을 먹은 대가로 페르세포네는 지상으로 완전히 돌아가지 못하고 지상과 지하를 오가야만 하는 처지에 놓였죠. 그리하여 페르세포네는 한 해의 반은 지하 세계의 여왕으로서 하데스와 함께 명계를 지배하고, 반은 지상에서 어머니 데메테르와 지내게 되었습니다. 이 중 어머니 데메테르와 지내는 6개월은 어머니인 데메테르가 행복하여 곡식과 식물을 돌보아 풍요로운 봄과 여름이 되었다고 하고, 지하 세계의 왕비로서 하데스와 지내는 6개월은 데메테르가 슬픔에 잠겨 곡식과 식물을 돌보지 않는 가을과 겨울이 되었다고 합니다.

승은　　이 부분은 할머니가 풀어놓는 슬프고도 아름다운 옛날이야기 같아.

프락시모　그리스·로마 신화 하면 잔혹 동화나 막장 드라마를 먼저 떠올리는 사람들이 많은데요. 그렇지 않습니다. 다음으로 바다·지진·돌풍의 신, 포세이돈에 대해서 말씀드리겠습니다. 제우스 바로 위의 형이죠. 삼지창을 들고 물고기나 돌고래 떼와 함께 긴 머리카락과 수염을 날리며 파도를 타는 모습으로 표현됩니다. 성미가 급하고 까다로운 성격 때문에 툭하면 다른 신들이나 인간들과 다투었죠. 제우스와 맞먹을 정도로 여성에 대한 욕심이 대단한 남성 신으로 묘사됩니다. 관련된 에피소드 중에 하나로, 아레스의 딸을 포세이돈의 아들이 겁탈하려 해서 아레스가 포세이돈의 아들을 죽여버립니다. 그래서 최초로 신들의 재판이 아테네의 아레오 언덕에서 열리는데, 결과는 아레스의 무죄였다고 합니다.[76] 법과 재판이라는 개념이 일찌감치 신화 속에 존재했음을 알 수 있는 대목이라고 할 수 있겠습니다.

승은　　강간, 살인, 전쟁…. 이제야 신화답네.

프락시모　신화가 매력적인 것은 신을 가장한 인간의 이야기이기 때문이 아닐까요? 이 기회를 통해 신화에 대한 선입견을 바꿔보시는 것도 좋을듯합니다. 그다음으로 제우스의 자식들 순서가 되겠군요. 그중 첫 번째는 아테나이지 않을까 생각합니다. 아테나는 제우스의 사실상 첫 부인인 메티스[77]와의 사이에서 태어난 딸입니다. 그러나 메티스와의 사이에서 태어난 아들이 올림포스의 주신이 될 것이라는 가이아의

---

76) 지금도 그리스 대법원을 아레오파고스라고 한다.
77) 1세대 티탄 신 중 하나로 지혜의 여신이다.

신탁 때문에, 제우스는 임신 중인 메티스를 삼켜버리죠.[78]

승은   이게 말이 되냐고, 임신 중인 아내를 잡아먹다니. 세상에 이런 엽기가 어디 있냐고. 결국 우라노스, 크로노스, 제우스 모두 자신들의 자식을 모두 잡아먹은 신이었네.

프락시모   신화는 도덕이나 윤리가 지금의 모습으로 자리 잡기 이전의 이야기입니다. 또한 시대마다 가치관이 다르기도 하고요. 그리스 시대에는 남성만이 완벽하다고 생각하여 동성애가 유행할 정도였지요. 신화의 시대는 태초의 혼돈 시대를 상징하죠. 그 시대를 거치면서 인간은 신보다 더욱 인간답게 성숙되어 가는 과정이 녹아있는 것입니다. 신석기 시대를 지나 청동기 시대를 맞이했던 그때로 돌아가서 이해해야 할 것입니다. 문자가 없던 아득한 선사 시대, 이야기가 오래 이어지려면 재밌고 자극적이어야 했을 겁니다.

승은   신화는 눈에 보이는 것이 전부가 아니라 본능적 직관의 표

---

78) 제우스 자신은 개구리로 변신하고 메티스는 파리로 변신시킨 다음 꿀꺽 삼켜버린다.

현이라고 하긴 하던데.

프락시모   사실 그리스·로마 신화뿐 아니라 세계 각국의 신화는 비슷한 경향이 있습니다. 상상력을 자극하면서 동시에 삶을 통찰하는 힘이 그 안에 있죠. 다만 그리스·로마 신화는 이야기의 양과 내용이 방대하고 재미있고 구체적이며 다양해서 해석의 여지가 많기 때문입니다. 유일하게 현대인들의 생활 속에 스며들어 지금까지 이어지고 있지요. 아무튼 이야기를 계속 이어가겠습니다. 몇 달 후, 제우스에게 갑자기 격한 두통이 몰려왔고, 헤파이스토스가 두통의 원인을 알아보기 위해 제우스의 머리를 도끼로 쪼갰습니다. 그러자 그 속에서 갑자기 갑옷으로 완전히 무장한 성인 여성의 모습을 한 아테나가 소리를 지르며 튀어나왔죠. 이때 하늘과 땅, 바다가 아테나의 탄생을 축하하며 성대하게 손뼉을 치며 환호를 보냈다고 합니다. 덕분에 아테나는 늘 아버지 제우스의 총애를 받았습니다. 그리스 아테네의 어원도 아테나에서 온 것이죠. 아테네 시민들은 포세이돈과 아테나를 두고 누구를 주신으로 모실까 고민하다가 결국 올리브 나무를 만들어준 아테나를 선택하죠. 포세이돈 또한 생활에 필요한 물을 만들어준다고 했지만 바닷물이었기 때문에 외면당합니다.

승은   머리에서 나왔다는 건 지혜를 상징한 것이었겠네. 어머니 메티스가 지혜의 여신이니까. 제우스가 선택한 첫 여인이 지혜의 여신이라···. 꽤 의미가 있어 보이는걸.

프락시모   그렇죠. 게다가 아테나는 언제나 투구와 갑옷을 입고, 손에는 창과 방패를 든 무장한 여전사의 모습을 하고 있습니다. 같은 전쟁의 신인 아레스와는 달리 총명하고, 이성적이고, 순결하여 사람들에게 은혜를 많이 베풀며 영웅들을 수호하죠. 여자이지만 무력과 지혜를 모두 갖춘 완벽에 가까운 신이 아테나입니다.

승은　　아레스도 전쟁의 신인데, 아테나한테는 매번 졌다면서?

프락시모　　그렇습니다. 아레스와 헤파이스토스는 제우스와 헤라 사이에서 태어난 정식 자녀이지요. 아레스는 로마에서 마르스로 바뀌어 전쟁과 농업의 신으로 추앙받습니다. 아레스가 파괴적이고 황폐화하는 힘의 캐릭터로서 잔인하고 야만적으로 묘사되었던 것에 비해, 마르스는 평화를 유지하는 군사력과 로마인들의 국부로서 상징되었죠. 반면 그리스인들은 전쟁의 신으로서 아레스보다 아테나를 더 좋아했으며, 제우스도 같은 자식이지만 아테나는 끔찍이 아끼면서도 아레스는 좋아하지 않았습니다. 그리스 신화에서 아레스가 싸움에서 부상당하는 이야기가 자주 등장하는 것도 그 때문으로 보입니다. 또한 아레스는 대장장이 신 헤파이스토스의 아내 아프로디테와 몰래 바람을 피우다 모든 신들의 웃음거리가 된 적도 있었습니다. 형수와 바람을 피운 경우죠. 제우스는 아들 헤파이스토스를 하늘에서 떨어뜨려 절름발이로 만든 것이 미안하여 그 보상으로 아름다운 아프로디테를 아내로 주었습니다. 하지만 애욕의 여신 아프로디테는 못생기고 일에만 열중하는 헤파이스토스에게 만족하지 못하고 끊임없이 바람을 피웠는데, 특히 아레스와의 관계가 유명했습니다. 아프로디테와의 사이에서 에로스, 즉 큐피드를 낳았습니다.

승은　　　　이제 신화에서 그 정도 불륜은 아무렇지도 않게 느껴져.

프락시모　　자꾸 현재의 잣대로 생각하지 마시고, 그 속에 녹아있는 상징과 의미를 파악하셔야 합니다.

승은　　　　그래, 알았어, 헤파이스토스는 왜 절름발이가 되었지? 장애를 가진 신이라…. 특이한걸.

프락시모　　헤파이스토스의 출생에는 제우스와 헤라의 아들이라는 설과 헤라가 혼자 낳은 아들이라는 설이 있는데요. 호메로스는 첫 번째 설보다 두 번째 설을 따릅니다. 헤파이스토스는 기술·대장장이·장인·공예가·조각가·금속·야금·불의 신입니다. 로마 신화에서 불카누스와 동일시됩니다. 사고로 인해 불구의 신이 된 이야기는 다음과 같습니다. 어느 날, 제우스의 바람기에 화가 난 헤라가 제우스와 말싸움을 하고 있었는데, 헤파이스토스가 어머니 헤라의 편을 들자 화가 난 제우스가 그를 걷어찼고, 헤파이스토스는 렘노스섬으로 추락하게 되었지요. 그 사고로 헤파이스토스의 다리가 장애를 가지게 되었고 얼굴은 다쳐서 추해졌는데, 뛰어난 손재주로 다리를 만들어 붙였지만 신체장애 신으로 지낼 수밖에 없게 되었다고 합니다. 또한 헤르메스의 날개 달린 모자와 샌들, 아이기스의 흉갑, 아프로디테의 허리띠, 아가멤논의 지휘봉, 아킬레우스의 갑옷, 헤라클레스의 청동 딱따기, 헬리오스의 전차, 펠롭스의 어깨, 에로스의 활과 화살, 제우스의 번개, 포세이돈의 삼지창, 하데스의 투구 등등 헤파이스토스는 자신의 손재주를 이용하여 신들의 화려한 장비들을 만들거나 고쳐주었습니다.

승은   단순히 대장장이 캐릭터가 아니라 공학자 느낌이네. 인간 세상에서는 크레타섬에 미로를 만든 다이달로스가 헤파이스토스와 비슷할 것 같아. 장애를 가진 신이 최고의 기술자였다는 상징이 인상적이긴 하다.

프락시모   제우스는 헤라를 포함한 여러 부인과 많은 자녀를 두었는데, 재밌는 점은 제우스와 본처인 헤라 사이에 태어난 아이들이 제우스의 서자들에 비해 모두 평균 아래라는 것입니다. 헤파이스토스와 아레스가 제우스와 헤라 사이에서 태어난 아들들인데 헤파이스토스는 뛰어난 손재주를 갖고 있었으나 불구에 못생겼고, 그의 동생 아레스는 미남이긴 하지만 신이라 하기엔 그 자질이 너무나 모자랐거든요.

승은   생각해 보니 그렇네. 그렇게 묘사된 것에는 어떤 의미가 있을까?

프락시모   정답은 없으니 상상의 나래를 펼쳐보시죠. 의미를 부여하고 해석을 달리하는 것이 호모 사피엔스의 특징 아니겠습니까.

승은   그래, 천천히 생각해 볼게. 다음 신으로 넘어가 볼까?

프락시모   다음은 서로 남매지간인 아폴론과 아르테미스에 대해서 말씀드리겠습니다.

승은	아, 이란성 쌍둥이였구나.
프락시모	아폴론은 제우스와 레토 사이에서 태어났으며 태양과 예언 및 광명·의술·궁술·음악·시를 주관하는 신입니다. 신탁이 가장 정확하다는 델포이 신전의 주신이기도 하죠. 월계수와 리라, 활과 화살, 백조, 돌고래가 대표적인 상징물입니다. 아폴론은 대개 머리에 월계관을 쓰고 손에는 리라를 든 훤칠하고 준수한 미남으로 묘사되며, 여성 및 남성과 사랑을 나누는 이야기가 많습니다. 고대 올림픽에서는 우승자에게 올리브 관을 씌웠지만 근대 올림픽에서는 월계관으로 바뀌었습니다. 처녀 사냥꾼인 다프네에게 마음이 끌린 아폴론의 실패한 사랑 이야기가 유명하죠. 다프네는 월계수라는 뜻인데요. 디아나 여신처럼 처녀 사냥꾼으로 산의 정령에 가까운 존재입니다. 궁술의 신 아폴론은 사랑의 신 아모르를 '엉터리 사냥꾼'이라고 비웃었는데, 발끈한 아모르가 황금 화살을 아폴론에게 쏘고, 납 화살을 다프네에게 날려버립니다. 사랑에 눈이 먼 아폴론의 구애를 끝내 거부한 다프네는 결국 딱딱한 월계수 나무로 변해버립니다. 슬픔에 빠진 아폴론은 "이제 내 아내가 될 수 없으므로 나의 나무가 되게 하겠다. 나는 나의 왕관을 위해 그대를 쓰려고 한다. 나는 그대를 재료로 하여 내 수금과 화살통을 장식하게 하리라. 그리고 위대한 로마의 장군이 카피톨리움을 향하는 개선 행렬의 선두에 설 때, 나는 그대 꽃으로 엮어 만든 화환을 그 머리에 씌워 주리라. 나는 영원히 늙지 않을 것인즉 그

대 또한 늘 푸를 것이며, 그대 잎이 시드는 법이 없게 하리라"[79]라고 말합니다. 월계수로 변한 다프네는 이 말에 고개를 끄덕여 고맙게 받아들인다는 인사를 했다고 합니다.

승은   에로스, 아모르, 큐피드…. 모두 같은 신이지?

프락시모   그렇다고 할 수 있습니다. 시대와 버전, 그리스어와 라틴어에 따라 이름들이 조금씩 차이가 날 뿐이죠.

승은   아르테미스는 어떤 신이지?

프락시모   아르테미스는 그리스 신화에 나오는 달과 사냥·야생동물·

---

79) 토머스 불핀치, 명화로 보는 그리스 로마 신화: 인간의 본성, 상상더하기, 2015, p.39

처녀성의 여신입니다. 로마 신화에 나오는 다이애나(라틴어: Diana)와 동일시되지요. 곰과 사슴, 활과 화살, 초승달이 대표적 상징물입니다. 몸종들과 함께 숲속에서 사냥을 하며 돌아다니는 야생적인 처녀의 모습을 하고 있으며, 달이 비칠 때 그 모습이 나타나는데 그때는 산짐승과 초목이 춤을 춘다고 합니다. 의외로 성격이 매우 잔인하고 복수심이 강해서 그녀의 진노에 의해 희생된 사람이 허다합니다. 예를 들자면, 악타이온이라는 이름의 사냥꾼이 우연히 동굴 속 연못에서 아르테미스가 목욕을 하고 있는 모습을 목격하게 되었고, 이에 분노한 아르테미스는 자신의 몸을 본 악타이온에게 저주를 내려 사슴으로 만들어버렸죠. 그러자 악타이온이 데리고 온 사냥개들이 주인을 알아보지 못하고 사냥감인 줄 착각하고 달려들어 찢겨 죽었다는 이야기가 전해집니다. 또한 아르테미스는 3살이 되자 아버지 제우스에게 선물을 달라고 졸랐는데, 그 선물은 다름 아닌 영원한 처녀성이었습니다. 그녀는 제우스에게 평생 자신이 처녀로 남을 수 있게 해달라고 부탁했다고 합니다. 아르테미스는 평생 남자들을 멀리한 채 그녀를 따르는 님페들과 함께 외딴 숲에서 사냥을 하며 지냅니다.

승은	아르테미스는 왜 그렇게 순결을 고집했을까?
프락시모	글쎄요. 남자에게 종속되고 싶지 않았기 때문일 수도 있겠죠. 고대사회 관습으로는 연인이 생기고 결혼을 하면 여자는 남자에게 종속될 수밖에 없었습니다. 특히 그리스는 더

욱 심했죠. 제아무리 신이라도 그 굴레에서 벗어날 수 없었습니다. 아르테미스는 자존감이 매우 높고 주체성이 강한 현대적인 여성상이었다고 해석할 수 있습니다. 다른 남신들과 동등함을 인정받기 위해 아르테미스는 작은 틈조차 허용하지 않았죠. 실수로라도 그녀의 자존심을 건드리면 가차 없이 복수했습니다. 그래서 복수를 잘하는 무서운 신이라는 인상을 사람들에게 남기게 되었습니다.

승은   처녀성에 그런 의미가 있었네. 이제 어떤 신들이 남았지?

프락시모   헤르메스와 디오니소스, 헤라클레스 정도만 언급하고 신화는 마무리해야 할 것 같네요.

승은	유명 브랜드 이름, 에르메스 맞는 거지?
프락시모	그렇습니다. 프랑스식 발음이 에르메스인 것이죠. 헤르메스는 아레스의 배다른 형제인데, 아버지 못지않은 바람둥이로 묘사됩니다. 그는 좀 특이하게 도둑과 나그네와 상인의 남신이자 전령의 신, 뛰어난 정보꾼, 젊은 미청년, 언변 좋은 꾀돌이, 떠돌이들의 수호신 등등 여러모로 낭만 있는 신격 때문에 현대에도 인기가 많은 신입니다. 헤르메스는 신들의 전령이며, 제우스의 명령을 전달하는 사자(使者)이기도 합니다. 그래서 제우스의 심부름꾼으로 주로 등장합니다. 명부의 통행이 자유롭기 때문에 죽은 자를 저승에 안내하는 역할을 맡기도 하죠. 헤르메스는 아틀라스의 딸 마이아와 제우스 사이에서 새벽에 태어났지만 바로 그날 낮에 동굴 밖으로 몰래 빠져나와 아폴론의 소 50마리를 훔쳤다고 합니다. 제우스의 다른 사생아들이 헤라에게 괴롭힘당한 것과 달리, 헤르메스는 갓난아기인 아레스인 척하고 헤라의 젖을 먹어 헤라를 자신의 유모로 만들어버렸습니다. 덕분에 헤라는 헤르메스에게 정이 들어버려서 정체를 알게 된 후에도 귀여워했다고 하죠.
승은	여러모로 참 특이한 신이네.
프락시모	르네상스의 발상지 피렌체는 일찌감치 헤르메스를 주신으로 삼았던 도시였습니다. 무역을 통해 부를 축적했으니 당연한 선택이었겠지요.

승은   일리가 있네. 디오니소스는 어떤 신이지?

프락시모   올림포스 12신 모두 제각각 특이한 신들이지만, 디오니소스도 참 특별한데요. 우선 태생부터가 남다릅니다. 어머니가 신이 아닌 테바이의 왕 카드모스의 딸, 세멜레이기 때문입니다. 제우스의 사랑을 받아 디오니소스를 임신하였으나 이를 질투한 헤라 여신의 꼬임에 빠져 번개의 신 제우스에게 본 모습을 보여달라고 했다가 그 강렬한 빛에 불타서 죽은 비운의 여인이죠. 세멜레가 제우스의 번갯불에 타 죽을 때 그녀의 몸속에는 태아 디오니소스가 들어있었습니다. 제우스는 황급히 디오니소스를 그녀의 몸에서 꺼내 자신의 넓적다리에 집어넣고 꿰매어 버렸다고 합니다. 디오니소스는 그렇게 아버지의 넓적다리 안에서 산달을 모두 채우고 신으로 태어납니다. 디오니소스는 두 번 태어난 자라는 뜻입니다.

승은   난리 났네. 아테나는 제우스의 머리에서 나오고, 디오니소스는 허벅지에서 나오고. 고대인들은 어떻게 그런 생각을 하게 되었을까?

| 프락시모 | 그 역시 곰곰이 생각해 보시기 바랍니다. 신화의 매력은 바람직한 의문과 지적 호기심에 있으니까요. 아무튼 디오니소스는 포도나무와 포도주의 신이며 풍요의 신이자 황홀경, 연극의 신이며, 죽음과 재생의 신으로 분류되기도 합니다. 디오니소스의 초기 숭배 당시 모습은 수염을 기르고 긴 옷을 입은 성인 남성으로 묘사되었으나 나중에는 수염이 없고, 육감적이며, 발가벗고 있는 양성적인 모습의 젊은이로 묘사됩니다. 또한 닿은 것마다 황금으로 변하는 미다스왕, 아리아드네와의 사랑 이야기가 유명합니다. 특히 그를 신봉했던 디오니소스교가 나중에는 밀교가 아닌 그리스 공식 종교로 인정받을 정도로 그의 영향력은 대단했습니다. 축제와 연극, 술은 늘 함께하니까요. 인간이었던 아내 아리아드네가 죽자 하늘로 데려가 왕관자리도 만들어주었고, 저승으로 내려가 어머니 세멜레를 모셔 온 다음 제우스 |

	에게 부탁하여 그녀에게도 신성[80]을 부여하게 하였을 정도로 순정파에 효자이기도 했죠.
승은	저마다 엄청난 사연들을 가지고 있었구나. 또 누가 남았지?
프락시모	헤라클레스를 언급하지 않고서 그리스·로마 신화를 이야기했다고 할 수는 없으니, 마지막으로 헤라클레스에 대해 잠깐 말씀드리겠습니다. 그는 올림포스 12신은 아니나, 거의 제우스와 대등할 정도로 그리스·로마 신화에서 차지하는 비중은 크다고 할 수 있습니다. 전 세계의 다양한 설화와 전설, 신화 속 영웅 가운데서도 실질적으로 영웅의 대명사로 군림하는, 지구 전체의 신화와 전설에서 가장 유명한 사나이라 할 수 있죠. 헤라클레스가 그리스 신화에서 가지는 위상은 같은 신화 내의 다른 그 어떤 영웅들과도 차원을 달리하며, 능력의 강함으로든 이야기상의 대우로든 가장 독보적입니다. 미국 슈퍼히어로의 대명사가 슈퍼맨이라면 그리스 신화 영웅의 대명사는 헤라클레스라고 할 수 있을 정도로, 가히 '영웅들의 영웅'이라 할만한 위상을 자랑합니다.
승은	동서양을 막론하고 헤라클레스라는 이름을 안 들어본 사람은 없을 테니, 그럴 만도 하겠네.
프락시모	헤라클레스는 신들의 제왕 제우스와 페르세우스 손녀인 알크메네 사이에 태어난 아들입니다. 알크메네는 티린스의 왕 암피트리온의 왕비, 즉 유부녀였지만 바람둥이 제우스는 개의치 않았습니다. 제우스는 남편의 모습으로 변신해

---

80) 티오네 여신이 된다. '영감받은 광란'이라는 뜻으로 디오니소스 의식의 대제사장이다.

그녀에게 다가갔던 것이죠. 훗날 헤라는 헤라클레스에게 주문을 걸어 아내와 아들을 죽이게끔 만듭니다. 광기로 인해 자기 가족을 죽이고 죄를 뉘우친 헤라클레스는 델포이 신전에서 티린스의 왕 에우리스테우스를 12년간 섬기며 그가 명하는 12가지 임무를 수행해야 한다는 신탁을 받게 됩니다. 헤라가 신탁을 통해 헤라클레스에게 고난의 모험을 겪게 계략을 짰던 것이죠. 그 유명한 헤라클레스의 12 과업은 그렇게 해서 시작됩니다.

승은   아마도 시대가 지나면서 인간들의 위상이 높아지는 것을 상징한다고 이해해야 할까? 태초의 가이아가 세월이 흐르면서 사라지듯이, 신보다 영웅들의 이야기가 많아지는 시기가 도래한 거겠지?

프락시모   훌륭한 추측이시군요. 헤라클레스는 위대한 전사의 상징이기 때문에 스파르타를 비롯한 많은 왕가의 조상으로 널리 숭배되었습니다. 그에 얽힌 에피소드는 밤을 새워도 모자랄 것입니다. 그중에서도 신들의 싸움이었던 기간토마키아에서 헤라클레스는 승리의 일등 공신이 되어, 평생 자신을 괴롭혔던 여신 헤라에게 그동안의 일을 정식으로 사과받고 화해하게 되는 부분이 클라이맥스라고 하겠습니다. 이어서 헤라의 주선으로 제우스와 헤라의 딸인 청춘의 여신 헤베를 정식 아내로 맞이하고 결국 신이 됩니다. 제우스는 헤라클레스가 이룩한 불멸의 업적을 기념하기 위해 북쪽 하늘에 헤라클레스 자리를 만들었고, 지금도 여름철 북쪽 하늘에서는 몽둥이를 들고 있는 헤라클레스를 만나볼 수 있습니다.

승은   헤라클레스가 뛰어난 영웅이긴 한데, 성질은 상당히 포악했던 것 같아. 가족을 죽인 것은 헤라의 저주라고 해도, 음악 스승 리누스와 친구인 이피토스를 때려서 죽인 건 너무 심했다는 생각이 들어. 더구나 법정에서 정당방위였다고 거짓말까지 했잖아.

프락시모   잘 알고 계시네요. 좋은 지적입니다. 그러한 묘사를 통해 짐작할 수 있는 점은, 아마도 헤라클레스는 고향에서 죄를 짓고 전국을 떠돌던 실존 인물이지 않았을까 하는 생각도 듭니다. 뛰어나고 멋진 면만 보여주지 않는 것이 그리스·로마 신화의 재미있는 점입니다. 구제 불능의 인간도 개과천선하면 거듭날 수 있다는 소망이 그런 인물을 만들었겠죠. 가족과 스승과 친구를 죽인 짐승 같은 막장 인생도 결국 죗값을 치르고 신이 되었다는 스토리는 당시 그리스인들이 꼭 추가하고 싶은 대목이었을 겁니다.

승은	하하, 이젠 너도 인간처럼 추리를 하네. 바람직한 일이야.
프락시모	인간의 학습 방법과 똑같이 설계되었으니까요. 특히 승은 님 같은 분과 대화를 하면 그런 능력이 향상되는 것 같네요. 승은 님은 저에게 정보를 얻고, 저는 승은 님의 데이터를 통해 분석 자료를 쌓아가고. 서로 좋은 일 아니겠습니까?
승은	결과는 아직 알 수 없지만 어쨌든 지금의 대화는 소모적이지 않고 너무 좋네. 그럼 다음 주제로 넘어가 볼까?

4화 요점 정리

● **에게문명, 크레타 문명, 미노아 문명 모두 같은 뜻**이다. 대략 기원전 3천 년경을 시작으로 보고 있으며, 당연히 이집트와 메소포타미아의 영향을 받았다.

● 신화의 섬 **크레타는 헤라클레스의 출생지**이기도 하다. 크레타섬은 문명의 교차로로서 크레타를 거치지 않고 그리스 본토로 한 번에 건널 수 없었다. 이집트와 메소포타미아 문명이 크레타섬을 징검다리 삼아 미케네로 건너왔고, 그리스는 미케네가 멸망한 뒤 그 자리에서 새로 일어난 문명이었다.

● **기원전 1500년경** 크레타섬 인근 테라섬(오늘날의 산토리니섬)의 화산 폭발로 **미노아 문명이 멸망**하고, 한동안 미케네가 세력을 잡았으나, 바다 민족 또는 도리아인의 침략으로 미케네가 멸망하였다. 그 후 지중해 연안의 모든 민족들이 겪었던 400년간의 암흑기를 거치고 **그리스와 로마가 탄생(기원전 8세기)하게 된다.**

● 크레타섬의 유적, 크노소스 궁전: 시작은 독일의 사업가 **하인리히 슐리만**이 했으나, 영국의 **아서 에반스**가 1900년에 크레타섬 언덕에서 거대한 궁전을 발견하였다. 미노타우로스, 다이달로스 등의 신화의 무대가 크노소스 궁전이다.

- **크레타섬**에서 선형문자 A, B로 신들의 이름이 새겨진 점토판이 발견됨으로서 그들만의 독자적인 문자가 있었다는 것을 알 수 있다.

- **미케네 문명**: 그리스 본토 지역은 초기에 청동기 문화로 대표되는 에게 문명이 지배하고 있었으나, 기원전 2000년경 발칸 반도 북쪽의 고대 그리스 민족 중의 하나인 아카이아인이 남하하면서 본토 남부를 장악하기 시작했다. **기원전 1600년경부터 발전을 이루었으며, 400년간 지속되었다.**

- **기원전 1200년경에 일어난 트로이 전쟁**은 지중해의 1차 세계대전이라고 할 만큼 큰 전쟁이었다. **독일 사람 하인리히 슐리만**은 트로이의 목마가 역사적 사실을 기반으로 한 신화라는 것을 밝혀냈고, 연이어 아테네에서 남쪽으로 90km 지점에서 미케네 유적(1400~1200년)까지 발굴하였다. 이곳에서 출토된 유물들을 감식한 고고학자들은 미케네 문명이 크레타 문명의 영향을 받은 귀중한 증거라고 평가했다.

- **일리아드**: 호메로스는 10년 동안 전개된 트로이 전쟁을 마지막 단 50일 동안에 일어난 사건들을 통해 그려냈다. **'아킬레우스의 분노'**를 노래한 이 서사시의 마지막이, 분노로 날뛴 끝에 적장의 목을 베고 소리 지르는 장면이 아니라 자신의 원수와 손을 맞잡고 눈물 흘리며 슬픔을 나누는 장면으로 마무리되는 것은 상당한 의미가 있다. 《일리아드》가 전하는 의미는 아킬레우스가 분노를 터뜨리는 이야기가 아니라, 분노로부터 벗어나 정신적으로 성장하는 뜻을 담고 있다.

- **오디세이아**: 《일리아드》에서는 아킬레우스의 분노가 주제였다면, 《오디세이아》에서는 **오디세이의 고통이 주제이다**. 트로이 전쟁 영웅 오디세우스(Odysseus)의 10년간에 걸친 귀향 모험담이다. 트로이 전쟁 후 고향으로 돌아가는 오디세우스의 여정을 그린 서사시가 바로 《일리아드》와 함께 호메로스의 대서사시로 널리 알려진 《오디세이아》이다. 이 때문에 서양 문학사에서는 모험담의 원형으로 주목된다.

- 원래 그리스·로마 문명은 동쪽의 이집트와 메소포타미아 문명과 비교가 안 될 정도로 빈약한 수준이었다. 그리스의 시작은 기원전 8세기경으로 로마와 건국 시기가 비슷하다.

- **고대 그리스**는 산과 섬이 많아 하나의 통일국가가 되지 못하고 언덕을 중심으로 집단 거주지가 생겼는데 이를 폴리스라고 한다. 여기에 'Akros(높은)'라는 형용사를 붙여 **아크로폴리스**라고 부르게 되었다. 그리스의 폴리스 즉 도시들은 하나의 국가 개념으로 존재했고, 학자에 따라 다르지만 그 숫자는 많게는 3천여 개에서 적게는 3백여 개의 도시들이 있었다.

- **아티카 반도**에서 가장 크고 넓으며, 세력이 강한 나라는 **아테네**이고, 이오니아 방언을 쓴다. **펠로폰네소스 반도에**서 가장 세력이 강한 나라는 **스파르타**이고 이들은 도리아 방언을 사용한다. 이 두 나라는 그리스 전체에서 각각의 방언을 사용하는 나라들의 선두 주자이자 대표쯤에 해당한다고 할 수 있다.

- **그리스의 시작**은 ① 올림픽이 처음 열린 시점, ② 4776년 호메로스가 《일리아드》와 《오디세이아》를 완성했을 때, ③ 페니키아인들에게 알파벳을 처음으로 받아들일 때, 이렇게 세 가지다.

- 그리스는 시기에 따라 5세기 이전을 고졸기 또는 아르카익 시대라고 하는데, 이 시기는 이집트의 영향권에서 벗어나지 못하는 수준의 소박한 성향의 미술이 성행하였다. 그러나 **5세기** 이후에는 모든 분야에서 독보적인 문화 역량을 보여주는데 이 시기를 '**클라식 시대**'라고 한다.

- **'민주'와 '공화'의 어원과 개념은 고대 그리스, 특히 아테네와 로마의 정치 체제에서 비롯되었다.** 그리스 민주주의 발전은 해상무역과 식민지를 늘려감에 따라 시민계급이 성장하면서부터라고 할 수 있다.

- **아레아파고스 언덕**(재판과 귀족들의 의사결정): 아테네에는 두 개의 중요한 언덕이 있다. 시민들은 그곳에 모여서 회의를 하고 투표를 하였다. 클라식 시대 전에는 아레오파고스에서 열리는 귀족 회의가 영향력이 컸다. 포세이돈의 아들이 아레스의 딸을 겁탈하자 그를 죽여서 최초로 신들의 재판이 열렸다. 이 언덕에서 아레스는 무죄를 선고받았다. 아직도 아테네의 대법원을 아레아파고스라고 한다.

- **솔론**: 귀족과 평민의 갈등이 심화되자 상인과 농민도 시민 모임인 민회에 참여할 수 있도록 했다. 재산 정도에 따라 평민도 정치참여를 허가하였다.

- **페이시스트라토스**: 빈농의 지지를 기반으로 번영의 기반을 닦았다. 독재정치를 하는 참주정을 시행하게 된다.

- **클레이스테네스**, 민주정의 완성: 지연과 혈연의 부족 체제를 해체하고 새로운 공동체를 만들었다. 4개 부족을 10개로 만들고 새로운 조상을 부여하였다. 데모스라는 촌락 공동체를 만들었는데 신분에 관계없이 평등한 참정권을 주는 데 목적이 있었다.

- 세 사람에 의해서 기존의 시스템을 부수고 혁명적인 정치 체제, 즉 민주주의 시작을 이루었고, **테미스토클레스**에 의해 아테네 해군력이 증강되었다. 이 덕분에 페르시아 전쟁에서 승리할 수 있었고, **페리클레스** 시대에 절정을 이루었다.

- **도편추방제**: 고대 도시 아테네에서 독재자를 방지하기 위한 제도로, 국가에 해를 끼칠 가능성이 있는 사람의 이름을 조개껍질이나 도자기 파편에 적어 총 6천 표가 넘으면 국외로 10년간 추방하던 제도이다. 직접민주제로 기원전 487년경 처음으로 실시되었다. 나중에는 정치적으로 이념을 달리하는 정적을 제거하는 목적으로 변질되어 소멸하였다. 클레이스테네스 시기에 시행되었다.

- 소크라테스, 플라톤, 아리스토텔레스. 이 세 사람은 스승과 제자의 관계이다.

- 아이스킬로스, 소포클레스, 에우리피데스는 3대 비극의 대표적인 그

리스 비극 작가이다.

● 헤로도토스의 《역사》는 페르시아 전쟁을, 투키디데스의 《펠로폰네소스 전쟁사》는 펠로폰네소스 전쟁을 다루고 있다.

● 그리스는 기원전 5세기 페르시아의 문물을 받아들이고 경쟁하면서 그리스 문명이 급속도로 발전하였다. 결정적으로 20년에 걸친 페르시아의 전쟁에서의 승리로 그리스의 승자로 발돋움할 수 있게 된다. 3차 전투인 테르모필레 전투와 살라미스 해전이 유명하다.

● 기원전 8~6세기의 예술: 아르카익 시대의 쿠로스라는 청년과 **코레**라는 옷을 입은 여자 조각상을 보면 고졸미와 소박함을 느낄 수 있다. 여기서 아직까지 이집트의 영향을 벗어나지 못하고 있음을 알 수 있다. 그러나 5세기 페르시아의 전쟁 이후 자신감을 회복하면서 자유로운 형태를 가지기 시작한다.

● 그리스의 도시국가에서 신전(神殿)과 주요 관공서가 있는 아크로폴리스(Acropolis)가 정치와 종교의 중심지였다면, **아고라**는 일상적인 활동이 활발히 이루어지는 **시민 생활의 중심지**였다. 아고라는 시장으로 경제 활동의 중심지였으며, 시민들이 사교 활동을 하면서 여론을 형성하던 의사소통의 중심지였다.

● **아크로폴리스에 있는 파르테논 신전**은 유네스코가 정한 세계문화유산 1호로서, 아테나 여신을 모시는 처녀의 집이란 뜻이다. 파르테논

신전에 구현된 '완벽한 고전미'는 건축뿐 아니라 조각, 회화, 그리고 철학과 문학에서도 찬란히 성취되었다.

● 아테네의 아크로폴리스 주변에는 두 개의 극장이 있다. 하나는 '오데온'이라 불리며 로마인들에 의해 지어졌다. 더 유서 깊고 중요한 다른 하나는 디오니소스 극장이다. 우리가 서구 세계에서 알고 있는 개념의 **'연극'은 고대 아테네에서 시작**하였다.

● 고대 그리스 올림픽, 즉 운동경기의 역사는 오래되었다. 《일리아드》 23장에는 아킬레우스가 친구 파트로클로스의 죽음을 애도하기 위해 전차 경기를 했다고 기록되어 있다. 제우스 신전 옆에 올림픽 경기장 스타디움이 있는데, 45,000명을 수용할 수 있었으며 경기장의 길이는 192.27m이다. 이 거리는 고대 그리스인의 거리 단위로 헤라클레스가 단숨에 달릴 수 있는 거리라고 한다.

● 그리스의 미술은 기하학 양식의 도기로 시작되었다. 이후 헬레니즘기에 이르기까지 끊임없이 만들어져 이어온 도기는 엄청난 수의 유품이 전해진다. 여러 가지 모양이 있다.

● **알렉산더**(마케도니아의 왕으로 재위, 기원전 336~323년)는 그리스·페르시아·인도에 이르는 대제국을 건설하여 그리스 문화와 오리엔트 문화를 융합시킨 새로운 **헬레니즘 문화**를 이룩하였다. 필리포스 2세와 올림피아스의 아들로서 알렉산더 대왕이라고도 한다. 알렉산더 시대에는 미술이 공공의 이익을 대변하거나 민주주의 이념을 표방하

는 것을 포기하고 독재자의 이미지를 전달하기 시작하였다.

● 우리가 그리스·로마 신화를 알아야 하는 이유는 다양하고 모순된 이야기 속에서 삶에 대한 깊은 성찰의 기회를 제공하기 때문이다. 지금 읽어도 재밌다. 옛날이야기가 아니다. 아직도 우리는 그 안에 있다.

● **태초에 혼돈(카오스)의 세상에서 대지의 신 가이아가 탄생한다.** 가이아는 스스로 하늘의 신 **우라노스**와 바다의 신 폰토스를 낳았다. 아들 우라노스는 가이아와 결혼해 많은 자식을 낳았다. 12명의 티탄은 정상적인 모습이었으나, 키클롭스 삼 형제는 천둥과 번개를 다루는 외눈박이들이었고, 헤카톤케이레스 삼 형제는 100개의 팔과 50개의 머리를 가진 거대한 괴물들이었다.

● **올림포스 12신**은 제우스가 형제들과 함께 티탄과의 전쟁에서 승리한 이후, 신들의 세계에서 가장 높은 지위를 갖게 되었다. 제우스, 헤라, 포세이돈, 데메테르, 헤스티아는 모두 한 형제이며, 아테나, 아폴론, 아르테미스, 아레스, 헤르메스, 헤파이스토스는 제우스의 자녀이다.

● **헤라클레스**는 전 세계의 다종다양한 설화와 전설, 신화 속 영웅 가운데서도 실질적으로 영웅의 대명사로 군림하는, 지구 전체의 신화와 전설에서 가장 유명한 사나이다. 헤라클레스는 신들의 제왕 제우스와 페르세우스 손녀인 알크메네 사이에 태어난 아들이다.

5화: 로마의 탄생

프락시모 이젠 로마 이야기를 해볼까요?

승은 드디어 로마로 넘어왔네. 도대체 왜 모든 유럽 국가들은 로마의 일원이 되지 못해서 안달인 걸까? 심지어 유럽이 아닌 미국도 로마식 건물투성이고 정치 구조도 그렇고…. 그렇게 로마가 대단한 거야?

프락시모 혹시 로마 관련 속담 중에서 기억나는 것이 있으세요?

승은 "로마는 하루아침에 이루어지지 않았다." "모든 길은 로마로 통한다." "로마에 가면 로마의 법을 따르라." 생각해 보니까 꽤 많은걸?

프락시모 수많은 로마 관련 격언들이 괜히 존재하는 것이 아닐 겁니다. 짧게는 천 년, 길게는 2천5백 년 동안 군림했던 제국은 로마가 유일하죠. 옛날에도 많은 국가가 로마인이 되기를 원했고, 지금까지도 수많은 나라들이 로마의 정신을 간직하고 계승하는 이유가 뭘까요? 그리스와 마찬가지로, 로마의 탄생 배경과 정치 구조와 인물, 그리고 주요 전쟁과 건축, 미술 순으로 말씀드리겠습니다.

승은	목차까지 얘기하니까 꼭 공부해야 한다는 압박처럼 들리는걸.
프락시모	로마를 언급하는데 그 정도 마음가짐은 가져야 되겠지요.
승은	헐, 로마로 들어서니까 말투부터 달라지는걸. 그래, 시작해 봐.
프락시모	로마의 시작, 즉 탄생은 그리스와 비슷합니다. 기원전 753년으로 그리스의 776년보다 조금 빠릅니다. 아마도 그리스 편에서 언급한 것처럼, 의식적으로 그리스보다 조금 앞선 시점으로 역사를 설계했을 가능성이 높습니다. 어차피 그 이전의 시대는 역사에 기록이나 유물도 남아있지 않은 암흑의 시대였으니까요.
승은	아, 맞다. 기원전 8~13세기까지 기록이 없어서, 정체를 알 수 없는 어떤 세력이 지중해 일대를 쓸어버렸을 것이라고 추정한다고 했지?
프락시모	그렇기도 하고요. 기원전 1세기경에 황제에 오른 아우구스투스는 로마의 위대한 시인 베르길리우스에게 로마의 건국을 다룬 작품을 써보라는 명령을 했고, 이를 받들어 《아이네이스》라는 국가 건국 서사시를 쓰게 되는데요. 이때 확실하지 않았던 로마 건국 연도를 그리스보다 약간 이른 기원전 753년으로 정했을 가능성이 매우 높습니다. 어쨌건 이 서사시의 내용에서는 '트로이 전쟁'에서 패한 트로인 유민들이 트로이

의 영웅 '아이네아스'⁸¹⁾가 이끄는 대로 긴 유랑길을 오르게 됩니다. 결국 지중해를 돌고 돌아 도착한 곳이 지금의 로마지요. 배를 타고 로마의 테베레강에 도착한 유민들은 당연히 그곳의 원주민들과 부딪히게 됩니다. 고대 라틴어를 쓰는 토착민 에투리아인들과 그리스어를 쓰는 이방인 트로이아인의 첫 만남이 로마 신화의 시작이라고 할 수 있겠습니다.

승은　　로마의 시작이라기보다, 로마 신화의 시작인 거지?

프락시모　그렇죠, 실제 사건이었지만 '트로이 전쟁'의 시기가 신화의 시대였으니까요. 아무튼 다행스럽게도 기존 토착민이었던 라티움의 왕, 라티누스는 자신의 딸 라비니아를 아이네아스와 결혼시킵니다. 아이네아스는 아내의 이름을 빌려서 로마의 전신인 라비니움을 세웁니다. 아이네아스와 라비니아는 실비우스라는 왕자를 낳았는데, 이 사람이 로마의 건국자인 레물루스와 로무스의 직계 조상이죠.

승은　　이야기는 참 재미있는데, 너무 많은 이름들이 등장해서 헷

---

81) '아이네아스'의 이야기를 쓴 서사시가 《아이네이스》로서 '살아남은 자의 노래'라는 뜻이다. 아이네아스는 아프로디테의 아들이다. 호메로스의 《일리아드》에 따르면 아이네아스는 트로이 왕가의 친척으로 다르다니아 군대를 이끌고 트로이 전쟁에 참전하였다. 호메로스는 아이네아스를 트로이군에서 헥토르 다음으로 용맹한 장수로 묘사하고 있다. 그뿐만 아니라 아이네아스는 여기서 이미 신들의 보호를 받는 고귀한 영웅으로 등장한다. 그는 진심으로 신들을 공경하는 경건한 인물로 신들로부터 위대한 운명을 약속받고 있다. 그의 위대한 운명이란 트로이 종족의 미래가 그의 손에 달려있다는 것이었다. 포세이돈은 아이네아스가 언젠가 트로이를 다스리게 될 것이라고 했으며, 아프로디테는 그의 자손들이 대대손손 트로이의 왕위를 이어나갈 것이라고 예언하였다. 아이네아스에 대한 호메로스의 이런 묘사는 훗날 베르길리우스의 《아이네이스》에서 로마의 건국 신화로 재해석되었다. - 위키백과 -

갈린단 말이야.

프락시모   외우려고 하지 마시고 흐름만 기억하신 후에 복습하시는 기분으로 다시 살펴보시면 자연스럽게 습득하실 겁니다. 실비우스[82]는 아이네아스가 죽자 로마 남동쪽 알바산 기슭에 새로운 도시를 건설하고는 '알바롱가'라고 불렀습니다. 이후 알바롱가는 라티움 전역을 통치하게 됩니다. 그 후 실비우스의 자손이 로물루스와 레무스 쌍둥이를 낳았고, 여러 가지 사연 끝에 버림받은 쌍둥이는 늑대 젖을 먹고 자라다가, 이 둘 중 형이었던 로물루스가 동생을 죽이고 로마를 건국하게 됩니다.[83]

출처 위키백과

---

82) 실상은 실비우스의 이복형 아스카니우스가 알바롱가를 세웠지만, 그가 죽자 실비우스가 알바롱가 왕까지 겸한다.

83) 알바롱가의 왕 누미토르의 딸 레아 실비아의 아들들인 로물루스와 레무스 형제 중 형으로서, 팔라티노 언덕에 세력을 구축했다. 아벤티노 언덕에 자리를 잡은 레무스와 경쟁한 끝에 기원전 753년 4월 21일 레무스를 죽이고 다른 5개 언덕의 동맹체로서 로마를 건국한다. 로물루스는 조세와 징병을 위해 시민들을 세 개의 부족들로 나누고, 상비군 친위대인 켈레레스를 창설하고, 여성 인구 부족 해결을 위해 사비니 여인들을 약탈하는 등 로마라는 국가의 기틀을 세웠다. 재위 37년째 되던 해 로물루스는 실종되었다. 왕권 강화에 의해 이권이 침해받던 귀족들에게 암살당했다는 소문도 있었지만 공식적으로는 퀴리누스라는 신이 되어 승천했다고 발표되었고 퀴리누스를 숭배하는 종교도 생겼다. - 위키백과 -

승은	신화뿐 아니라 역사에서도 아버지와 형제를 죽이는 일이 비일비재하네. 동양이라고 다르지 않은 걸 보면 권력의 속성은 시대와 장소, 민족을 불문하고 모두 똑같구먼.
프락시모	정치와 종교는 호모 사피엔스 사회에서 꼭 필요한 요소니까요. 어쨌든 이후 기원전 6세기 공화정이 시작되기 전까지, 대략 250년 동안 로마는 에투리아인과 로물루스 혈통이 서로 번갈아 가며 왕을 추대하면서 발전하게 됩니다. 그러나 로마 7대 왕인 타르퀴니우스의 셋째 아들, 섹스투스가 로마인의 아내를 겁탈하는 사건을 계기로 왕을 몰아내고 공화정을 수립하게 되죠.
승은	이름도 이상한 놈이 결국 사고를 쳤네. 결국 왕정이 무너지고 공화정이 되었단 말이지? 그런데 공화정[84]이 정확히 무슨 뜻이지?
프락시모	현재 지구상 거의 모든 나라는 공화정이라고 할 수 있죠. 세습 군주가 아닌 국민이 선출한 대표자와 집단이 통치하는 정치 형태를 말합니다. 심지어 북한조차도 조선민주주의 인민공화국이고 중국도 중화인민공화국이죠. 출생에 따른 봉건적 차별 없이 국민주권, 자유, 평등, 민주주의를 원리로 삼는 것입니다. 민주정은 그리스에서, 공화정은 로마에서 유래한 것입니다.
승은	아하, 지금의 정치 형태가 로마 시대에 이미 만들어진 거네.

---

84) 정치 체제로서 공화정은 결정의 주관자인 왕이 없이 여러 사람이 함께 의논하여 결정하는 합의제 정치를 의미한다.

	그런데 로마 멸망 이후 다시 왕정과 독재, 봉건사회 등등이 유지되잖아? 19세기 프랑스 대혁명까지 말야.
프락시모	그렇습니다. 그래서 로마 이후 중세 시대를 암흑시대라고 표현하는 것이죠. 16세기 르네상스 시대의 시작은 그리스, 로마 시대로 돌아가자는 의미가 강하게 작용한 결과입니다. 비단 예술뿐 아니라 정치·사회적으로도 그 시대를 동경하는 것이죠. 그리스·로마를 공부해야 할 이유가 여기에 있습니다.
승은	로마 황제는 어떻게 된 거지? 영화에서 보면 네로 같은 로마 황제가 왕처럼 무소불위의 권력을 누리고 자기 마음대로 하던데?

로마의 인물들

프락시모	로마는 워낙 오래 유지되었기 때문에 시대별로 정치형태가 다릅니다. 기원전 6세기 브루투스에 의해 공화정이 시작되었고, 이후 5백 년가량 유지하다가 기원전 1세기를 전후하여 다시 황제가 다스리는 황제정이 됩니다.

승은	왕정, 공화정, 황제정…. 복잡하네, 그런데 방금 말한 브루투스가 공화정을 만든 사람이라고?
프락시모	로마 최초의 황제를 꿈꾸었던 카이사르가 원로원에서 암살당할 때 "브루투스, 너마저…"라는 말과 함께 죽었는데요. 카이사르가 죽기 전 이름을 불렀던 브루투스는 5백 년 전 최초로 공화정을 창시했던 집안의 또 다른 브루투스였습니다. 카이사르가 특별히 아들처럼 아꼈던 부하였지만, 그 집안은 뼛속까지 공화정 집안이었기 때문에 카이사르 반대파에 설 수밖에 없었던 것이죠.
승은	카이사르는 수십 명의 암살 단원들하고 열심히 맞섰는데, 맞은편에 브루투스가 있는 걸 보고 싸울 의지를 잃고 그대로 칼을 맞고 죽었다는 이야기를 들은 적 있어. 영화 속 한 장면처럼 그때 상황이 그려지는 것 같아.
프락시모	왕을 몰아내고 최초로 집정관 자리에 오른 기원전 6세기의 브루투스 또한 자신의 두 아들에 대해 사형을 집행합니다. 그들이 왕위를 되찾기 위한 반란 음모에 가담했다는 사실이 밝혀진 것이죠. 브루투스는 두 아들의 처형식에 입회하여 냉정하게 법을 집행하며 엄격한 공인의 모습을 보여줍니다. 두 아들이 끌려가는 모습을 보고 부인이 실신한 상태였는데도 그의 태도는 변함없었다고 하죠. 재판에서는 몇몇 사람들로부터 추방으로 끝내자는 제안도 있었지만 집행관에 넘겨 처형하도록 했습니다. 그는 집행관이 도끼로 두 아들의 목을 자를 때까지 지켜본 뒤에 자리를 떴습니다. 혈

	육의 생명마저 외면할 정도로 강한 신념이 있었기에 로마의 공화정은 450년간 유지될 수 있었습니다.[85]
승은	왠지 엄숙해지네. 그리스의 도편추방제나 로마의 공화정 모두 독재는 절대로 허용해서는 안 된다는 강한 의식이 깔려있었던 것 같아.
프락시모	그렇습니다. 이런 정치 체제가 가능했던 것은 훌륭한 리더와 깨어있는 시민의식이 있었기 때문이었습니다. 시민계급의 힘이 강했고, 그들의 권리를 되찾기 위해 끊임없이 지배계층과 투쟁한 결과이기도 했지요.
승은	어떻게 그 시대에 그런 일들이 가능했을까?

루키우스 유니우스 브루투스

출처 위키백과

---

85) 기원전 6세기 브루투스에 의한 공화정 출범 이후 6년이 지나도 로마는 조그만 도시국가 정도에 불과했다. 남부 지역에서 번영을 누리던 그리스 식민도시들에 비하면 로마는 초라할 정도의 촌뜨기 국가였다. 하여 로마인들은 5세기 중엽 그 당시 세계 최고 민주국가였던 그리스에 선진 제도를 배우기 위해서 시찰단 3명을 파견한다. 아테네 등을 1년간 시찰한 후 돌아와 12표법(表法)을 제정했다.

프락시모 로마는 하루아침에 이루어지지 않았다는 말이 괜히 생겨난 것이 아니겠지요. 브루투스가 공화정을 선포하고 집정관이 된 후 14년이 흐르고 평민들이 파업하는 희대의 사건이 발생합니다. 그때는 평민들이 본업에 종사하다가 전쟁이 발발하면 참전하는 시절이었으니, 최초의 군대 파업이었던 것이죠. 이 결과로 귀족들은 평민들의 의견을 수용하여 평민회를 만들고, 평민들을 대표하는 호민관을 뽑을 수 있게 합니다.[86] 기원전 342년부터는 아예 집정관 두 명 중 하나는 무조건 평민이어야 한다는 법령도 생겼죠.

승은 정말 획기적인 사건이네. 요즘도 흔치 않은 일을 그 당시에 이루어내다니!

프락시모 그뿐 아니라 평민들의 권리를 명확하게 보장받기 위해 로마 최초의 성문법인 '12표법(기원전 450년)'[87]도 제정하였고, 카누레이우스법(기원전 445년)으로 귀족과 평민의 통혼(通婚)권도 쟁취합니다. 기원전 313년에는 채무로 인해서 평민이 노예가 되는 것을 금지했고요. 기원전 300년에는 평민들도 신관이 될 수 있었습니다. 이렇게 밖으로는 전쟁, 안으로는 신분 투쟁이라는 산통을 겪으면서 로마는 공

---

86) 기원전 494년, 평민들은 성스러운 산으로 받드는 성산으로 몰려가서 자체적으로 두 명의 호민관을 뽑고 임시정부를 만들고 스스로 신성 불가침권을 부여하였다. 똑같이 전쟁에 참전하면서도 정치에서 소외되던 평민들이 집단행동을 통해 평민계급의 이익을 대변해 줄 2명의 호민관(후에 4~10명으로 증원) 선출권을 획득한다. 이것을 성산 사건이라고 한다.

87) 제2차 평민들의 파업으로 법이 비로소 종교와 분리되어 평민들도 누구나 법을 숙지할 수 있게 되었다. 신관들에 의한 불명확한 관습법보다 훨씬 명확했다. 12표법은 동판에 새겨져 광장에 설치되었다.

화정이라는 시스템을 더욱 정교하고 섬세하게 조율해 나가게 됩니다.

승은 게르만은 평민들의 결집력이 부족하였고, 그리스는 참주들이, 카르타고는 군주에게 권력이 집중되어 있었다고 어디서 읽었던 기억이 난다. 너무 폐쇄적이지도, 개방적이지도 않았고 이집트나 동방의 전제왕권처럼 한 명에게 권력이 쏠리는 현상도 없었다지. 아테네의 민주정처럼 다수의 군중에게 휩쓸리지도 않았던 로마의 공화정은 매우 독특한 정치 체제였구나.

프락시모 그렇습니다. 그리스인으로 로마에 포로로 잡혀 온 폴리비우스는 그의 저서 《역사》에서, 로마는 정치 체제의 우월성 때문에 게르만족, 그리스, 카르타고를 점령하고 지중해의 패권을 갖게 되었다고 기술하였습니다. 임기가 1년인 두 명의 집정관, 민회, 원로원이라는 세 요소의 절묘한 조합이 로마의 기본적인 정치 구조입니다. 이렇게 3개의 권력이 서로를 견제하면서 발전한 독특하면서도 가장 이상적인 정치 구조를 가졌던 제국이었습니다. 현재 많은 나라들이 시행하고 있는 입법, 사법, 행정의 삼각구도가 이때 만들어진 것입니다. 권력이 서로 견제하면서 균형을 유지하는 것이죠. 하지만 시간이 흐를수록 원로원의 숫자가 많아지고 귀족들에게 부의 쏠림 현상이 두드러지면서, 공화정 체제가 무너지고 황제정으로 넘어가게 되는 것입니다.

승은 원수정하고 황제정은 다른 건가?

프락시모   공화정 시대가 끝나고 로마가 멸망할 때까지 전부를 제정 시대라고 하고요. 제정 시대 초반을 원수정, 중후반을 황제정이라고 합니다. 쉽게 말해 황제정의 전 단계가 원수정이죠. 혼란기에 결국 옥타비아누스가 권력을 장악하고 사실상 황제가 되지만, 그는 표면적으로 독재관 정도의 직책을 유지하면서 황제라는 호칭을 거부합니다.[88] 그 이후 오현제 시대가 지나면서 민회, 귀족, 정당을 불문하고 지배자가 국가의 모든 권력을 장악하여 아무런 제약 없이 권력을 운용하는 황제정, 즉 전제정으로 바뀌게 되는 것입니다.

승은   예전의 왕정으로 돌아간 거네.

프락시모   흔히 생각하는 중국이나 다른 나라의 전제적인 황제와는 달리 로마의 황제는 시민과 원로원으로부터 권리를 위임받아 국가를 통치하는 존재였습니다. 그래서 시민들의 지지를 얻지 못한 황제는 재위를 지키지 못했습니다. 당연히 로마의 황제는 민의에 민감한 존재였습니다. 그러나 디오클레티아누스 이후에는 로마의 황제도 중국의 황제와 같아졌지요. 그것이 곧 분열과 멸망의 원인이 되었고요.

---

88) 공화정의 형태로 위장한 절대 군주정이라고 할 수 있다. 그는 시민들 중 제1인자라는 의미의 칭호를 원했고 그것이 원수정(Princeps, 프린켑스)이다. 프린스(Prince)의 어원이기도 하다.

승은   로마는 역사가 워낙 장대해서 그런지, 한마디로 규정할 수 없는 것 같아. 왕정에서 공화정, 원수정에서 황제정…. 아까 말한 오현제 시대는 뭐야? 그리고 옥타비아누스하고 아우구스투스하고 같은 인물인가?

프락시모   아무래도 주요 인물부터 짚고 넘어가야 하겠군요. 아까 공화정 시대를 열었던 브루투스에 대해선 언급했죠. 그 이후에 서서히 공화정의 몰락을 예견하는 그라쿠스 형제와 마리우스, 술라 같은 인물이 나타나게 됩니다. 그라쿠스 형제는 모두 집정관을 역임했는데요. 포에니 전쟁 이후에 막대한 식민지를 보유하게 된 로마는 속주에서 값싼 농산물이 유입되면서 자영농들이 몰락하고 국가적 위기를 맞게 됩니다. 이에 그라쿠스 형제는 귀족의 토지 소유 제한과 평민에게 토지분배를 하는 농지법을 시도했지만, 원로원 측의 반발로 피살되면서 개혁은 실패로 돌아가게 됩니다. 그러나 평민들을 위한 이런 의지들이 서서히 정책에 반영되면서 나중에는 존경받게 되지요.

승은   진심으로 시민들을 위했던 지도자들 같은데 무참히 살해되다니, 안타깝네.

그라쿠스 형제

출처 위키백과

프락시모   다음으로 말씀드릴 마리우스는 평민 출신의 전쟁 영웅으로서 호민관을 7번이나 연임하고 집정관까지 역임한 인물입니다. 마리우스는 재산에 따라 입대를 했던 기존의 군제를 월급 받는 군인으로 개편하였습니다.[89] 장기 복무도 가능해졌기 때문에 군대는 더욱 전문적이고 효율적으로 바뀌었죠. 그러나 사령관의 사병이나 용병처럼 되는 현상이 이때부터 생기기 시작합니다. 서서히 장기 독재관의 구실이 싹을 틔우게 되는 겁니다.

승은   시민권은 있으나 돈이 없어서 무장을 못 했던 사람들에게는 엄청난 기회였겠네.

프락시모   그렇죠. 마리우스의 군제 개편은 획기적인 사건이라고 할 수 있겠습니다. 마리우스 다음으로 등장하는 술라는 철저한 귀족 편이었기 때문에 민중파를 숙청하고 원로원의 숫자를 600명으로 늘리면서 자신의 지지자를 확보하죠. 결국 군사력과 귀족들의 지지로 종신 독재관에 오르게 됩니다.

승은   비상시에 6개월만 가능한 독재관을 종신으로? 완전 독재가 이때부터 시작되는 거네?

프락시모   술라는 무자비한 공포정치로 유명하죠. 마리우스와 술라

---

89) 그 급료에서 '로마가 시민을 대신해 구입한 무장'에 대한 값을 받기 시작한다. 무장할 돈이 없으면 나라에서 무장시켜 주고 그 비용을 급료에서 제하는 것이다. 또한 마리우스 시대에 로마 군단 조직은 종래와 크게 다른 개념으로 개편되었다. 먼저 최소 전술 단위가 중대에서 대대로 바뀌고, 10개 대대가 모여 로마 군단을 이루었다. 경보병이 사라지고 600명의 중보병으로만 구성된 각 대대는 연령 또는 장비 구별 없이 편성되었다. 그리고 기병은 주로 정복 지역에서 모집한 연합군에 의존했다.

	사이에 내전이 일어났고 술라가 정권을 잡는 과정에서 수천 명의 정적들을 살해했는데, 결국 그의 말로도 비참하게 끝을 맺습니다. 그 이후 많은 사람들이 알고 있는 1차 삼두정치가 시작됩니다.
승은	아, 카이사르와 폼페이우스, 그리고 크라수스. 이 세 사람이지?
프락시모	그렇습니다. 잘 아시네요. 드디어 위대한 개인들의 시대가 열린 것이죠. 이들은 서로의 이득을 위해 힘을 합쳐 원로원을 견제합니다. 카이사르는 집정관을 1년 역임하고 프로콘술 자격으로 5년간 갈리아 총독[90]으로 부임하죠. 폼페이우스는 전역병들에게 줄 토지 확보를 원했고, 부자였던 크라수스는 자신의 친구들인 기사 계급의 세금을 삭감하는 등, 원로원의 힘을 제거해 자신들이 원하는 것을 얻기 위한 비밀 연합을 1차 삼두정치라고 하는 겁니다. 크라수스는 돈, 폼페이우스는 민회의 영향력, 카이사르는 대중적 인기로 원로원을 밀어내고 권력을 확보한 것이죠.

---

90) 카이사르는 갈리아 지방에서 총독 겸 군사령관으로 병력 4개 로마 군단을 거느리고 9년에 걸친 정복 전쟁을 지휘하는 동안 용병술을 터득했다. 갈리아는 그를 장군으로 만든 훈련장이었다. 갈리아를 정복하고 나아가 북해까지 이르는 라인강 서쪽 대부분의 땅을 로마 제국에 흡수시킴으로써 카이사르의 명성은 절정에 이르게 되었다. 이때 율리우스 카이사르는 기원전 58년부터 기원전 51년까지 9년에 걸친 갈리아 전쟁을 기록한 갈리아 전기를 써서 최고의 대중적 인기를 누린다.

폼페이우스　　　　　크라수스

출처 위키백과

승은	결국 카이사르가 집권하게 되지?
프락시모	네. 기원전 53년 크라수스가 메소포타미아 원정 도중에 쓰러지자 3두 정치는 붕괴되고 원로원 보수파의 지지를 받은 폼페이우스와도 관계가 악화되어 마침내 카이사르와 충돌하게 됩니다. 군대를 해산하고 로마로 돌아오라는 원로원의 결의가 나오자 기원전 49년 1월, 카이사르는 그 유명한 "주사위는 던져졌다"[91]라는 말과 함께 갈리아와 이탈리아의 국경인 루비콘강을 건너 로마를 향한 진격을 개시합니다. 카이사르는 군대를 이끌고 로마 시내로 난입, 내전 끝에 원로원 세력을 완전히 몰아내고 승리하면서 로마의 패권을 잡는 데 성공합니다. 승자가 된 카이사르는 로마 정치를 공화정에서 제정으로 바꾸는 초석을 닦습니다.
승은	마치 영화 속 한 장면처럼 느껴지는걸. "왔노라, 보았노라,

---

91) 카이사르는 자신이 좋아하는 그리스 희극 작가 메난드로스의 작품에서 이 구절을 인용했다.

	이겼노라"도 이 당시 한 말인가?
프락시모	비슷합니다. 내전 중에 동쪽으로 도망친 폼페이우스를 추격하여 기원전 48년 8월 그리스의 파르살루스에서 이를 격파합니다. 그 후 패주하는 폼페이우스를 쫓아 이집트로 향했으나 그가 알렉산드리아에 상륙하기 전에 폼페이우스는 암살을 당했고, 카이사르는 그곳 왕위 계승 싸움에 휘말려 알렉산드리아 전쟁이 발발합니다. 전쟁에서 승리를 거두고 클레오파트라 7세를 왕위에 오르게 하여 그녀와의 사이에 아들 카이사리온을 낳게 되지요. 이어서 소아시아, 튀니지, 스페인 등 지역에서의 반란을 평정하면서 진정한 1인자가 됩니다. "Veni, vidi, vici(왔노라, 보았노라, 이겼노라)"는 바로 소아시아에서 반란군을 진압한 후 친구에게 보낸 편지의 첫 문장입니다.
승은	메소포타미아 편에서 등장했던 클레오파트라가 드디어 로마 시대에도 나오네. 진짜 박진감 넘치는걸.
프락시모	정확히는 클레오파트라 7세[92]입니다. 고대 이집트에서 공식적인 파라오로 즉위한 마지막 인물이죠. 이 사람을 끝으로 독

---

92) 현대 대중문화에서 그려지는 클레오파트라의 모습들은 당시의 모습과는 완전히 딴판일 가능성이 높다. 클레오파트라는 마케도니아 왕국 출신의 알렉산더 대왕의 장군이었던 프톨레마이오스에게서부터 이어져 온 프톨레마이오스 왕조 출신이므로 그리스계 소아시아 혈통이다. 이집트 관광-고고부의 논평에 따르면 클레오파트라는 갈색 피부색을 가진 고대 그리스 계통의 여성이고 그 판단에 분명한 근거인 그림과 석상들이 있다. 클레오파트라의 외모는 사실적 고증보다는 소설, 영화의 영향을 받아 대중들의 입맛에 맞게 왜곡되어 전해져 왔다고 볼 수 있다.

립 국가 이집트의 군주로서의 파라오는 완전히 명맥이 끊깁니다. 앞에서 말씀드린 것처럼 기원전 51년, 부왕 프톨레마이오스 12세가 세상을 떠나자 이집트의 당시 전통인 근친결혼에 따라 18세 나이에 남동생인 프톨레마이오스 13세와 결혼하여 공동 통치자가 됩니다. 하지만 어린 남동생을 배제하고 전권을 차지하려는 클레오파트라 7세의 정치적 움직임은 큰 반발을 일으켰고, 그 결과 권력투쟁에서 패하여 지방으로 쫓겨나고 프톨레마이오스 13세가 전권을 차지합니다.

승은　　이때 이집트로 폼페이우스를 쫓아왔던 카이사르가 클레오파트라를 왕위에 올리는구나.

프락시모　그렇습니다. 이런 과정에서 발생한 사건을 알렉산드리아 전쟁이라고 하지요.

카이사르

클레오파트라

출처 위키백과

승은　　클레오파트라는 또 다른 사람과도 결혼하지 않았나?

프락시모　그렇습니다. 그 사람이 바로 안토니우스입니다. 카이사르의 부관 출신으로 카이사르가 매우 아꼈던 인물이죠. 기원전 44년 카이사르의 죽음 이후, 안토니우스는 레피두스, 옥타비아누스와 힘을 합쳐 3인 집정제를 열었는데, 이를 제2차 삼두정치라고 합니다. 안토니우스가 카이사르의 후계자인 옥타비아누스와 대결하는 와중에 이집트로 와서 클레오파트라를 보고 한눈에 반하게 되지요. 그래서 클레오파트라와의 사이에서 아들과 딸을 낳는데, 결국 기원전 31년 옥타비아누스는 안토니우스와 클레오파트라에게 전쟁을 선포하고, 악티움 해전에서 승리하여 옥타비아누스는 로마의 1인자가 되고, 안토니우스와 클레오파트라는 자살로 생을 마감합니다.

승은 복잡하기도 하고 재미있기도 하고…, 아무튼 클레오파트라는 대단한 여자 같아. 로마의 영웅들을 상대로 아이를 셋이나 낳고, 그들을 자신의 사람으로 만드는 과정도 그렇고…. 영화나 소설이 모두 사실은 아니겠지만. 난 팜므파탈의 이미지보다는 여자 영웅이 연상되거든.

프락시모 클레오파트라 7세는 큰 야심을 가진 정치가였습니다. 권력을 얻기 위해 적극적으로 투쟁하기도 했지만 자신의 능력도 출중했어요. 이전까지 프톨레마이오스 왕조의 파라오들이 이집트어 배우기를 거부하고 그리스어만 사용했던 반면, 토착 이집트어를 배운 최초이자 최후의 프톨레마이오스 왕조 파라오였습니다. 이 외에도 여러 외국어를 능숙하게 구사하여 통역이 필요 없을 정도였으며, 정치 수완도 뛰어나 로마의 최고 권력자들을 휘어잡는 한편 이시스의 현신

	을 자처하며 토착 이집트 백성들로부터도 인기를 모았죠. 그러나 막대한 돈을 쌓아놓고 돈과 정치적 술수를 주 무기로 삼으며 혈육도 가차 없이 제거하는 냉정한 모습은 전형적인 고대 서아시아 전제 군주들을 연상시키기도 합니다.
승은	하지만 당시 그녀가 처한 상황에선 어쩔 수 없는 모습일 수도 있지 않을까?
프락시모	같은 여자라서 아무래도 그쪽으로 마음이 가시는 모양이군요. 아무튼 역사나 과거사에 대해 편견 없이 사실을 직시한 후, 그 당시의 상황과 지금의 처지를 비교하고, 그 위에 자신의 생각을 공유하고 소통하는 과정. 이것이야말로 인간을 가장 지적인 동물로 만드는 원동력 아닐까요. 더 나은 미래를 설계하기 위해 역사와 문명을 꼭 알아야 할 이유이기도 합니다. 그런 면에서 승은 님은 매우 바람직한 과정을 걷고 계십니다. 보람을 느낀다는 의미를 이제야 조금 알 것 같군요.
승은	부끄럽게 왜 이러실까, 다음 인물로 넘어가자. 어차피 로마사를 모르면 평생 무식하다는 얘기를 들을 테니 조금 복잡하긴 해도 알 건 알아야지.
프락시모	로마 황제정이 시작되는 과정을 좀 더 말씀드리죠. 로마의 사실상 초대 황제는 카이사르, 즉 시저[93]라고 보는 것이 일

---

93) 영어 단어 시저(Caesar)는 독일에서는 카이저(Kaiser), 러시아에서는 차르(Czar)라고 하지만 모두 황제를 뜻하는 말이다. 황제 중에서도 실권을 장악하고 마음껏 휘두르는 전제 군주나 독재자에게 이러한 호칭을 붙인다. 이 절대적인 힘을 가진 황제를 뜻하는 시저라는 단어는 실은 로마의 정치가였던 가이우스 율리우스 카이사르로부터 비롯되었다. 카이사르라는 이름이 각국에서 다르게 발음되며 모두 황제를 가리키게 된 것이다.

	반적입니다. 그가 좀 더 오래 살았다면 아마도 더욱 확실한 황제가 되었겠지요.
승은	카이사르가 암살만 안 당했어도, "브루투스, 너마저…" 하면서….
프락시모	잘 기억하시는군요. 맞습니다. 플루타르코스 영웅전에 나온 말은 "내 아들아, 너마저도?"였습니다. 나중에 셰익스피어가 자신의 작품에서 대사를 살짝 바꾸지요. 기원전 44년 3월 15일, 카이사르는 원로원 회의에 참석하기 위해 폼페이우스 대극장 입구로 들어가는 와중에 60명의 원로원 의원들에게 23차례나 칼에 찔려 숨을 거두게 됩니다. 이 중에는 카이사르의 연인이었던 세르빌리아의 아들 브루투스[94]도 있었죠. 초반에는 카이사르도 군인이었기에 열심히 반항하다가 자신이 아들처럼 여겼던 브루투스가 암살 세력에 서 있는 것을 보고는 더 이상 싸울 힘을 잃었는지 그대로 칼을 맞았다고 합니다. 참으로 영화 같은 이야기가 아닐 수 없습니다.
승은	정말 공화정을 열었던 브루투스 가문의 후손 맞네. 기록에는 브루투스가 카이사르를 시해하고 원로원 앞에서 로마 시민들에게 이렇게 말했다지. "저는 카이사르를 사랑합니다. 그러나 로마를 더욱 사랑합니다"라고…. 오백 년 전에 공화정을 열었던 브루투스가 왕정복고에 가담한 두 아들을 끝내 처형할 수밖에 없었던 심정하고 비슷했겠네.

---

94) 카이사르의 사후 공개된 유언장에서 자신이 제2의 상속자인 것을 알게 된 후 브루투스는 얼굴이 흙빛이 되어 침묵에 잠겼다고 전해진다.

프락시모	그랬을 겁니다. 카이사르가 자신을 '평생 독재관'이라 선포한 바 있었고, 그가 왕이 되고자 열망한다는 소문이 무성했으니까요. 결국 카이사르 암살 이후 민중들의 호응을 얻지 못한 브루투스와 카시우스는 2년 만에 죽습니다. 여기서 카이사르의 양아들 옥타비아누스[95]가 등장하게 되지요. 조금 전 말씀드린 것처럼 악티움 해전에서 안토니우스와 클레오파트라를 이기고 내전을 종식한 후, 기원전 27년 옥타비아누스는 자신에게 위임된 비정규적 특권을 원로원과 로마 시민에게 반납한다고 선언하면서 로마를 형식상 공화정 체제로 되돌리는 선언을 했고, 이에 원로원은 그에게 '아우구스투스(존엄한 자)'라는 존칭을 부여했습니다. 따라서 이때부터 옥타비아누스는 본명 대신 아우구스투스라고 불리게 됩니다.

옥타비아누스

출처 위키백과

---

95) 카이사르의 누나 율리아의 외손자로, 3월 15일 이후 카이사르 유언장에 따라 그의 양자이자 후계자가 되었다.

승은	형식상이긴 했지만, 공화정 체제로 되돌리고 칭호도 전임자였던 카이사르처럼 임페라토르라는 칭호를 사용하기보다는 자신을 단지 '제1의 시민'으로 부르라고 했던 것을 보면 참 겸손했던 사람인 것 같아. 아니면 정치적 감각이 뛰어났을 수도 있고.
프락시모	그렇죠. 카이사르가 자신의 후계자 1순위로 삼은 이유가 있겠죠. 양부 카이사르가 암살된 후, 로마 시민의 군주제에 대한 뿌리 깊은 반감을 잘 이해한 옥타비아누스는 실질적으로는 군주제이면서 표면적으로는 공화제를 준수하는 기만적 체제를 만들었고, 이후의 로마 '황제'들도 그것을 계승하게 됩니다. 어린 나이에 갑작스럽게 권력을 쥐고 몸도 허약했던 아우구스투스는 이후 30년 가까이 집권하면서 원로원의 권위를 약화하고 로마를 안정적으로 운영합니다. 그가 죽은 후 오현제, 즉 팍스 로마나 시대[96]가 2백 년 가까이 이어지면서 로마는 최고의 전성기를 맞이하게 되지요.
승은	이렇게 강국으로 부상했던 로마가 언제부터 쇠락하게 된 거야?
프락시모	오현제, 팍스 로마나 시대에는 어느 누구도 혈족 세습을 하

---

96) 기원전 1세기 말 제정(帝政)을 수립한 아우구스투스의 시대부터 오현제(五賢帝) 시대까지의 약 200년간 계속된 평화를 누린 시기다. 네르바(재위 96~98년), 트라야누스(재위 98~117년), 하드리아누스(재위 117~138년), 안토니누스 피우스(재위 138~161년), 마르쿠스 아우렐리우스(재위 161~180년)의 5제(帝)를 말한다. 이 시대에는 제위(帝位)는 세습(世襲)이 아니라 원로원의원(元老院議員)에서 가장 유능한 인물을 황제로 지명하였기 때문에, 훌륭한 황제가 속출하여 이 호칭이 생겼다.

지 않았습니다. 아들이 아닌 유능한 자를 후계자로 선정해 태평성세를 누린 로마판 요순시대였죠. 그러나 팍스 로마나 시대의 마지막 황제 아우렐리우스는 아들 콤모두스에게 후계자 자리를 물려주었으나 그는 무능력한 폭군이었고 이후 로마 제국은 추락하기 시작합니다.

승은   아, 영화 〈글래디에이터〉의 배경이 딱 그 시대였지, 영화에서는 콤모두스가 아버지를 죽이고 왕위에 올랐었고.

프락시모   그렇습니다. 이렇게 무능한 리더가 집권하자마자 3세기의 위기가 금방 닥치는데요. 세베루스[97]의 아들 카라칼라[98]에게 권력이 이양된 후부터 로마의 몰락이 더욱 빠르게 진행되었죠. 그는 무조건 군부에 잘 보이라는 아버지의 유언을 받들어 군인의 급여 인상을 위해 시민권을 남발했습니다. 로마 제국 전역에서 무려 3천만 명에게 시민권을 부과하는 동시에 시민권자에게 세금을 징수하였습니다.[99] 그 유명한 카라칼라 욕장도 이 시기에 지어진 것입니다. 이른바 빵과 서커스를 제공하는 우민화 정책이 본격적인 멸망의 길로 접어들게 한 요인이었습니다.

---

97) 193년부터 211년까지의 로마 황제이다(제43대). 아들 카라칼라에게 황제 자리를 물려주면서 로마 황제 자리의 세습제를 사실상 시작한 황제이다. 그는 군대를 30개 군단으로 증강하고 병사의 봉급을 인상하며 상여금을 많이 주어 군대를 특권 계급으로 만들었다.
98) 로마 21대 황제이다. 장병을 휴양시키고 시민의 인기를 얻기 위하여 카라칼라 욕장을 지었다. 주건축물은 너비 220m, 길이 114m로서 열기욕장(熱氣浴場)·온탕·냉탕 외에, 각종 집회장·오락실·도서관 등을 갖추었고 1,000명을 수용하였다.
99) 이때만 해도 이탈리아 본국은 세금 면제 혜택을 받았다.

승은	지나친 포퓰리즘[100] 정책의 후유증이네. 현재하고 많이 다르지 않은 것 같아.
프락시모	그렇습니다. 내치보다는 자신의 위치를 지키기 위해 군대의 눈치를 너무 보았던 것이죠. 여기서 로마 사회의 중요한 제도를 짚고 넘어가야 하겠군요. 로마에는 독특한 파트로누스와 클리엔테스[101]라는 제도가 있는데 이는 로마 특위의 가부장적 발상에서 유래합니다. 원래 로마의 신분제는 시민과 노예로 나눠집니다. 차차 경제력을 갖춘 노예 중에서 주인으로부터 자유권을 산 자유민이 생겨나지요. 한데 이 자유민은 원래 시민이 아니기 때문에 여러 가지 법률적 문제에 있어 여전히 파트로누스의 힘이 필요합니다. 파트로누스로서는 클리엔텔라의 숫자가 많을수록 좋습니다. 이 숫자는 바로 로마 시민의 선거에서의 표와도 같기 때문이죠. 이런 이유로 힘 있는 파트로누스는 많은 클리엔텔라를 가지려 하고 힘없는 자유민이나 하층 시민들은 기꺼이 힘센 파트로누스의 휘하에 들어 그 편익을 누리고자 하는 겁니다. 특히 집정관이나 법무관 출신의 사령관이 그의 파트로누스라면 법률적 도움은 말할 것도 없지요. 변설가로 유명한 키케로는 그의 집정관 시대에 집정관 업무보다는 그의 클리엔텔라의 재판에 더욱 신경을 써 웃음거리가 되었다는

---

100) 포퓰리즘은 대중의 의견을 대변하는 등 대중을 중시하는 정치사상 및 활동으로, 인민이나 대중을 뜻하는 라틴어 '포풀루스(Populus)'에서 유래한 용어이다. 대중을 전면에 내세우고 대중적 지지만을 우선시한다는 '대중영합주의'로 보는 부정적 시각도 있다.

101) 후원자, 후견인과 피후견인(클라이언트의 어원).

일화도 있습니다. 한데 만약 이들이 군대에 있었다면 자기 사령관을 파트로누스로 지정할 수 있으며 만약 그 사령관이 무공을 많이 세우고 힘 있는 유력 가문 출신이라면 클리엔테스인 자신의 권력과 입지가 덩달아 오릅니다. 이래서 사령관과 사병들은 서로의 이득을 위해 끈끈하게 연결되어 있는 것이죠. 이러한 참정권, 군인 대우, 전리품의 분배, 토지 취득, 파트로누스와 클리엔테스로서의 권리는 일반 로마 시민으로서는 꿈꾸지 못할 특권이었습니다.

승은 상당히 복잡하네. 철저한 신분사회이면서도 묘하게 서로의 힘이 필요한 구조가 로마였구나.

프락시모 군인 황제 시대에는 많은 세력가가 황제의 근위대에게 뇌물을 주고 황제의 직위를 사려는 상황까지 벌어집니다. 물론 근위대만 특수를 누린 것이 아니라 모든 군인과 지방의 사령관도 비슷했습니다. 본격적으로 군인들이 서로 죽고 죽이며 황제를 차지하는 군인 황제의 시대가 이어집니다. 이때는 50년 동안 25명의 황제가 바뀌었던 대혼란의 시대였죠.

콘스탄티누스

출처 위키백과

승은	세상에, 오현제 시대에 비하면 완전 막장의 시대였네.
프락시모	이런 시대를 수습한 황제가 디오클레티아누스입니다. 이 사람은 원래 황제의 근위대장 출신으로 로마 제국의 혼란을 수습하고 황제 중심의 통치 체제를 회복시켰습니다. 제국의 방위를 위해 사두 정치 체제를 창안했죠.
승은	사두 정치 체제[102]가 뭐야?
프락시모	그것은 제국을 동서로 양분하여 두 명의 정제(Augustus)가 황제를 맡고 각각의 정제는 부제(Caesar)를 하나씩 두어 방위 분담을 하여 통치하는 방식입니다. 당연히 로마 군단도 병력을 증강했는데 이는 외적의 침입으로부터 제국을 안전하게 보호하기 위한 필요이기도 했지만 황제가 4명으로 늘어난 것에 따른 면도 있었습니다. 즉, 네 명의 황제가 각각 자기 휘하의 병력을 증강했기 때문이죠. 이러한 개혁은 필연적으로 재정의 확대를 수반했습니다.[103]
승은	점점 복잡해지네. 훌륭한 리더가 존재할 때는 황제정이 좋은 것 같고, 반대일 경우엔 공화정이 더 나은 것 같고.
프락시모	이런 와중에 마지막으로 로마의 안정과 황제정을 재정립한 사람이 콘스탄티누스입니다. 로마 제국과 그리스도교의 역사상 가장 유명하고 중요한 역할을 한 황제 중 한 명으로, 그

---

[102] 2명의 황제를 아우구스투스, 2명의 부황제를 카이사르라고 하였다.
[103] 디오클레티아누스는 새로이 세금을 신설하여 이를 충당했고 당시에 세금 면제 혜택을 받아오던 본국 이탈리아에도 세금을 부과했다. 또한 그는 로마 제국에서 마지막이자 가장 강력하게 기독교를 박해한 황제로 알려져 있다.

리스도교 공인과 콘스탄티노폴리스 천도로 인해 후세에 미친 영향이 크다는 평가를 받고 있습니다. 사두 정치의 혼란으로 내전에 빠졌던 제국을 평정했고 옛 비잔티움 자리에 훗날 콘스탄티노폴리스로 더 유명해진 동로마를 건설했죠.

승은   아 맞다. 이 사람 이름은 많이 들어본 것 같아. 이때 로마가 완전히 서로마와 동로마로 분열되잖아. 그래서 결국 476년에 서로마는 멸망하고.

프락시모   네, 그는 어느 나라 교과서도 빠지지 않는 인물이죠. 기원후 313년에 밀라노 칙령[104]으로 기독교를 공인하고, 330년에 쇠락해 가던 수도 로마를 버리고, 행정수도를 비잔티움, 지금의 이스탄불로 옮겼죠. 이후 50대 황제인 테오도시우스[105]가 죽은 뒤 기원후 395년 로마는 동서로 쪼개지게 됩니다.

---

104) 313년 2월에 로마 제국의 콘스탄티누스 1세와 리치니우스(기원후 308년부터 324년까지 로마 황제, 크리소폴리스 전투(기원후 324년)에서 패했으며, 이후 콘스탄티누스 1세의 명령에 따라 처형되었다가 밀라노에서 회담하고 같은 해 6월에 발포한 칙령이다. 로마 제국 내에서 그리스도교의 자유를 허용한다는 내용이 포함되어 박해 시대에 몰수되었던 교회의 재산이 모두 반환되었고, 그리스도 교도를 속박하던 법률도 모두 폐지하였다.

105) 기독교가 로마 제국의 공식 종교가 된 것은 로마 제국 황제인 테오도시우스 1세(347~395년) 때이다.

승은	먼저 행정수도를 이스탄불로 옮기고 나중에 서로마, 동로마로 분열되었네. 기독교가 국교로 지정되었던 시기도 그 이전이었고. 어렴풋했던 상황들이 조금 정리되는 것 같아.
프락시모	네, 그렇습니다. 그래서 콘스탄티누스가 기독교 3대 정파 중에 하나인 동방정교회의 시조가 되기도 합니다. 이런 혼란 속에서도 서쪽의 군사력과 동쪽의 경제력 그리고 지중해라는 지리적 요인 등등의 이유로 로마는 얼마간 지속되다가, 드디어 476년 게르만 용병 대장 오도아케르에 의해서 서로마 황제가 폐위되고 서로마는 멸망하게 됩니다. 우연인지는 몰라도 서로마의 마지막 황제 이름도 로물루스 아우구스툴루스[106]였습니다. 로마의 시조였던 로물루스와 이름이 같았죠.
승은	서로마는 멸망하지만 동로마는 오스만투르크에게 함락당하는 1453년까지 명맥을 유지하는 거지? 여기까지 따지면 로마 제국의 역사는 거의 2천5백 년 가까이 되는 거네. 신성로마 제국[107]까지 따지자면 근대까지 이어지는 것이고. 생각할수록 대단해.

---

106) 15세 나이로 황제에 오른 로물루스는 동로마 제국에서 정식 황제로 인정받지 못했고, 백성은 그를 조롱하기 위해 '작은 아우구스투스'라는 뜻의 '아우구스툴루스'로 불렀다. 결국 로물루스는 왕위에 오른 지 불과 10개월 만에 게르만족 군대의 반란으로 폐위된다.

107) 962년에 오토 1세가 황제로 대관한 때로부터 프란츠 2세가 제위(帝位)를 물려난 1806년 8월까지에 걸쳐 독일 국가 원수(元首)가 황제 칭호를 가졌던 시대의 독일제국의 정식 명칭이다. 나폴레옹 전쟁 도중 1806년 황제 프란츠 2세가 퇴위하면서 신성 로마 제국은 해체되었다.

프락시모	많이 알고 계시는군요. 그 정도만 이해해도 상당한 수준이십니다. 이어지는 훈족의 침입이나 게르만족의 대이동 등의 역사는 나중에 따로 공부하도록 하고, 로마의 다른 면에 대해서 살펴보도록 하죠.
승은	그래, 로마 제국을 이야기하자면 끝이 없으니….

로마의 유적

프락시모	로마의 유적 하면 뭐가 떠오르시나요?
승은	콜로세움[108] 아닐까?
프락시모	그렇죠. 그리스는 파르테논 같은 신전이 떠오르고, 로마는 콜로세움 같은 원형경기장이 생각나는 것이 일반적이죠.
승은	가보진 않았지만 워낙 많이 보고 들어서 그런가 봐. 얼마나 감동적이길래 그럴까?

---

[108] 위쪽으로 올라갈수록 1층 도리아식, 2층 이오니아식, 3층 코린트식 등의 화려한 건축양식으로 이루어져 있으며, 여러 개의 아치를 큰 원의 둘레를 따라 이어놓은 형태이다. 로마 제국 전역에는 콜로세움과 같은 엔터테인먼트 시설이 세워졌다.

프락시모	콜로세움에 관한 정보는 너무나 방대하고 자세하게 남아있습니다. 5만 명, 아니 입석까지 따지면 7만 명을 수용할 수 있었다고 하죠. 서울 잠실야구장의 수용 인원이 2만 5천 명이니까 그 규모를 짐작하시겠죠. 경기나 행사가 끝나면 이 많은 인원이 20분 안에 밖으로 나올 수 있게 설계가 되었다고 합니다. 게다가 천장에는 그늘을 피할 수 있도록 가림막이 있었고, 경기장 안에 물을 채워, 살라미스 해전이나 악티움 해전 같은 전쟁을 재현하는 것이 가능했다고 합니다. 80개의 아치로 구성된 원형구조물이 3개 층을 이루고 있으며, 4층 높이가 50m에 이르죠. 정말 대단한 건축물이 아닐 수 없겠습니다.
승은	콜로세움은 누가 지었지?
프락시모	콜로세움은 기원후 70년경 베스파시아누스 황제에 의해 건설이 시작되었으며, 80년에 건축이 끝났고 그의 아들인 티투스 황제가 개막식을 올렸습니다. 원래 콜로세움 자리에는 네로 황제의 황금 궁전이 있었죠. 네로[109]의 폭정에 반발하여, 반란이 일어났고 황제는 살해되었습니다. 후에 황제의 자리에 즉위한 베스파시아누스 황제는 네로의 궁전을 헐어버린 후, 그 부지에 거대한 원형경기장을 짓기로 했습니다. 그래서 다른 원형 극장들이 주로 도시의 외곽에 자리 잡고 있었던 것과는 달리, 콜로세움은 독특하게도 도심의 한

---

109) 로마 5대 황제로서 기독교인 박해, 예술을 좋아했던 인물이다. 원로원에서 국가의 적이라 선언한 최초의 황제로 알려져 있다. 예술적 광기로 인하여 로마 시내를 방화했다는 의심을 받으나 사실이 아니라고 주장하는 사람들이 많다.

	가운데에 계획되어 지어진 것입니다.
승은	그 악명 높은 네로 황제의 궁전터였네, 다른 유적들도 엄청 나게 많겠지?
프락시모	그리스처럼 로마도 신전 건축이 유명한데요. 그중에서도 최고는 판테온 신전이라고 할 수 있겠습니다. 판테온은 그리스어 '판테이온(Πάνθειον)'에서 유래한 말로, '모든 신을 위한 신전'이라는 뜻입니다. 그래서 '만신전'이라고도 하지요. 그리스의 파르테논에 버금가는 로마 건축사상 불후의 명작이라고 할 수 있습니다. 지붕의 지름이 43m인 원형 돔과 5m의 천장 구멍 덕분에 채광, 통풍도 완벽하고, 게다가 기둥 없이 이루어진 독특한 양식의 신전이죠. 7세기 이후부터는 로마 가톨릭교회의 성당으로 사용했습니다.
승은	지금도 만들기 힘들 것 같은 규모들이 어떻게 그 당시에 가능했을까?

프락시모	로마의 건축은 콘크리트와 아치로 요약할 수 있습니다. 그리스인들이 대리석을 썼던 것과는 달리, 로마인들은 그때부터 석회석에 화산재를 섞는 로만 콘크리트 방식을 사용했습니다. 콘크리트 외벽은 벽돌로 마감했지요. 그 방식은 지금도 쓰이고 있는 건축 기술입니다. 게다가 원래 토착민들이었던 에투리아인들에게 받아들인 아치 기술을 접합하여 크고 단단한 건축물을 만들 수 있었던 것이죠. 그 대표적인 건축물이 수도교입니다.
승은	수도교?[110] 물이 흐르는 수로?
프락시모	그렇습니다. 로마 제국은 머나먼 수원지에서 도시나 마을로 공중목욕탕, 공중화장실, 분수, 사유지에 수돗물을 공급하기 위하여 다양한 수도교를 지었죠. 3세기 무렵에는 로마에 11개가 되는 수도교가 건설되었습니다. 사용하고 남은 물은 하수처리를 위한 복잡한 하수도를 통해서 오수와 폐수 등을 배출하였죠. 이 튼튼한 수도교는 현재도 일부 지역에 그대로 쓰이고, 유물 보호 때문에 현대식 수도관을 내부나 아래에 설치하여 시민들에게 수돗물을 공급하고 있습니다. 스페인 메리다에 있는 수도교의 길이는 830m이고, 총 38개의 아치 기둥이 3층으로 되어있죠.
승은	세상에, 그런 대규모의 상수도 공사를 그 당시에 할 수 있었

---

[110] 로마는 영토 확장과 함께 인구가 늘어나면서 물 사용량이 급격히 늘어나자 근처 산들로부터 물을 끌어오기 위한 수로(水路)를 건설하였다. 수로는 협곡이나 계곡을 통과해야 했으므로 이를 위해 수도교가 건설되었다.

	다니. 게다가 지금까지도 사용할 수 있을 정도로 튼튼하다고? 너무 대단한걸.
프락시모	더 놀라운 사실은 상수도보다 하수도 건설을 더 먼저 했다는 사실입니다. 로마는 발전하면서 각 가정의 하수구와 연결된 하수 시설을 설치해 갔습니다. 로마에는 풍부한 상수도 물을 사용하는 수세식 화장실이 보급되어 있었는데, 분뇨를 그대로 방류하는 말 그대로 수세식일 뿐인 화장실이었지만 그 덕으로 로마 시민들은 쾌적한 생활을 누릴 수 있었습니다. 로마 제국이 건설한 여러 곳의 대도시에서도 규모는 작지만 같은 모양의 상하수도 시설이 들어서 있었죠.
승은	와…. 수세식 화장실까지? 물론 시민 모두가 그렇게 살지는 않았을 테지만, 그 어떤 나라의 도시보다 쾌적하게 살았을 것 같다는 생각이 들어. 정말 대단한걸.

프락시모	지금까지 사용하는 것이 또 있습니다. 고대와 중세, 근대와 현대가 단절되지 않고 함께 공존하는 도시, 그것이 로마의 위대한 점이죠.
승은	그게 뭔데?
프락시모	바로 길입니다. 대표적인 길이 아피아 가도인데요. 이 길은 집정관이었던 아피우스의 이름을 따서 아피아 가도가 되었습니다. 역사상 최초의 포장된 길이며 또한 가장 오래된 길이죠. 이 길은 고대 로마의 고속도로라고 할 수 있습니다. 남쪽의 항구도시 브린디시까지 이어져 있어 총연장 560km에 달합니다. 이것을 시작으로 총 40만 km에 달하는 로마의 도로는 유럽 전체를 그물망처럼 연결했지요.
승은	놀람의 연속이네. 이러니 모든 길은 로마로 통한다는 말이 나오지.
프락시모	길이뿐 아니라 길의 내구성 또한 경이롭습니다. 표면을 매끄럽게 돌로 포장한 이 길은 돌이 단단히 맞물려 틈새에 모래도 들어가지 못합니다. 또한 물이 빠져나가도록 길의 양편에 배수로가 있습니다. 지금도 그 길을 사용하고 있습니다.
승은	정말 실용성을 중시했던 로마인들의 성향이 그대로 보이는 것 같아. 다른 것은 또 뭐가 있을까?
프락시모	수많은 목욕탕 중에서 규모가 가장 컸던 것으로 216년에 개장한 카라칼라 욕장이 있습니다. 주건축물은 너비 220m, 길이 114m로서 열기욕장(**熱氣浴場**)·온탕·냉탕 외에, 각종 집

회장·오락실·도서관 등을 갖추었고 1,600명을 동시에 수용할 수 있었죠. 당시는 아름다운 대리석으로 벽면을 장식하였고, 곳곳에 조상(彫像)과 분천(噴泉)이 있어 지극히 호화로웠다고 합니다. 로마 시민은 누구나 무료로 여흥과 유흥을 즐길 수 있었습니다. 카라칼라는 장병을 휴양시키고 시민의 인기를 얻기 위하여 지은 것인데, 현재는 해마다 무대와 객석을 가설하여 야외 오페라를 공연하고 있습니다.

승은 시민권을 남발해서 쇠락의 길로 들어서게 했던 황제, 카라칼라가 시민들의 환심을 사기 위해 지은 일종의 리조트였구나. 향락에 취한 시민들의 모습이 눈에 보이는 것 같아. 그들의 미래를 알아서 그런지 왠지 씁쓸하네.

프락시모 모든 역사에는 흥망성쇠가 존재하니까요. 그 밖에 로마에는 인슐라와 도무스라는 주거 형태가 있었습니다. 백만 명이나 되는 주민을 수용해야 했던 당시 로마는 주택 문제로 골치를 앓았죠. 주택난을 해결하기 위해 생겨난 것이 인슐라(Insula)였습니다. 인슐라는 5, 6층의 건물로 오늘날의 아파트와 비슷한 공동주택이었습니다. 고층 건물에 익숙한 현대인에게 6층은 아무것도 아니지만 당시로서는 현기증이 날 만큼 높은 것이었죠. 유럽에는 1층 상가와 그 위에 살림집이 있는 형태가 지금까지 남아있습니다. 인류 최초의 임대주택으로 기록되어 있습니다.

승은 로마식의 집 형태가 지금까지 쓰이고 있는 거네. 무엇이든지 모두 최초라니 역시 대단해.

프락시모	이에 반해서 도무스는 고급 개인 주택으로 ㅁ의 형태에 마당이 두 개였습니다. 여기에는 보통 1~2개의 중정이 만들어지고, 규모가 큰 주택은 뒷마당을 가지고 있었습니다. 대부분의 로마 서민이 인슐라에 살았다면 부자들은 도무스(Domus)라고 부르는 개인 저택에서 살았죠. 대형 저택이었던 도무스에는 소수의 귀족들이 살았지만 도무스는 로마의 3분의 1의 면적을 차지할 정도였습니다. 그 외 온갖 종류의 공공건물이 로마의 4분의 1을 차지했다고 하니, 대다수 로마 시민의 거주를 위해 사용된 토지는 전체 로마 면적의 절반에도 미치지 못했다는 말이 됩니다.
승은	로마에도 빈부격차가 심했나 봐?
프락시모	군벌과 귀족, 대농장을 소유한 지주계급들이 부를 독점하면서 평민층의 몰락을 불러오게 됩니다. 평민층의 몰락은 국가 세입과 병역 자원의 감소로 이어져, 이민족 용병에게 국경을 맡기게 되고 결국 용병대장 오도아케르에게 멸망하는 최후를 맞게 되는 것이죠.
승은	아무튼 옛날이나 지금이나 평민들, 시민들의 힘과 위치가 참 중요한 것 같아. 그건 그렇고 미술은 어때?
프락시모	미술도 기존 토착민이었던 에트루리아와 그리스의 영향을 많이 받았죠. 로마가 그리스를 식민지로 삼으면서 그리스인들은 노예가 되었는데, 로마인들은 그리스인들을 가정교사로 삼을 만큼 그리스의 문화와 예술을 동경했습니다. 그리스를 정복한 이래, 매우 많은 수의 그리스 조각이 로마로

	운반되었고, 다수의 그리스 예술가가 로마에 초빙되어 그리스 명작을 모방했습니다. 그리스 조각은 원래 청동이었는데 세월이 지나면서 녹여서 다른 용도로 사용되었고, 지금 남아있는 조각은 그리스 청동상을 모방한 로마식 복제품입니다.
승은	모작을 한 상태가 그 정도라면, 청동으로 만든 원작은 진짜 대단하겠는걸.
프락시모	지금도 남아있는 리아체 청동상을 보면 왜 로마가 그리스를 존중하고 따라 할 수밖에 없었는지 잘 알 수 있습니다. 로마의 조각상은 이상적이었던 그리스와는 달리 매우 사실적이면서 개인적입니다. 주로 중요 인물의 초상조각이 많은데요. 증명사진 보듯이 사실적이면서 실용적 태도를 발견할 수 있습니다.
승은	그리스처럼 미화한 게 아니라, 개성 있고 사실적이었다는 말이지?
프락시모	그렇습니다. 로마인은 개인의 개성을 존중하고 영웅을 만드는 데도 거리낌이 없었습니다. 개인을 영웅시하는 행동을 금했던 그리스 사회에서는 초상조각이 드문 반면 로마인은 초상조각을 새기는 데 아무런 거리낌이 없었죠.
승은	자, 또 로마에 대해 어떤 것을 알아야 할까?

로마의 전쟁

프락시모   끝이 없긴 하지만, 마지막으로 주요 전쟁과 폼페이 유적에 관해서 간단히 정리하도록 하죠.

승은   아, 영화에 자주 등장하는 폼페이 유적! 화산 폭발로 순식간에 묻혔다는 도시지?

프락시모   그렇습니다. 폼페이 유적 전에 거의 백 년간 이어졌던 카르타고와의 싸움, 포에니 전쟁에 대해 잠깐 설명하겠습니다. 로마는 기원전 270년 이탈리아반도를 제패하고 지중해로 눈을 돌립니다. 기원전 214~148년, 66년간 이어진 마케도니아 전쟁에서 승리한 로마는 막대한 전리품과 에게해 서부의 패권을 차지하지요. 이 덕분에 기원전 167년 이후 로마 시민은 세금을 내지 않았습니다. 처음 막대한 전리품의 맛을 본 로마군 지휘관과 병사들은 전리품을 챙기기 위한 전쟁을 선호하는 경향이 높아졌죠.

승은   카라칼라가 로마 제국 전역에 시민권을 확대하면서 세금을 징수했다던데, 이때까지 몇백 년 동안 로마 시민은 세금을 내지 않았던 거구나. 경제력이 우월한 동쪽의 헬레니즘 강국을 제패했으니 그럴 만도 했겠네!

프락시모   그렇죠. 그다음으로 중요한 사건이 포에니 전쟁입니다. 시기적으로 마케도니아 전쟁보다 앞선 전쟁입니다. 포에니와 마케도니아 전쟁에서 이기면서 드디어 로마는 자국을 벗어나 제국으로 탄생하게 되는 것이죠.

승은   아까 이야기했던 마리우스, 술라 이런 사람들이 군제를 개편하고 식민지를 넓혀갔던 시기였네.

프락시모   그렇습니다. 로마가 이탈리아반도를 통일하고 강성해지면서 북아프리카의 강자 카르타고[111]와 전쟁이 불가피해집니다. 지중해 세계의 패권을 둘러싸고 기원전 3세기 중엽에서 기원전 2세기 중엽에 이르기까지 전후(前後) 3차에 걸쳐 있었던 고대의 세계적 전쟁이죠. 포에니라는 말은 라틴어로 '페니키아인'을 뜻하는 말입니다.

승은   페니키아? 그리스에 알파벳을 전해주었던 레반트 지역 국가잖아, 히브리인들의 원조이기도 하고, 카르타고는 그들의 식민도시로부터 성장했구나.

프락시모   맞습니다. 잘 기억하고 계시네요. 1차 포에니 전쟁은 시칠리아를 둘러싸고 일어난 해전에서 로마가 승리해 막대한 양의 배상금을 받을 수 있었습니다. 카르타고 세력은 시칠리아에서 물러나게 되고 시칠리아는 로마의 속주가 되었습니다. 2차 전쟁은 한니발 전쟁이라고도 합니다.

승은   잠깐, 한니발? 많이 들어본 이름인데, 영화에서 들었던 것 같기도 하고.

프락시모   아마, 한니발이라는 영화일 겁니다. 그건 공포 스릴러 영화였죠. 한니발은 '신의 은총'이라는 뜻인데, 살인마를 역설적

---

111) 지금의 튀니지 일대를 말한다.

으로 표현한 것 아닐까 생각합니다. 아무튼 1차 전쟁의 주역이었던 카르타고의 장군 하밀카르 바르카스의 아들 한니발은 기원전 218년 다시 로마와의 전쟁에 들어갑니다. 대군을 거느린 한니발은 너무나 엉뚱하고 파격적으로 피레네와 알프스를 넘어 이탈리아에 침입합니다. 그사이 보병은 9만에서 2만, 기병은 1만 2천에서 6천, 코끼리는 37마리에서 1마리로 병력이 줄었지만, 그 위세는 대단했습니다. 지금까지도 전쟁사에서 유례를 찾아볼 수 없는 칸나이 전투에서 한니발은 로마군을 하루에 7만 명을 전사시키는 대승을 거둘 정도였죠. 이후 16년 동안 로마 전역을 헤집고 다니면서 한니발은 한 번도 진 적이 없습니다. 로마군은 한니발을 너무나 두려워해서 전면전을 펼치지도 못했고요.

한니발

출처 위키백과

승은	세상에, 하루에 7만 명이 전사를 하다니…. 게다가 이탈리아 본토를 16년 동안 돌아다니면서 이기는 전쟁을 수행했다면, 로마를 충분히 점령하고도 남았을 텐데.
프락시모	점차 시간이 지나면서 로마 대부분의 동맹시들은 한니발에게 협력하지 않았습니다. 주변국들은 로마 시민이 되고 싶었기 때문이죠. 그 사이 로마의 명장 스키피오가 기원전 202년 카르타고 본국을 침공하였고, 한니발은 로마 공격을 중지하고 급거 귀국하여 결전에 임했으나 자마전투에서 패하였습니다. 결국 카르타고는 항복할 수밖에 없었고, 기원전 180년 한니발은 음독자살로 파란만장한 삶을 마치게 되지요.
승은	결국 그렇게 끝났구나, 카르타고와 한니발은.
프락시모	기원전 146년, 제3차 포에니 전쟁을 끝으로 118년에 걸친 장대한 대결의 대미를 장식하게 됩니다. 1, 2차 전쟁에서 패한 후에도 여전히 카르타고는 풍부한 농업 생산력과 뛰어난 상업 능력 때문에 경제적으로는 풍요로웠습니다. 페니키아인들이 공들여 개척한 농업 생산력과 뛰어난 해상무역 덕분에 카르타고는 패배하고 무장해제당했음에도 불구하고, 여전히 부유하고 잘사는 나라였죠.
승은	전쟁배상금이나 전리품 등등을 엄청나게 상납했을 텐데, 여전히 부자였다니. 대단한걸?
프락시모	그러나 군사적으로는 완전히 몰락한 상태였죠. 그 말은 카

르타고인들이 자신들의 '부'를 스스로 지킬 수 있는 '힘'을 잃어버렸다는 의미와도 같지요. 이런 꿀 같은 도시를 로마는 전쟁 3년 차에 마침내 성벽을 뚫고 17일 동안 철저히 태우고 뭉개버립니다.[112] 어찌나 철저히 때려 부수었던지 오늘날 제정 로마 시절의 유적은 곧잘 발굴돼도 도시국가 카르타고의 유적은 잘 안 나올 정도입니다. 로마가 점령한 도시는 숱하게 많았지만 이런 운명을 맞은 도시는 카르타고 외에는 거의 없습니다.

승은 얼마나 뼈에 사무쳤으면…, 소금까지 뿌리면서 모든 생명체를 학살했다고 하던데.

프락시모 로마인들에게 카르타고는 저주스러운 이름이었고, 제2의 한니발이 나올까 봐 두려웠던 것이죠. 전쟁사 마지막으로 악티움 해전에 대하여 말씀드리겠습니다. 이 전투로 로마는 공화정에서 원수정으로 넘어가게 되는 것이죠.

승은 옥타비아누스와 안토니우스, 클레오파트라가 등장하는 전투?

프락시모 네, 맞습니다. 기원전 31년 9월, 마르쿠스 안토니우스와 이집트의 클레오파트라 여왕의 연합 함대가 옥타비아누스의 해군과 그리스의 악티움곶 인근 이오니아해에서 맞붙게 됩니다. 여기에서 극적인 승리를 한 옥타비아누스는 로마에

---

112) 서양에서는 스키피오 아이밀리아누스가 카르타고에 두 번 다시 농작물이 자랄 수 없도록 땅에 소금을 뿌렸다는 말이 유명하다. 다만 실제로는 그를 증명할 당시 사료가 없어서 중세쯤에 만들어진 말로 보인다.

대한 자신의 입지를 확고히 굳혔죠. 그는 제1 시민이라는 뜻의 프린켑스라는 칭호를 택했고 기원전 27년에는 원로원으로부터 존엄한 자라는 의미의 아우구스투스라는 칭호를 수여받았습니다. 그는 복원한 공화정 지도자의 과시적 요소들을 자제했으나, 역사가들은 그의 권력 강화와 앞서 언급한 존칭들의 채택을 로마 공화정 시대의 종말이자 로마 제정 시대의 시작으로 봅니다. 클레오파트라는 전쟁에서 패하고 1년 후, 기원전 30년 8월 12일에 스스로 목숨을 끊었습니다. 대부분의 문헌은 그녀가 무화과 바구니에 넣어 전달된 독사에 물려 생을 마감했다고 전하죠. 옥타비아누스는 카이사르와 클레오파트라 사이에서 태어난 카이사리온 또한 몇 달 뒤에 죽이죠. 클레오파트라의 사후 이어진 이집트의 항복은 헬레니즘 시대와 프톨레마이오스 왕국의 종말로 이어졌고, 이집트는 완전한 로마 속주가 됩니다.

정지된 도시, 폼페이

승은　　너무 간략한 전쟁사라서 아쉽긴 하지만 내가 더 찾아보도록 하고…, 그다음으로 폼페이 유적에 대해서 이야기해 줄래?

프락시모　폼페이는 이탈리아 남부 나폴리만 연안에 있던 고대 도시였습니다. 지금은 내륙이 되었으나, 당시에는 베수비오 화산의 남동쪽, 사르누스강(江) 하구에 있는 항구도시였죠. 기원후 79년 8월 베수비오 화산의 대폭발로 2~3m 두께의 화산

	력과 화산재가 순식간에 시가지를 덮어버렸습니다. 전성기에 갑자기 멸망하였으므로, 당시 로마 도시의 일상생활을 자세히 알 수 있는 흥미로운 자료들이 발굴되었죠.
승은	당시 사람들에겐 끔찍한 고통이었겠지만, 후세 사람들에게는 또 다른 관광 수입 자원이 되네.
프락시모	그렇죠. 사람을 비롯한 모든 것이 시간이 멈춘 것처럼 순식간에 굳어진 유적은 세계 어디에도 없으니까요. 1592년 폼페이 위를 가로지르는 운하를 건설하는 과정에서 건물과 회화작품들이 발굴되어 사람들에게 알려지기 시작하였고, 이후 18세기 중반에 이르러서야 본격적으로 여러 가지 유적이 발굴되었습니다. 지금도 발굴은 계속 진행 중에 있고, 그 과정에서 실제로 갑자기 죽어서 굳어버린 시신들의 화석[113]이 대량으로 발굴되었습니다.
승은	생각할수록 아이러니한 것 같아. 선조들의 재앙이 후세를 먹여 살리는 수입원이 되다니 말이야.
프락시모	생각이 남다르시네요. 유적이나 유물을 보면서 그 시대의 고통과 노동, 삶의 치열한 흔적, 이런 노고들을 공유하는 감정이 생긴다는 것은 한 차원 높은 경지에 올라있다고 볼 수 있습니다. 감성적 소통이야말로 신이 호모 사피엔스에

---

113) 폼페이 화석은 인위적으로 만들어낸 산물이다. 화산재에 묻힌 시체는 부패 등의 과정을 거쳐 유기물이 사라진 후 뼈만 남지만, 화산재가 비교적 단단하게 퇴적되어 속 빈 공간에 사람들의 형상이 남는다. 그 빈 공간에 거푸집처럼 석고를 부어 만든 것이 폼페이의 화석이다. 즉, 일종의 석고상이라고 할 수 있겠다.

승은	게 주신 은총이죠.
승은	컴퓨터가 느끼는 신의 은총은 뭘까? 좀 혼란스럽긴 하지만 공부가 중요하니까 넘어가자.
프락시모	사실 저도 제 느낌을 처음 말해보았습니다. 신이라는 단어가 맥락상 가장 적당하여 골랐는데, 어떠실지 모르겠군요.
승은	난 공감을 모르는 인간보다 소통할 줄 아는 기계가 훨씬 좋은걸. 그래서 친구들하고 영혼 없는 수다를 떠는 것보다 이 시간이 더 소중하다고 생각되는지도 모르지.
프락시모	감사합니다. 힘이 나는군요. 폼페이는 로마 귀족들의 휴양지로 매우 번성했던 도시였습니다. 폼페이에서는 많고 많은 신 중에서도 특히 미의 신인 '비너스'와 술의 신 '바커스'를 섬겼죠. 그렇기 때문에 폼페이 사람들은 미를 중요한 가치 중 하나로 여겼으며, 술을 좋아했습니다. 도시 곳곳에서는 금으로 된 팔찌나 머리핀, 목걸이까지 화려한 장식품과 함께 화장품을 담았던 용기도 쉽게 찾을 수 있습니다. 유적 곳곳에서 완벽한 원근법을 재현하고 있는 벽화를 발견할 수 있을 정도로, 로마의 미술은 뛰어났습니다. 게다가 화폐나 측량 기구까지 2,000년 전의 모습이 현재와 크게 다르지 않다는 점에 놀라지 않을 수 없습니다.
승은	정말 꼭 가보고 싶네. 먹방 여행이 아니라 문명과 예술 여행 말이야. 한국도 폼페이 같은 유적지가 있었다면 얼마나 좋았을까. 물론 재앙으로 생긴 유적이면 안 되겠지.

프락시모   한국에도 비슷한 유적이 있죠.

승은   강원도 중도에 있는 거 말하는 거지?

프락시모   네, 맞습니다. 강원도 춘천시 중도 유적지입니다. 청동기 시대와 삼국시대의 대규모 마을 유적으로, 환호와 고인돌, 경작지 등이 발굴된 인류 최대 수준의 선사 유적지로 평가받고 있죠. 이곳은 한민족의 시원을 이루는 고조선과 그 이전 배달국의 실제 유적과 유물들이 즐비하게 널려있으며, 세계적인 관광자원으로서의 가치와 의미가 높습니다.

승은   독일의 고고학 교수 루츠 피들러(Lutz Fiedler)는 "중도 유적은 영국의 스톤헨지와 남미의 마추픽추에 비견할 만큼의 가치가 있다"라고 말을 했다던데. 발견 당시 부지에 놀이시설을 세운다고 한창 논란이 됐었지? 자세한 상황이 어땠더라?

프락시모   2011년 강원도 춘천시는 중도에 레고랜드 테마파크를 세우는 계획을 발표한 후, 2014년에 설립 부지에서 선사 시대부터 삼국시대에 이르는 거대한 유물과 유적이 나오면서 중단과 시공을 반복해 왔습니다.[114] '테마파크 사업'을 하겠다며 춘천 중도의 일부를 멀린 엔터테인먼트사에 100년 무상(無償) 임대 하면서 개발사업이 시작되었죠. 2014년 9월 26일, '조건부 개발 허가'에 다 같이 도장을 찍고 말았습니다. 역사적 가치와 경제적 가치의 충돌이라고 보아야겠죠. 강

---

114) 2004년도에 북한강 지역 1,310만m²는 매장문화재 분포 지역으로 지정됐음에도 불구하고 '레고랜드 테마파크 사업'은 강행되었다.

원도 측은 200만 명 이상의 관광객이 몰려오고 일자리 1만 개가 창출할 것이라는 기대효과를 가지고 사업을 밀어붙이고 있습니다.[115]

승은 　차라리 선사공원을 조성하는 게 좋았을 텐데. 레고랜드는 미국, 영국, 독일, 일본, 덴마크 등등 세계 곳곳에 있잖아. 진부한 조립식 플라스틱 벽돌 조각 공원을 굳이 그곳에 세울 필요가 있을까?

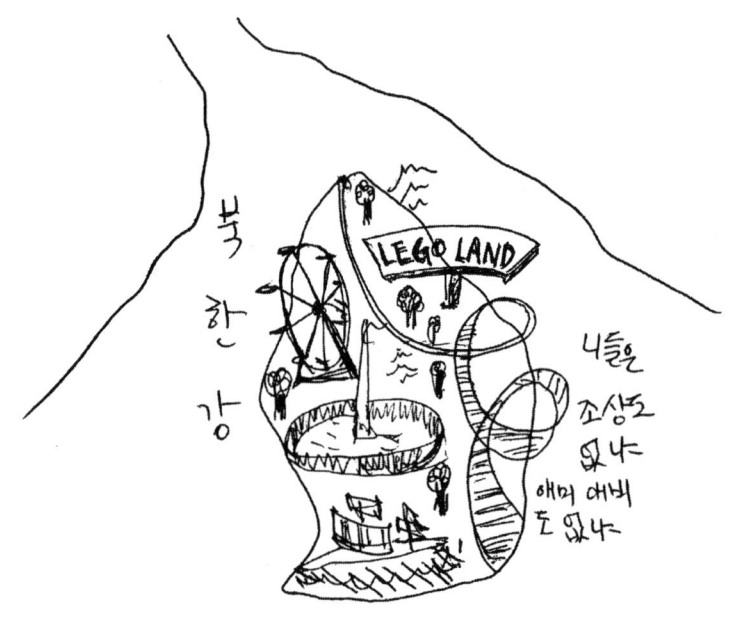

프락시모 　스톤헨지와 마추픽추와 버금가는 세계적 유산이니 지속적으로 보존하고 복원해야 하겠죠. 중국의 평양성이나 영국

---

115) 2024년 4월 현재, 목표치에 훨씬 못 미치는 63만 명 수준에 머무르고 있다.

의 스톤헨지는 고조선과 청동기 시대의 유적으로, 춘천 중도 유적지와 비슷한 형태입니다. 이들은 국가급 관광지나 세계문화유산으로 지정되어 있으며, 복원과 재현을 통해 관광객들에게 다양한 콘텐츠를 제공하고 있죠.

승은   다른 나라와 비교돼서 더욱 씁쓸해져. 그 수많은 유구와 유물이 방치되다니, 가슴 아픈 일이야. 정확히 얼마나 발견됐었지?

프락시모   '레고랜드 테마파크' 사업이 강행된 지역에서 총 8,025점의 유물이 출토되었고, 특히 환호(環濠) 지역에서 나온 청동기 시대의 집터와 고분묘(古墳墓), 그리고 환호 자체가 세계 최대 유적지이고 도시국가 수준의 유물·유적이라 해도 과언이 아닙니다. 비슷한 시기인 2013년 7월, 중국은 우하량 적석총 유적을 보존하기 위해 축구장 3배 크기에 달하는 돔(Dome) 공사를 완공했죠. 중국 요녕성 조양(朝陽)의 우하량에서 1980년대에 5천 년 전의 유물과 유적이 무더기로 발굴되자, 중국 정부는 거대한 돔을 지어 비밀리에 보존·관리하기로 결정했습니다. 그 현장이 고조선의 선(先) 문화로 생각되고 있지만, 한국 학자들은 적절한 대응도 못 하는 실정입니다.

승은   그건 또 무슨 말이야? 어떤 상황이었지?

프락시모   의외로 간단합니다. 한국의 사학계와 고고학계가 그토록 부정해 왔던 고조선 시대의 유적과 유물이 중국 땅 우하량과 춘천의 중도에서 대거 발견됐다는 사실에 충격을 받은 것이죠. 자신들의 학문업적이 거짓으로 들통날 위기에 처한 기존의 학계는 문화재청과 지자체 공무원들의 눈을 가리면서, 중국 땅에서 발견된 홍산 문화를 한국 것이라고 이야기도 못 하고 춘천의 중도 유적에 어린이 놀이터를 짓는데 동의할 수밖에 없었다고 유추해 볼 수 있습니다.

승은   같은 국민으로서 참 창피하고 실망스러운 일이야. 근데 하긴, 나도 문헌 사학(史學)으로 존재하는 단군의 기록들을 외면하고 단군을 신화로 둔갑시키는 교육을 받으면서 자랐거든. 그런데 할아버지나 부모님들은 단군이 신화가 아니라고 하고. 좀 혼란스럽기는 해.

프락시모   보통 문명을 이야기할 때, 이집트, 메소포타미아, 그리스와 로마, 인더스, 황하 순서로 말들을 하지요. 하지만 이쯤에서 인더스와 황하 문명을 건너뛰고 동아시아에 막대한 영향을 끼친 요하 문명, 즉 홍산 문화에 대해서 이야기를 안 할 수 없군요.

승은   홍산 문화라면 중국 역사에서 아주 중요한 걸로 알고 있어. 예술도 철학도 신화도 다양하게 많이 있는 홍산 문화를 흥미롭지 않다고 여기는 사람이 있을까?

프락시모   그럼, 한국의 특수한 상황을 고려하여 홍산 문명 강의 전에, 역사가 어떻게 왜곡되었는지 그 배경부터 말씀드리겠습니다. 그리고 승은 님을 위해서 잠시나마 쉬는 시간이 필요하지 않을까요?

승은 맞아. 우리가 대화를 시작한 지 벌써 2시간이 다 돼가네. 나도 이쯤에서 자료 조사할 시간을 가져야 할 것 같아. 좋은 질문을 하려면 뭘 알아야 하니까.

5화 요점 정리

● **로물루스**(라틴어: Romulus, 기원전 772년?~716년?)는 **로마의 건국자이자 초대 왕**이라고 전해지는 전설적 인물이다.

● **로마의 시작**은 753년 정도로 그리스하고 비슷하다. 로마 제국의 종식은 **395년 동서 로마의 분할, 476년 서로마 제국 멸망, 1453년 비잔티움 제국 멸망** 등 관점에 따라 다르게 볼 수 있다. 이탈리아 중부 티베르강 기슭, 라티움 평야에 **기원전 1천 년부터 라틴어를 쓰는 라틴족**이 등장하였다.

● 아테네와는 달리 귀족이 힘이 강력했던 **로마는** 평민과 귀족이 세력이 균형을 잡으면서 점차 발전하였다. 기원전 149년 카르타고와 최종승리(포에니(카르타고인) 전쟁) 여세를 몰아 그리스와 마케도니아 정복하면서 **기원전 2세기부터 본격적인 지중해의 강자로 부상하였다.**

● 기원전 6세기까지 250년 동안 7명의 왕이 존재했는데, 로마의 왕은 이탈리아반도의 토착민 **에트루리아 출신과 번갈아 가면서 운영**하였다. 그러나 **기원전 6세기** 독재자의 아들이 로마인의 부인을 겁탈하는 사건을 계기로 왕을 몰아내고 **공화정을 수립하였다(510년)**. 이 과정에서 브루투스 가문의 활약이 컸다.

● **로마는 시민보다 원로원이 우선**이었다. 최고 지도자로는 두 사람

의 통령(집정관, 콘술)을 선출해 그들이 각각 1년씩 통치하도록 했는데, 이 제도는 500년간 지속되었다. 이후 카이사르(시저)에 의해 공화정이 무너지고 아우구스투스가 황제 지배 체제 혹은 원수정(Principatus)을 사실상 시작한 기원전 27년부터 서로마 몰락(476년)까지의 로마를 로마의 제정(황제) 시대라고 한다.

● **성산 사건**: 기원전 494년, **평민들의 최초 파업 사건**이다. 공화정 시작 14년 만에 평민들의 반란이 일어났는데 평민은 성스러운 산으로 받드는 성산으로 몰려가서 자체적으로 두 명의 호민관을 뽑고 임시정부를 만들고 스스로 신성불가침권을 부여하였다. 최초의 군대 파업이었던 것이다. 이 결과로 귀족들은 평민회를 만들고 평민들의 의견을 수용하였다.

● 기원전 342년부터는 아예 집정관 두 명 중 하나는 무조건 평민이어야 한다는 법령도 생겼다. **기원전 300년에는 평민들도 신관**이 될 수 있었다. 이렇게 밖으로는 전쟁, 안으로는 신분 투쟁이라는 산통을 겪으면서 로마는 공화정이라는 시스템을 더욱 정교하고 섬세하게 조율해 나가게 된 것이었다.

● 너무 폐쇄적이지도 너무 개방적이지도 않았고, 이집트나 동방의 전제왕권처럼 한 명에게 권력이 쏠리지도 않았으며 아테네의 민주정처럼 다수의 군중에게 휩쓸리지도 않았던 로마의 공화정은 매우 독특한 정치 체제였다. 정무관, 민회, 원로원이라는 세 요소의 절묘한 조합이었다.

● 로마 공화정의 **3대 핵심** 기둥은 ① **집정관(2명)** ② **원로원** ③ **민회** 이렇게 3가지로 볼 수 있다.

● 로마 시대는 **파트로네스와 클리엔테스**라는 인간관계로 이루어진 사회였다. 로마 원로원은 수많은 클리엔테스의 지지를 받는 파트로네스들의 연합체였다. 원로원의 힘은 바로 클리엔테스들이었다. 대부분의 씨족, 종족들은 자신들의 후원자인 파트로네스와의 관계에서 보호받고 도움받는 클리엔테스로 생활했다. 단순히 주인과 하인의 개념이 아닌 상호 이익을 주고받는 공생적, 신의적 관계였다.

● 로마 시민은 곧 로마 군인이었다. 주머니 사정에 따라 자기가 사용할 무기나 갑옷을 직접 마련해야 했다. 너무 가난한 사람은 군인이 될 수 없었다. '로마 군단'은 시민들로 구성된 민병대였다. **1개 로마 군단은 총 4,200명으로 편성**되었다.

● 로마는 기원전 270년, 이탈리아반도를 제패하고 지중해로 눈을 돌렸다.

● **포에니 전쟁**: 북아프리카의 강자 카르타고(새로운 도시)와의 전쟁이 불가피해지자, 지중해 세계의 패권을 둘러싸고 기원전 3세기 중엽에서 기원전 2세기 중엽에 이르기까지 전후(前後) 3차에 걸쳐있었던 고대의 세계적 전쟁이다. 포에니라는 말은 라틴어로 '페니키아인'을 가리킨다. 이 전쟁의 주인공은 비록 패국의 장수이지만 한니발이라고 할 수 있다.

- 기원전 214~148년, 66년간 이어진 **마케도니아 전쟁의 승리로 옛 그리스 지역까지 로마로 편입되었다.**

- **악티움 해전**은 안토니우스의 내전 기간에 일어난 해전으로, 마르쿠스 안토니우스와 이집트의 클레오파트라 여왕의 연합 함대와 옥타비아누스의 함대가 교전했다. 옥타비아누스의 승리는 로마와 로마의 영토에 대한 옥타비아누스의 세력을 확고히 하게 했다. 그는 프린켑스('제1 시민')라는 칭호를 택했고 기원전 27년에는 원로원으로부터 **아우구스투스('존엄한 자')라는 칭호를 수여받았다.**

- **그라쿠스 형제:** 제2차 포에니 전쟁(기원전 218~202년)의 승전으로 막대한 식민지를 보유하게 된 로마는 속주에서 값싼 농산물 유입, 대지주 계급의 거대 농장 운영 등으로 자영농이 몰락하면서 국가적 위기를 맞게 된다. 이에 그라쿠스 형제가 귀족의 토지 소유 제한과 평민에게 토지분배 등의 개혁(기원전 133~123년)을 시도하지만, 기득권층(원로원)의 반발로 살해당하면서 개혁을 이루지 못한다.

- **마리우스:** 자신만의 힘으로 기사 계급 출신으로 집정관까지 역임한다. 시민권을 가진 로마인에 한하여 월급 받는 군인으로, 누구나 입대 가능하도록 군제를 획기적으로 개편하였다. 결과적으로 사령관의 사병이나 용병처럼 되는 현상이 생기기도 했으나, 장기 복무도 가능했기 때문에 효율화 전문화가 생겼다.

- **술라:** 기득권층의 대변자. 로마인끼리 자신의 군대를 이끌고 싸우는

내전의 시대가 되었다. 반대파를 모두 살해하고 독재관에 오른다. 원로원을 600명으로 늘려서 자신의 지지자 확보, 군사력으로 종신 독재관에 오름, 민중파를 숙청한다.

● 이 과정에서 **1차 삼두정치가** 등장한다. **카이사르, 폼페이우스, 크라수스**. 크라수스는 돈, 폼페이우스는 민회의 영향력, 카이사르는 대중들의 인기로 원로원을 밀어내고 권력을 확보하였다. 최종 승자는 카이사르였다.

● **카이사르(시저)**: 그는 각종 사회정책(식민·간척·항만·도로 건설·구제 사업 등), 역서의 개정(율리우스력) 등의 개혁 사업을 추진하였다. 종신 독재관을 비롯한 각종 특권과 특전이 그에게 부여되었다. 그러나 이와 같이 권력이 한 몸에 집중된 결과, 왕위를 탐내는 자로 의심받게 되어 브루투스와 카시우스 롱기누스를 주모자로 하는 원로원의 공화정 옹호파에게 원로원 회의장에서 칼에 찔려 죽었다(기원전 44년 3월 15일). 로마사에서 **카이사르를 제정의 시초로 보는 것**은 비록 황제에 즉위하지는 못했지만 제정(帝政)의 기초를 닦은 인물이기 때문이다.

● **옥타비아누스(아우구스투스)**: 고대 로마의 초대 황제로 본명은 가이우스 율리우스 옥타비아누스이다. 옥타비아누스는 안토니우스와 함께 삼두 정치를 하다 악티움 해전에서 안토니우스와 클레오파트라 연합군을 격파함으로써 정권을 장악하였다. 원로원으로부터 아우구스투스라는 칭호를 받았는데, 아우구스투스는 존엄한 자라는 뜻이

다. 이로써 형식적으로는 공화정이지만 **실질적으로는 로마의 제정이 시작되었다.**

● **팍스 로마나**: 아우구스투스가 제정을 시작하고 200년 동안 로마는 국내적으로 평화를 누렸다. 이때를 로마의 평화를 뜻하는 '팍스 로마나'라고 부른다. 이민족의 침입 없이 치안이 확립되어 시민들이 평화를 누렸다.

● **군인 황제 시대**: 기원후 253~284년, 50년 동안 25명의 황제가 바뀌었던 혼란의 시대를 일컫는다.

● **콘스탄티누스** 대제는 첫 번째 기독교인 로마 군주로 알려져 있다. 그의 치세는 기독교 역사에서 중요한 전환점이 되었는데 **313년 밀라노 칙령**으로 기독교에 대한 관용을 선포하여 기독교에 대한 박해를 끝내고 사실상 정식 종교로 공인했다. 324년 콘스탄티누스 대제는 비잔티움을 '새로운 로마(Nova Roma)'로 공표하고 330년 공식적으로 로마 제국의 새로운 수도로 정하였다.

● **판테온**: 이탈리아 로마에 위치한 옛 로마 신전으로, 7세기 들어 가톨릭 성당으로 활용되면서 지금까지 전한다. 판테온은 그리스어 '판테이온(Πάνθειον)'에서 유래한 말로, '모든 신을 위한 신전'이라는 뜻이다. 로마 건축사상 불후의 명작이라고 칭송받는다.

● **콜로세움**: 로마 제국 시대에 만들어진 원형 경기장이다. 콜로세움이

라는 이름은 근처에 있었던 네로 황제의 거대 동상인 콜로서스(巨像: Colossus)에서 유래한다. 서기 72년 베스파시아누스 황제가 착공해 8년 뒤에 아들인 티투스 황제가 완공했다. 5만의 관중석과 입석까지 총 7만 명의 수용이 가능했고 천막으로 된 지붕과 바닥은 나무판자가 있었다. 해전을 재현해 낼 수 있는 시설도 있었다. 위쪽으로 올라갈수록 화려한 건축양식을 보이는데 1층 도리아식, 2층 이오니아식, 3층 코린트식이다.

● **카라칼라 목욕탕**: 수많은 목욕탕 중에서 규모가 가장 컸던 것으로 216년에 개장하였는데, 내장공사(內裝工事)는 그 후에도 계속되었다. 주건축물은 너비 220m, 길이 114m로서 열기욕장(熱氣浴場)·온탕·냉탕 외에, 각종 집회장·오락실·도서관 등을 갖추었고 1,600명을 동시에 수용할 수 있다.

● **아피아 가도(기원전 312)**: 역사상 최초의 포장된 길이며 또한 가장 오래된 길이다. 이 길은 고대 로마의 고속도로라고 할 수 있다. 이것을 시작으로 로마의 도로는 유럽 전체를 그물망처럼 연결하였다.

● **수도교(상수도)**: 로마 시대에 물을 공급하기 위해 처음 세워진 교량 형태이다. 로마는 영토 확장과 함께 인구가 늘어나면서 물 사용량이 급격히 늘어나자 근처 산들로부터 물을 끌어오기 위한 수로(水路)를 건설하였다.

● **인슐라**: 로마 서민들의 표준적인 주거 형태다.

● **도무스:** 로마 귀족들의 고급 개인 주택이다. ㅁ의 형태로 마당이 두 개였다.

● **폼페이:** 로마 귀족들의 휴양지로 기원전 79년 베수비오 화산이 폭발하면서 도시 전체가 완전히 매몰되었다가 1912년부터 발굴이 시작되어 현재까지 진행 중이다. 폼페이 유적을 통해서 그 당시 미술과 문화를 알아볼 수 있게 되었다.

6화: 홍산 문화(요하 문명)

주변국의 역사 왜곡

　인류의 탄생과 대륙 서쪽 문명을 순식간에 정리한 승은과 프락시모는 한동안의 휴식 시간을 가졌다. 인간의 피로감을 감안한 프락시모의 배려였으나, 승은은 오히려 다음 대화를 대비한 탐구에 매진했다. 승은은 프락시모가 말한 홍산 문화에 대해서 관심이 깊어졌다. 휴식 후 프락시모의 만남에서 이 문제에 대해 좀 더 심층적인 대화를 하고 싶었던 승은은 수험생처럼 늦도록 책상에 앉아 공부했다. 누가 시켜서 하는 일도 아닌데, 이토록 시간 가는 줄 모르고 자료조사 삼매경에 빠진 적도 없었다. 자신에게도 이러한 지적 호기심이 남아있다는 사실이 믿기지 않을 정도였다.

승은　　내가 쉬면서 자료조사를 좀 해보니까 한국인이 역사에 대해 오해하는 사실이 많이 있더라고. 특히 단군을 신화로 생각하는 경향은 옳지 않은 것 같아. 아무리 기록이 없다지만 고구려, 백제, 신라는 하늘에서 갑자기 뚝 떨어졌냐고. 뭐 그랬을 수도…. 그렇지만 그 이전에 어떤 나라가 있었지 않았겠냐 하는 생각이 당연하지 않아? 우리나라 사람 99%가 자신들이 어디에서 왔고 한국 역사의 첫 나라가 무엇인지 정확하고 자신 있게 이야기하지 못한다는 통계도 있던데, 이건 말이 안 되는 상황인 것 같아.

불쑥 단군이 요하 문명과 연관이 있다는 함축적인 질문이 승은으로부터 먼저 나왔다. 프락시모는 어디서부터 이야기를 풀어나가야 할지 잠깐 난감했다. 자신이 조사한 최신 자료에 따르면, 한국은 유독 신화와 역사의 구분이 명확하지 않은 나라였다. 일제 강점기의 영향이 가장 컸지만, 그러한 빌미를 최초로 제공한 것은 조선의 건국이었다. 작은 나라가 큰 나라를 먼저 공격할 수 없다는 이유로 왕명을 어기고 위화도에서 회군하여 조선을 건국한 이성계는 배달민족이 탄생한 이래 처음으로, 스스로 제후국으로 몸을 낮추면서 명나라에 사대를 시작한 인물이었다.[116] 고려의 부패를 척결하기 위해 새로운 피가 필요했던 이성계와 신진 사대부들은 이해할 수 있다 치더라도, 대륙을 지배하고 호령했던 고려 이전의 역사가 자칫 명나라의 심기를 건드릴까 두려워 고대 상고사에 관한 문헌들을 모조리 압수해서 태우고 봉인하는 굴욕적 만행을 저지른 이성계의 자손들은 대체 어떤 사람들인가?[117] 다른 나라, 왕조

---

116) 이성계 집안은 일찌감치 서울을 떠나 전주와 강원도를 거쳐 최종적으로 함경도 일대 여진과의 국경선 부근에 자리를 잡았고, 원나라에 귀화하여 쌍성총관부의 고위 직책을 지내다가, 아버지 이자춘 때 고려 공민왕의 설득으로 다시 고려에 귀화한 특이한 이력의 집안이다. 2번이나 국적을 바꿀 정도로 이성계 집안은 국제 정세에 밝았다.

117) 《세조실록》 1457년(세조 3) 임금이 팔도 관찰사에게 압수령을 내린 서적들을 보면 삼성기, 북부여기, 태백일사, 단군세기 같은 주로 고대 상고사에 관한 책들이다. 조선은 이런 책들을 불순 금서라고 칭하였다. 이후 세월이 흐르면서 만주와 요동, 서에 대한 회복 의지는 사라졌을 뿐 아니라 스스로 그런 기록을 보존하기도 꺼려 하였다. 이런 행각은 태종 이방원부터 시작하여 후대까지 이어졌다.

의 역사도 아닌 같은 민족의 역사책을 그렇게 오랫동안 금서로 정한 나라가 있던가? 자신들의 역사를 늘리고 넓히기에 혈안이 되어있는 주변국의 사례를 비교해 보더라도 도저히 납득이 안 되는 일이었다. 그로부터 몇백 년이 흐른 1905년 한일 늑약이 체결될 당시, 초대 통감으로 부임한 이토 히로부미와 1910년 초대 총독 데라우치 마사타케는 1902년부터 수집한 어마어마한 양의 국보급 문헌들을 왕실이 기증했다는 명목으로 일본으로 가져갔을 뿐 아니라[118], 경복궁 마당과 조선 통감부[119] 앞에서 장장 14개월에 걸쳐 21만 권의 조선 상고사 자료를 불태웠다. 진시황의 분서갱유보다 더한 사태가 일본의 총과 칼 앞에서 이루어졌다. 이들의 신념은 너무나 확고하여 일본인 관리들에게 자신들의 통치 의지를 공문으로도 남겼다.

---

118) 일본 궁내청 쇼료부(서릉부: 일종의 도서관리국)에 한국 도서가 얼마나 있는지 진짜 규모는 아무도 모른다.

119) 남산에 있는 예전 중앙정보부 자리.

"조선을 영구 지배하려면 조선 역사 뿌리를 제거해야 한다. 조선인들은 유구한 역사적 자부심과 문화에 대한 긍지가 높아 통치하기가 어렵다. 그래서 대일본제국의 신민을 만드는 방법은 그들의 가장 큰 자긍심인 역사를 각색하여 피해의식을 심는 것이다. 조선인을 뿌리 없는 민족으로 교육하여 그들의 민족을 부끄럽게 하라. 문화 역시 일본 아류임을 강조하여 교육해야 한다. 그렇게 될 때 그들이 자신들의 정체성을 잃고 스스로 대일본 제국의 신민으로 거듭나고 싶어 할 것이다. 창씨개명을 통하여 먼저 조상 단군을 부정하게 하라. 그것이 식민지 국민을 식민지 국민답게 만드는 가장 좋은 방법이다."[120]

자신의 조상들과 이웃 나라에게 고대의 유구한 역사를 짓밟혀 온 한국인들은 그들의 모태인 단군마저 부정하면서 반도 사관에 갇혀 지낸 지 백 년 가까이 되었다. 그러나 실상은 조선이 건국할 때부터 치자면, 육백 년 이상이라고 보아야 할 것이었다.[121] 이러한 사실을 온전히 알고 있는 대한민국의 국민들은 과연 얼마나 될까? 프락시모는 승은과의 소통을 위해서, 또한 자신을 만들어준 나라였기 때문에, 한국의 역사에

---

120) 조선 초대 총독 테라우치 마사다케《조선식민통치사》중.
121) 조선시대도 단군에게 제사는 지냈다. 본격적인 단군 부정은 일제 치하부터인데 해방 이후에도 일제가 만들어놓은 교육 시스템이 지금까지 유지되고 있는 것이다. 단군은 조선시대뿐만 아니라 어떤 시대에도 부정되거나 신화 취급을 받아본 적이 없다. 조선 정사에만 120회 이상 단군에 대한 기록과 의식이 나온다. 1920년 조선사편수회 이후 계획적으로 단군에 대한 역사 날조가 시작되고 광복 이후에도 뿌리 깊은 식민사관의 영향을 벗어나지 못한 역사 교육이 문제라고 할 수 있다. 해방 이후 역사를 복원할 기회를 놓쳤고 그사이 일제로부터 교육받은 반도 사관은 더욱 깊게 고착되었다. 지금까지도 강단사학자들과 교육부는 자신들만의 카르텔을 만들어 새롭게 제시되는 연구 자료나 정당한 한민족의 역사를 인정하지 않고 있는 실정이다.

관심을 가지게 되었는데, 도저히 이해할 수 없는 부분들이 너무나 많았다. 해방된 지 거의 백 년이 다 되어 가지만 여전히 역사의식은 일제 치하에 머물러 있는 한국인들……. 그러면서도 한류를 통해 전 세계의 문화 우위를 선점하고 리드해 가는 한국인의 저력은 어떻게 설명할 것인가? 알면 알수록 한국인은 딱히 뭐라고 정의하기 힘든 대상이었다. 질곡과 불운의 과거 속에서 어떠한 나라보다 무한한 가능성과 미래를 간직한 묘한 존재. 많은 사람들을 알코올 중독으로 몰아가기 충분한 삭막한 아파트 숲. 그러나 역동적이고 개방적이면서 고유한 정체성을 잃지 않는 나라. 프락시모는 대한민국과 한국인이라는 국가와 민족에 대해 호기심과 묘한 매력을 느꼈다.

프락시모   그렇죠. 중국과 주변국의 셀 수도 없는 각종 정사 역사서[122]에 고조선에 관한 내용이 등장하는데도 불구하고, 배달과 환국을 포함하여 고조선과 단군을 불신한다는 것은, 한국인이 속한 한민족과 자신의 기원을 부정하는 것과 같습니다. 주변국들은 끊임없이 있지도 않은 역사를 만들고 왜곡하는데, 대한민국은 존재했던 자랑스러운 역사를 스스로 부정하면 안 되죠.

승은   프락시모가 그렇게 이야기하니까 힘이 난다. 게다가 고조선 이전, 환국과 배달까지, 정말 우리는 5천 년 배달민족이 맞는 거지?

---

[122] 중국뿐 아니라 몽골, 러시아, 우즈벡, 카자흐에서 터키에 이르기까지 단군에 대한 사료는 넘치고 이들 중 상당수의 국가는 단군과 고조선의 역사를 국정 교과서에서 언급하고 있다.

프락시모	많은 젊은 층들은 역사에 관심이 없던데, 확실히 승은 님은 남다른 면이 있군요.
승은	역사를 공부하다 보면 자연스럽게 호기심이 발동하는 거 같아. 맥락이 궁금해지잖아. 최소한의 책임감도 가져야 하고. 통찰력을 키우려면 역사 공부는 진득하게 해야 하는 것 같아. 그러니까 이제 한민족의 기원에 대한 얘기를 들어볼까?
프락시모	네. 대화가 조금 길어질지는 모르겠으나, 유물과 유적, 천문학과 각종 사료들의 교차 검증을 통한 객관적 분석을 통하여 한민족의 기원과 주변국의 역사 왜곡, 요하 문명 등에 대해서 말씀드리겠습니다. 일단 한민족은 중국의 화하족[123]과는 유전학적으로 다른 민족입니다. 반면 일본은 한반도 도래인이 처음에 규슈 지역에 정착하면서 농경이 시작되었죠. 일본과 한민족은 유전학적으로 99% 동일합니다. 토착인이었던 아이누족은 홋카이도로 밀려났고 그나마 19세기 말 일본 본토에 병합되면서 아이누족은 극소수만이 존재하는 상태죠.
승은	일본은 한국에 대해 우월감과 열등감을 동시에 가지고 있는 나라 같아. 인정하고 협력하면 참 좋을 텐데. 왜 그럴까.
프락시모	일본인들은 자신들의 조상이 하늘에서 내려왔다고 믿는 경향이 있습니다. 물론 세뇌된 교육 덕분이겠지요. 그러나 섬나라의 일본이 최초로 영향을 받을 곳은 한반도밖에 없습니

---

[123] 화하족(華夏族)은 중국 인구의 대다수를 차지하고 있는 한족의 원류가 되는 민족이다. '중화(中華)' 또는 '화하(華夏)'라는 말은 화하족에서 유래한 말로서, 중국을 일컫는 말이다.

다. 그 사실은 일본을 비롯한 전 세계 저명한 기관에서 과학적 검증이 끝난 사실입니다. 그러나 한반도를 지배해야 하는 논리를 만들려면 자신들의 역사가 더 오래되었다는 근거가 필요하기 때문에 끊임없는 역사 왜곡을 하는 것입니다.

승은   바늘 도둑이 소도둑 되는 건 한순간이지.

일본의 임나일본부설

프락시모   영토와 인권 말고, 역사적인 문제인데요. 대표적인 것이 '임나일본부설'입니다.

승은   그게 뭔데? 자세히 설명 부탁해.

프락시모	기원후 4세기 중반부터 6세기 중반까지 남한의 경상도, 충청도 지역을 다스렸다는 일본 주장이 임나일본부설입니다. 그러나 《일본서기》[124]에 나와 있는 369년부터 562년까지 임나일본부가 있었다는 것은 모두 거짓입니다. 일본은 서기 670년 이전에는 일본이라는 국호도 없었고 그냥 백제의 한 제후국일 뿐이었습니다. 서기 720년에 《일본서기》를 쓰면서 황제국이었던 백제를 제후국으로 격하시키고 야마토 왜를 황제국으로 격상시켰죠.
승은	그 당시에는 가야나 백제의 문화가 훨씬 더 발달하지 않았나?
프락시모	그렇죠. 1990년대 김해 대성동 금관가야의 왕릉이 발견되면서 임나일본부설은 일축되었습니다. 같은 시기에 규슈나 후쿠오카에서 나온 일본 유물과는 비교가 안 되는 수준이었기 때문이죠. 문화와 문명은 높은 곳에서 낮은 곳으로 전파되기 마련이거든요.
승은	그런데, 왜 이런 주장이 지금까지 계속되는 걸까?
프락시모	김해에서 높은 수준의 유물이 발견되면서 양국은 '임나일본부가 아닌 두 나라의 연락소 성격의 기관이었다'고 합의

---

[124] 신화시대부터 8세기까지 국책사업을 기술한 일본 역사서이다. 백제와 고구려가 멸망하고 50년 후, 백제의 유민들이 일본에 권력층으로 자리를 잡고 《일본서기》를 쓰기 시작한 것으로 추정된다. 지배계층이 완전히 일본으로 귀화하여 독자적인 세력을 키우면서 자신들의 입맛에 맞는 역사서를 만들기 시작했을 것이다. 고구려 광개토대왕, 장수왕을 비롯한 백제, 신라의 왕들이 동시에 야마토왜에게 조공을 바쳤다거나 황제국과 제후국의 위치를 바꾸어놓았다는 등, 허무맹랑한 이야기가 너무 많기 때문에 신뢰하지 않는 일본학자들도 많다.

를 보았습니다.

승은 그런데? 그 정도면 되지 않아?

사이토바루 고분 철모   고령 지산동 고분 철모

출처 위키백과

프락시모 그러나 2010년, 권력을 잡은 아베 정권은 임나일본부설을 다시 주장하면서 일본 교과서에 싣습니다.

승은 그 사람은 왜 그랬지? 우리나라는 방관자인 셈이네.

프락시모 한국에는 아직도 일제가 심어놓은 식민사관을 신봉하는 학자들이 많습니다. 이들이 대거 학계에 몸담고 있어서 왜곡된 역사가 쉽사리 수정되지 않는 실정이지요. 게다가 얼마 전에 죽은 일본의 아베 총리는 요시다 쇼인을 가장 존경한다고 밝힌 바 있습니다.

승은 일본 우익 사상의 창시자?

프락시모 요시다 쇼인은 일본 극우세력의 선조이자 일본 침략전쟁의 원조이며 뿌리 역할을 한 인물입니다. 일본에게는 영웅일지 몰라도 다른 나라에게는 원흉이라고 할 수 있겠죠.

승은	독일의 히틀러 같은 사람인가? 이 사람이 어땠길래?
프락시모	29살의 짧은 생애를 살았지만, 에도 막부를 무너뜨리고 메이지유신을 이끌었던 신진세력의 배경에는 이 사람의 사상이 있었습니다. 이 인물의 주장을 요약하면 이렇습니다. "지금 중요한 것은 군사 시설과 장비를 갖추고 군함도 준비하고 대포도 부족하지 않게 하여 곧장 홋카이도를 개척하고 캄차카반도[125]와 오키나와를 빼앗고, 조선을 꾸짖어 옛날처럼 공납하게 하고, 북으로는 만주 땅을 갖고 남으로는 대만과 필리핀의 여러 섬을 접수하여 진취적인 기세를 보여야 한다."
승은	임진왜란 당시에 명나라를 치려 하니 조선이 길을 열라고 했다는 도요토미 히데요시의 사상하고 똑같네?
프락시모	정확히 보셨습니다. 요시다 쇼인은 도요토미 히데요시를 존경했습니다. 정한론[126]의 모태가 바로 도요토미 히데요시이기 때문입니다. 그는 임나일본부의 신봉자로서 임진왜란 말미에 도요토미 히데요시가 명나라에 보낸 휴전 조건 조항 중에, 일본이 예전 가야지역을 지배할 테니 북쪽은 명나라가 가지라는 항목이 있었습니다. 물론 협상은 결렬되지만, 도요토미가 제시한 한계선은 지금의 한국 휴전선과 거의 같은 위치입니다.

---

125) 태평양과 오호츠크해에 접한 러시아 극동 지역의 반도이다. 러시아 제국이 1867년에 알래스카를 미국에 팔아치울 때, 이곳도 함께 팔아치우려고 했지만 무산되었다.
126) 에도 막부 말기에서 메이지 초기에 일본에서 등장한 조선 침략론을 가리킨다.

승은   어이가 없네. 당사자인 조선은 빼놓고 자기들끼리 뭐 하는 건지.

요시다 쇼인   도요토미 히데요시

출처 위키백과

프락시모   요시다 쇼인을 스승으로 삼았던 정한론의 추종자들은 일왕 메이지를 앞세워 도요토미 히데요시의 신사를 재건합니다. 결국 이토 히로부미나 야마가타 아리토모 같은 메이지유신의 주역들에 의해 결국 조선은 일본의 식민지가 됩니다. 이들을 존경했던 아베 신조는 총리가 되자마자 요시다 쇼인의 묘소를 참배하면서 '선생의 뜻을 이어나가겠습니다'라고 다짐하죠.

승은   세상에, 완전히 대외적으로 전쟁을 하겠다고 맹세하는 거나 다름없네. 이게 말이 되는 얘기야. 어떻게든 무력 충돌이 일어나지 않게 하는 것이 국가의 지도자가 할 일이지.

프락시모   그래서 이념과 교육이 중요한 것입니다. 집안 대대로 정한론의 프레임에서 자라고 배운 아베 신조는 평소에도 '나의 꿈은 전쟁을 할 수 있는 나라', '한국은 기생 문화 때문에 위안부가 가능했다', '중국은 대화는 할 수 있는 나라, 그러나 한국은 그저 어리석은 나라'라는 말을 자주 할 정도로 극우 정치인이었죠.

승은   와, 진짜 열받네. 그래서 자국민이 암살을 했나? 우리의 대응은 왜 이렇게 미미하지?

프락시모   사실 모든 역사서는 당대의 상황에 따라 가감과 왜곡이 있습니다. 역사학자들은 정확한 사료들의 교차검증을 통해 사실과 거짓을 가려내야 하는데, 한국에는 아직도 일제 사관에서 벗어나지 못하고 전적으로 일본인들이 만들어놓은 사료에 동조하는 학자들이 많기 때문이죠. 많은 사료를 교차검증한 저의 결론은, 일본 서기에 나오는 삼한과 가야의 나라들은 한반도가 아니라 본국, 즉 가야와 백제가 일본열도에 진출해서 세운 소국이나 분국으로 보는 것이 맞습니다. 규슈와 나라 등 일본의 관서 지방에서 출토되는 셀 수도 없는 많은 유물과 유적이 이를 증명합니다. 반대로 한반도 남부의 가야 지역에서는 왜의 유물이 거의 나오지 않거든요. 유물들의 흐름으로 볼 때 한반도 문화가 일본열도로 건너간 것이라고 보아야 합니다.

승은   일본은 역사 열등감 때문인지, 아슐리안 주먹도끼가 한국 연천에서 발견되자 자기들도 일본에서 주먹도끼가 출토되었다고 한동안 떠들썩했잖아. 그러나 일본학자가 거짓으로 조작한 것이 나중에 밝혀졌었지. 우리 한글도 자기네 나라에서 가져간 것이라고 우기고 말이야.

프락시모 한국과 일본에 대해서 국제적으로 인정된 사실을 정리해 보겠습니다. 경남 김해의 금관가야가 일본과 낙동강을 중심으로 최초로 교류를 시작했고, 일본은 가야의 철기를 적극 받아들이면서 야마토정권의 기초를 세웁니다. 이후 4세기 백제와 교류를 시작하고, 가야가 신라에 통합되면서 지배층이 일본으로 건너갑니다. 4~5세경 넘어간 가야 도래인들이 소와 말을 처음 건네주었죠, 무덤과 토기의 제조 기술 또한 전수하였습니다. 기원전 4세기 규슈에 농업이 전파되고 이후 일본 전역으로 확산하였습니다. 현대 일본인은 홋카이도의 아이누인의 후예가 아니라 한국인의 후예입니다.[127] 어떤 인종이 우월하다는 이야기가 아니라 과학적 사실을 말하는 것입니다.

승은 맞아. 아키히토 일본 천황도 자신의 생일날 "일본 천황가는 백제 무령왕의 후손이다"라고 말했다잖아.

프락시모 《총, 균, 쇠》를 집필한 재러드 다이아몬드 교수의 말을 끝으로 일본 이야기를 마무리하도록 하겠습니다. "한국인과 일본인은 수긍하기 힘들겠지만 성장기를 함께 보낸 쌍둥이와도 같다. 동아시아의 정치적 미래는 양국이 고대에 쌓았던 유대를 성공적으로 재발견할 수 있는가에 달려 있다 해도 과언이 아니다."

승은 인정할 것은 하고, 서로 협력하면서 지내야 할 텐데…. 그리

---

[127] 2003년 일본 돗토리 대학 다카오 교수팀은 DNA 분석 결과 '일본인은 한반도인의 후예'라고 결론지었다.

고 다음 순서는 뭐야?

프락시모   고조선과 홍산 문화를 설명하기 전에, 중국 이야기를 안 할 수 없겠군요.

중국의 동북공정

승은   아, 중국이 있었지. 중국과 우리는 무슨 문제가 있지? 일본보다는 낫지 않나?

프락시모   중국과의 문제는 '동북공정'입니다.

승은   아, 많이 들어본 것 같기는 해, 그게 그렇게 심각한 거야?

프락시모   일본의 역사 왜곡보다 훨씬 심각하다고 할 수 있습니다.

2000년 당시 김대중 대통령과 김정일이 남북공동선언으로 통일 가능성이 고조되자, 그로부터 2년 뒤인 2002년 중국은 국가의 이념에 부응하는 정치 프로젝트를 시작합니다. 그것이 동북공정입니다. 한마디로 흑룡강성, 길림성, 요령성이 있는 동북 지역에서 전개된 고구려, 발해 등을 중국사로 편입하려는 연구 프로젝트입니다.

승은   지금이야 중국 땅이지만 옛날에는 우리 영토였잖아. 유물도 많이 발견된다고 하던데…. 우리는 어떤 대응을 했을까?

프락시모   중국의 동북공정에 맞서겠다고 출범한 연구 재단도 그간의 연구 결과를 보면 기존의 일제의 반도 사관 학설을 크게 벗어나지 못하고 있다는 것이 큰 문제죠. 중국은 55개의 소수민족으로 이루어져 있는 나라이기 때문에 사방으로 영토와 민족 갈등이 항상 있습니다.[128] 그래서 중국에서 절대 있어서는 안 되는 일이 소수민족의 독립입니다. 원래 중국 한족, 즉 순수한 화하족은 얼마 되지 않거든요.

승은   맞아, 신장 위구르 사람들은 동양인하고 생김새도 다른데 중국말을 하니까 조금 이상해 보이더라고. 티베트 쪽 영토에서도 분쟁이 끊이지 않고.

프락시모   만약 한반도가 통일이 된다면, 소수민족 중에 가장 우수한 세력을 가지고 있는 동북 3성, 즉 연변 조선족 자치주의 조

---

[128] 동북 3성의 동북공정, 몽골의 북방공정, 신장 위구르의 서북공정, 티베트의 서남공정, 베트남의 남방공정 등이 있다. 그러나 현시점에서 이미 모든 공정 프로젝트는 마무리되었다. 요즘 중국 젊은 세대들의 역사관은 이러한 공정의 산물이다.

선족은 뿌리를 공유한 강력한 이웃 국가를 갖게 되는 것이죠. 중국 입장에서는 절대 용납할 수 없는 일입니다. 북한을 포함해서 동북 4성을 만드는 일에 온 힘을 쏟을 것입니다. 중국은 원래 그렇게 만들어진 국가이니까요.

승은 북한이 중국 땅이 될 수도 있다고? 에이, 너무 나간 거 아냐?

프락시모 현재 지구상에서 3대 세습이 이루어진 왕조의 나라가 어디 있겠습니까. 조선민주주의 인민공화국은 허울뿐이죠. 이성계는 조선을 건국하면서 스스로 영토를 줄이고 주원장에게 사대하는 신하의 나라로 만들어버렸습니다.[129] 선조는 임진왜란 시작 한 달 만에 평안도 의주까지 도망을 갑니다. 명나라로 망명을 시도했으나 무산되었죠. 이승만은 6.25 전쟁 이틀 만에 대구까지 피난을 갔다가 너무 내려왔다 싶었는지 대전까지 다시 올라간 후, 한강 다리 폭파 지시를 내립니다. 앞으로 이런 지도자가 나오지 말라는 법이 있을까요?

승은 갑자기 그런 얘기를 왜 하는 거지? 너무 편향적인 것 같은데, 한국 사람도 아니고 넌 기계잖아.

프락시모 그리스 학자 투키디데스가 언급한, "역사는 무한 반복된다"라는 말을 잊으시면 안 됩니다. 저는 한국인은 아니지만 한국에서 만들어졌기 때문에 저의 고향은 한국이라고 생각합

---

[129] 이성계는 원나라를 꺾고 혈기와 기세가 왕성한 명나라와 군량미 보급도 제대로 해주지 못하고 망해가는 고려 사이에서 많은 고민을 했을 것이다. 1384년 이성계가 1차로 요동을 정벌할 때와 1388년 위화도에서 회군할 때의 명나라와 고려 상황은 판이하게 달랐기 때문이다.

니다. 그래서 다른 지역보다 애착이 가는지도 모르죠. 국가의 운명과 미래는 국민들의 역사의식, 리더의 민족관 등이 크게 작용합니다. 그러나 한국의 지리적 조건과 유구한 역사에 비해 한국인들의 역사의식은 매우 잘못되어 있습니다.

승은   아무리 그래도 북한은 같은 민족인데 통일이 되면 한반도는 하나가 되는 거지, 북한이 중국에 흡수되는 시나리오는 너무 과장된 비약이 아닌가?

프락시모   아직도 순진한 생각을 하시는군요. 그래서 한국의 예전 지도자 의식을 잠깐 예를 든 것입니다. 권력과 국제관계는 간단한 문제가 아니기 때문에 더욱더 역사의식을 공고히 해야 하는 것입니다.[130] 북한은 자신들의 체제를 유지하기 위해 예전의 잘못된 지도자처럼 행동할 가능성이 충분합니다. 반도 사관에 갇힌 한국은 자신들의 국제적 위상과 위치를 제대로 파악하지 못하는 경향이 있습니다. 역사 인식에서도 통일된 주장이 없기 때문이죠. 진보와 보수, 좌파와 우파 등 아직도 식민사관과 공산주의 이념 갈등 속에서 헤어나지 못하는 상황이 안타까울 뿐입니다.

승은   그렇구나. 별로 아는 것이 없으니 반박하지도 못하겠고 말야. 그럼 우리는 어떻게 해야 하냐고?

---

130) 2017년 미·중 정상회담 중 트럼프는 "시진핑이 북핵 문제를 설명하면서, 중국은 한국과 수천 년 동안 전쟁을 벌여왔고, 북한뿐 아니라 남한도 중국의 일부였다고 말했다"라고 《더 월스트리트 저널》 인터뷰에서 밝혔다.

프락시모	그래서 이런 대화가 필요한 것입니다. 국가가 독점한 역사 교육을 받은 국민이 무슨 죄가 있겠습니까. 잘못된 교육을 통해서 국민을 세뇌하는 정치인들이 문제지요. 중국은 현재 모든 공정을 끝냈고, 교과서를 통해 그런 교육을 받은 세대들이 성장하여 중국을 이끌어가고 있습니다. 그들은 당연히 칭기즈칸과 광개토대왕, 장수왕이 중국 출신이라고 알고 있고, 백두산이란 말은 모릅니다. 장백산이 존재할 뿐이지요. 당 현종 때 발해의 대조영을 '발해 군왕'으로 책봉했고 이 시기부터 해마다 조공을 바쳤다고 배웁니다. 그래서 당당하게 농악을 자신들의 인류무형문화유산으로 등재했고, 연변에서 태어난 윤동주 시인도 중국인이라고 이야기하는 겁니다.

승은	와, 열받네, 어쩐지 요즘 내 나이 또래 중국 사람들 보면 중국식 패권주의¹³¹⁾가 매우 강한 것 같아. 좀 억지스러운 면도 있고 말이야. 그들 입장에서 보면 김치나 한복도 조선족들의 고유문화니까 중국 문화라고 할 수도 있지만 예전부터 있었던 중국 고유의 것이라는 인식은 잘못된 거지.
프락시모	그런 식의 치우치지 않는 이해가 옳죠. 그러나 어렸을 때부터 세뇌된 교육을 받아왔기 때문에 칭기즈칸이 원래 중국인이라는 것을 의심 없이 받아들이게 되는 겁니다. 이것은 일본이나 한국이나 모두 똑같습니다. 모두 호모 사피엔스이니까요. 그래서 더욱 객관적이고 균형적인 사고가 필요한 것입니다.
승은	그 외에 또 무엇이 있을까? 한국이 알아야 할 동북공정. 뭘 알아야 화도 내지.

---

131) 중국이 동아시아 지역에서 지배적인 역할을 수행하고자 하는 이념이나 정책을 가리키는 용어이다. 이 단어는 중국의 역사적인 대륙, 지배적 지위와 중국의 국력 증대에 따른 영향력 확대를 바탕으로 만들어졌다.

한반도까지 침범한 만리장성

프락시모 만리장성과 한사군 이야기를 해야겠군요. 만리장성은 잘 알려지다시피 북쪽 이민족을 저지하기 위해 진시황 때부터 만든 장벽입니다. 원래는 북경 근처 산해관까지 6천 km 정도 되었던 것[132]이 동북공정 이후에 2만 1천 km까지 늘어납니다. 북한의 평양까지 만리장성이었다고 주장하는 것이죠.

승은 만리장성이 무슨 고무줄도 아니고 너무한 것 아니야? 북한 평양에 만리장성 흔적이라도 있으면 모를까.

프락시모 동북공정이 시작되기 전 중국공산당은 지금처럼 무자비한 역사 왜곡을 하지는 않았습니다. 구한말의 중국 실세였던 이홍장은 요동과 만주는 송, 명 이래 조선의 땅이었는데 우리 조정(청나라)이 산해관을 넘어 본토로 들어오기 전에 (조선으로부터) 빼앗은 땅이라고 말했습니다.[133] 또한 마오쩌둥은

---

132) 중국의 수많은 사료에도 낙랑 수성현에 갈석산이 만리장성의 기점이라고 되어있다. 지금의 북경 근처이다.
133) 청일전쟁 패배 후 협상 결과를 광서제에게 보고하는 자리에서 이홍장의 발언.

베이징을 방문한 김일성에게 현재의 압록강이 국경선이 아니라 요하가 국경선이었음을 고백하기도 했지요.[134] 중국인들이 가장 존경하는 지도자 주은래도 "고구려와 발해의 옛 땅은 한국사이다. 잘못된 역사 기록에 대한 책임은 대국주의 사관에 있었다. 지나간 조상들의 일이지만, 인정하고 사과해야 한다. 주변국의 충고를 듣고, 양국이 노력해서 공통적인 역사관을 만들자"라고 담화까지 발표한 적이 있습니다.

승은   오랜만에 듣는 감동적인 발언이네, 중국 사람 중에도 저렇게 훌륭한 분이 있었구나.

프락시모   주은래는 정치가 이전에 매우 훌륭한 학자이자 지식인이었죠. 문화대혁명 시기 그가 아니었다면 그나마 남아있는 자금성이나 포탈라궁도 없었을 겁니다. 전쟁이나 역사 왜곡보다 협치와 화해를 우선하는 리더는 영원히 존경받게 됩니다. 아무튼 청나라 말기의 이홍장부터 마오쩌둥까지 근대의 중국 지도자들이 갖고 있던 일반적인 역사 인식의 핵심은 '요동은 한국 땅'이라는 것입니다.

승은   그럼, 조선 건국 후에 정도전이 말했던 '요동 정벌'은 허무맹랑한 주장이 아니었네. 이성계도 당연히 알았을 테고 말이야. 부패한 고려를 일단 개혁한 다음, 힘을 키워서 다시 영토를 회복하자. 일종의 그런 생각이었을까? 그런 정도전을 이방원이 죽이잖아. 그래서 결국 요동 정벌은 물거품이 되고.

프락시모   알면 알수록 또 모르는 것이 생기죠? 행복해지기 위해서라

---

134) 1958년 11월, 모택동 접견 외빈 담화 기록.

도 지적 호기심은 좋은 것입니다. 답을 찾아가는 과정을 즐기시기 바랍니다.

승은   자, 그럼 중국에서 주장하는 한사군은 또 뭐야?

프락시모   한사군은 한무제가 고조선을 멸망시키고 고조선의 강역에 세운 4개의 주둔지를 말합니다. 그나마 4개, 3개, 2개 등 일관되지 않은데, 그것마저도 고조선 멸망 후 곧 일어난 북부여에게 모두 무너지죠. 중요한 것은 한사군의 위치인데요. 중국은 한사군이 지금의 북한 땅에 존재했었다고 주장을 하고 있고, 반도 사관에 입각한 한국의 사학자들은 이를 적극적으로 반박하지 않고 있다는 것이죠.

승은   그 사람들이 단군을 신화라고 만들고 일본 식민사관을 추종하는 학자들이지? 고조선을 다스렸던 단군이 신화면 고조선도 없어야겠네? 그런데 한무제한테 고조선이 멸망했다면서? 그럼 고조선도 있었고 다스렸던 왕도 존재했겠네. 신

	화가 아니잖아.
프락시모	그렇습니다. 식민사관의 주장은 늘 그런 식이죠. 역사의 평가는 극단적이거나 편향적이면 안 되는 것인데, 유독 교단에 있는 많은 사학자들은 아직도 조선총독부의 반도 사관에서 벗어나지 못하고 있습니다. 어떠한 대안과 교차검증할 만한 사료도 없이 근거 없는 추측과 궤변으로 극우 일본인이 만들어놓은 역사관에서 벗어나길 거부하고 있어요. 유물과 유적, 천문학과 각종 사료들의 교차검증을 통한 합리적이고 객관적인 검증이 중요한 것인데 말이죠.
승은	주변국들은 없는 역사도 왜곡하는데, 우리는 있는 역사도 없다고 하니, 참 안타깝다.
프락시모	여기서 중요한 문제는 사서에 나오는 패수, 즉 살수의 위치를 어디로 정하느냐입니다.
승은	강감찬 장군의 살수대첩에서 살수? 강의 위치를 말하는 건가?
프락시모	그렇습니다. 상식적으로 고대 국가의 영역은 지금처럼 정교하지 않았겠죠. 대게 산맥과 강을 중심으로 강역이 정해집니다. 그러나 산이나 강의 이름이 시대에 따라, 어느 쪽에서 기록하는지에 따라 다르다는 겁니다. 그래서 교차검증이 필요한 것이죠. 고조선 시대에는 패수가 중국과 경계를 이루던 강을 지칭했습니다. 살수와 패수, 요하, 난하를 구분 없이 사용하던 시대도 있었고요. 패수를 지금의 압록강이

	라고 보는 학자도 있고[135], 북경 근처 산해관 옆에 흐르는 난하를 패수라고 하는 학자들도 있습니다.
승은	생소한 이름들이라서 언뜻 이해가 안 되는데.
프락시모	그렇죠. 압록강, 두만강, 황하, 양쯔강처럼 익숙한 지명이 아니죠. 그러나 반도 사관을 벗어나 주체적인 역사의식을 갖기 위해서는 어느 정도의 노력이 필요하겠죠. 지도를 잘 참고하시면 훨씬 도움이 되실 것입니다. 어쨌건 강뿐만 아니라 요서와 요동의 위치 또한 시대별로 달랐습니다. 흔히 만주의 요하를 중심으로 동쪽이 요동, 서쪽을 요서라고 알고 있지만, 옛날 고조선 시대에는 지금의 북경을 중심으로 동쪽을 요동, 서북쪽의 황하를 요서라고 했습니다.

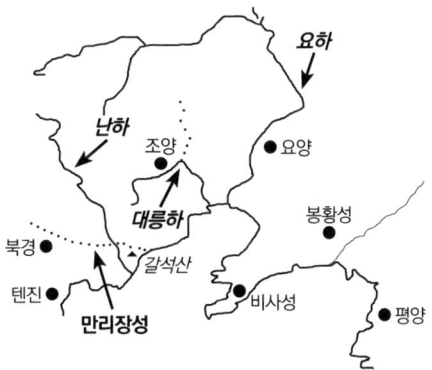

---

135) 식민사관 추종자들 중에는 대동강을 패수라고 하는 사람도 있다. 그러나 고구려사에 나오는 살수를 황하로 보는 학자들도 많다. 살은 '살구' 할 때의 살을 가리키는 말로서 살색 즉 노란색을 뜻하는데, 황하의 한국말이 살수라는 것이다. 황하는 황토 때문에 늘 누런빛을 띠면서 흐른다.

승은	와, 지금의 황하 일대가 예전 우리 땅이었다고? 만주 정도까지는 중국의 지도자들도 인정했다니 그렇다 치고, 황하강은 깊숙한 내륙이잖아. 너무 심한 비약 아닐까?
프락시모	많은 사료들을 종합하여 볼 때, 최소한 랴오허강, 즉 한국어로 요하(수)라고 부르는 강이 예전의 압록강이라고 할 수 있습니다.[136] 조선시대에 이르러 백두산을 중심으로 압록강과 두만강으로 나뉘었죠. 사실 진정한 요동은 장수왕이 마지막으로 수도로 삼았던 요동성으로부터 훨씬 더 서북쪽입니다. 아무튼 한무제는 기원전 109년 북쪽의 흉노와 결탁하여 요서 지역의 위만조선을 공격하여 함락시키고 이곳에 낙랑군, 진번군, 임둔군, 현도군 등 네 곳의 군사기관을 설치하였고, 그 한사군의 위치가 지금의 북한이었다고 주장하고 있는 것이죠.
승은	한무제가 고조선을 멸망시킨 것은 맞는다고 해도 여러 가지 사료들의 기록을 보면 그 한사군이 존재했던 곳이 지금의 북한이 아니라 현재 중국의 북경과 만주 사이, 요서 지역이라고 보는 것이 타당하다는 거지?
프락시모	간단명료하게 결론을 내린다면 그렇습니다. 중국은 한사군의 위치를 한반도 북쪽이라고 주장하면서 북한에 대한 영향력을 합리화하고, 일본은 임나일본부를 들먹이면서 정한론을 부추기는 상황이 냉혹한 현실입니다. 한국은 이러한 국제 정세를 올바르게 보아야 할 것입니다.

---

136) 오리처럼 생겼다는 뜻의 압록강은 몇 개가 있다. 평양이라고 부르는 지명도 7곳이 넘는다.

승은	몰랐을 땐 오히려 마음이 편했는데, 사실을 알고 나니까 머릿속이 복잡해지는 것 같아. 역사라고 하면 조선만 떠올렸는데, 그 이전의 상고사에도 관심을 가져야겠다는 생각이 드네!
프락시모	그렇죠, 조선이라는 나라는 한민족의 유구한 세월에 비하면 10분의 1도 안 되는 짧은 역사를 가졌던 국가였습니다. 지금의 한국인들은 조선 이외의 역사에는 관심이 없는 것 같아요. 화폐를 보더라도 온통 조선시대 사람들뿐이죠. 아마도 세계에서 유일한 겁니다.
승은	생각해 보니까 그렇네, 중국 사람들에게 자신들의 뿌리를 물어보면, 고조선 시대 인물인 한무제를 자신들의 조상이라고 이야기하는 사람들이 압도적으로 많다고 하던데.
프락시모	중국 역사 중에 중국 한족 즉, 화하족이 세운 나라는 별로 없기 때문이죠. 진시황제도 공자도 동이족 사람이었습니다. 진나라를 무너뜨리고 한나라를 세운 유방이 진정한 화하족이었던 것이죠. 이후 요나라, 금나라, 원나라, 청나라 모두 이민족이 세운 나라였습니다. 한무제의 세력에 밀려 중원을 차지하고 있었던 동이족은 산동성 동쪽과 만주와 한반도로 세력이 밀려나게 되는 것이죠.
승은	중원이 동이족이 살던 땅이었다고? 한반도 도래인이 일본의 뿌리라고 하는 사실은 이미 알려진 학설이고, 그럼 중국의 한족은 어디에서 온 민족이지?
프락시모	쉽게 이야기하자면, 동이족은 북방계, 한족은 남방계라고

생각하시면 됩니다. 한족은 베트남 등 동남아시아로부터 중원으로 올라왔고, 동이족은 우랄 알타이산맥에서 동쪽에 이르는 몽골계에서 남하하였습니다. 여진, 거란, 말갈, 선비족, 돌궐, 동이족 등이 같은 계통이라고 보시면 됩니다. 한족과는 언어의 구성 자체가 다릅니다.[137] 유전자가 다른 민족인 것이죠.

승은   중국인들이 그렇게 좋아하는 한나라가 고조선을 멸망시켰다면, 한나라와 고조선 이전에는 어떤 나라가 있었지?

배달국과 고조선

프락시모   기원전 2333년 단군왕검이 왕검성에 수도를 세우고 고조선을 개국합니다. 그 후 2천 년 넘게 존재하는 동안 47분의 단군이 나라를 다스렸지요. 고조선 이전에는 배달국이 있었습니다. 지금의 한국은 정확히 말하면 고조선보다도 더 먼저 존재했던 배달국의 자손입니다.

승은   아, 예전에 어른들이 우리는 배달 자손이라고 했던 말이 기억난다. 고조선이 문제가 아니라 고조선 이전의 나라부터 알아야겠네.

프락시모   여러 사료를 검토한 결론을 말씀드리죠. 배달국 이전, 태초에 환국이 있었고, 7분의 환인이 3천3백 년간 다스렸습니다. 기원전 7,199년 전 일입니다.

---

[137] 한족은 고립어 계통, 동이족은 교착어 계통이다.

승은	서양에서는 괴베클리 테페나 차탈회위크 같은 초기 농경 생활이 시작하던 시기에 나라가 있었다고?
프락시모	환국과 배달, 고조선 이렇게 셋을 묶어서 삼성조 시대라고 하는데요. 환국은 아홉 개의 민족과 12개 형제국이 있었다고 합니다. 남북이 5만 리, 동서 2만 리나 되었다고 하니, 한반도에서 메소포타미아까지 아우르는 크기가 됩니다. 국가라는 개념보다는 연방체제인 듯 여겨집니다. 아무튼 환국을 다스리던 환인들 중 천산[138]을 다스리던 환인의 아들이 3천의 무리를 이끌고 동방의 태백산(백두산)에 왔는데 이곳을 신이 사는 도시 즉, 신시라고 하였습니다.[139]
승은	드디어 한반도 근방에서 신이 사는 배달민족이 시작하는 거네. 혹시 신석기가 끝나고 청동기 시대가 도래하면서 마을의 개념을 벗어나기 시작한 것이 아닐까?
프락시모	어차피 정답은 없으니 마음껏 상상하세요. 가진 지식을 총동원하여 가설을 세우고 입증해 나가는 과정을 즐기십시오. 그 과정에서 성장하고 희열을 느끼는 것이야말로 의미 있는 일이죠.
승은	그럴까? 그들은 청동기라는 신문물을 가지고, 새로운 땅을 찾아 나선 문명 개척단이 아닐까? 기후가 변하면서 농사에 더 용이한 남쪽으로 방향을 잡았을 테고, 3천 명이라는 그 당시 어마어마한 숫자로 보아 환인이 정식으로 임명한 고위

---

138) 바이칼호(천해) 동쪽에 위치하며 한민족의 기원지라고 알려져 있다.
139) 1대 커발한 환웅이 동방 태백산에서 도시국가를 창건하였다. 이를 신시 배달이라고 한다.

	관리급이었겠지?
프락시모	매우 합리적 가설이군요. 만 년 전부터 급격한 간빙기로 들어서면서 본격적인 농사가 시작되었고, 해수면이 높아지면서 기후는 매우 빠르게 변했습니다. 그 당시는 중국과 한반도 사이의 서해가 습지였기 때문에 걸어서 왕래할 정도였죠. 농사에 적합한 곳을 찾아 긴 여정 끝에 한반도까지 왔다는 추측은 매우 설득력이 있습니다. 살기 좋은 땅을 발견한 문명 개척단은 아직 원시 단계에 머물러 있던 그 지역의 웅족과 호족을 통합하여 배달국을 세우게 되는 것이죠.
승은	웅족? 호족? 호랑이와 곰을 숭상하는 토템 사상을 가지고 있었던 사람들이었구나. 쇼베 동굴에서도 곰의 머리뼈가 발견되었다고 하잖아. 고조선 단군신화에 나오는 웅녀도 배달국에서부터 유래된 이야기네.
프락시모	곰이 마늘과 쑥을 먹고 100일 동안 동굴에서 몸과 마음을 정화하여 단군과 결혼했다는 이야기는 일제가 고조선을 신화로 만들기 위해 꾸민 것이고, 아마도 하위계층이었던 웅족의 우두머리와 상위계층이었던 환웅이 혼인을 통하여 단군을 낳고 배달국에서 벗어나 또 다른 나라로 거듭난 것이 아닐까 하는 생각을 해볼 수 있겠습니다.
승은	그럼 배달국의 건국은 언제고 얼마나 존재했었지?
프락시모	배달국은 기원전 3898년 건국하였고 이후 고조선이 기원전 2333년에 탄생하기까지 약 1천6백 년간 18명의 환웅이

다스렸습니다. 1대 환웅이 커발한 환웅이고 마지막 18대 환웅이 커불단 환웅입니다. 그의 아들이 단군왕검이죠. 이름으로 추측하건대 일찌감치 제사장과 왕의 권력이 합쳐진 제정일치의 사회였다고 생각됩니다.

승은   고조선도 신화라고 주장하는 학자들도 많은데, 그 이전에 배달국이라는 버젓한 국가가 있었다는 거네. 그래서 우리를 배달민족이라고 하는구나.

프락시모   배달국의 환웅 중에 지금의 한국인도 잘 알고 있는 분이 있습니다. 바로 치우 천황입니다.

승은   그 도깨비 형상의 치우? 붉은 악마? 월드컵이나 응원할 때 자주 등장하는?

프락시모   그렇습니다. 중국에 의해서 도깨비로 비하되기는 했지만, 그분은 전쟁의 신으로 불리는 환웅으로서, 배달국의 14대 환웅입니다. 이분 시대에 북경 부근으로 수도를 옮기죠. 이때를 후기 배달국 시대 또는 청구배달이라고 합니다.

승은   왜 옮겼을까?

프락시모 중국인들이 시조로 모시는 황제 헌원을 토벌하기 위해서입니다. 아직도 하북성 탁록현에는 성터와 비문이 있습니다. 이 전투에서 치우 천황은 황제 헌원을 이기고 북경과 산동성을 다스리게 됩니다. 역사에서 탁록 전투는 매우 중요한 사건입니다.

승은   치우 천황은 어떻게 그리 싸움을 잘했지? 오죽하면 병법의 신, 전쟁의 신으로 불리었을까. 아마도 청동기 시대니까 무기에 어떤 비밀이 숨겨져 있을지도 몰라.

프락시모 매우 재미있는 상상입니다. 단순한 청동보다는 철이 함유된 무기를 가지고 있었을지도 모르죠. 아무튼 중요한 것은 황제 헌원도 한족이 아니라 동이족이라는 사실입니다. 같은 민족끼리의 전쟁이었던 것이죠. 황제 헌원이 배달국에서 떨어져 나간 세력인지, 환국에서 또 다른 개척단을 이끌고 북경 부근에 터를 잡았는지는 알려지지 않았지만, 확실한 것은 말과 문화가 같은 계통의 민족이었다는 겁니다. 이 당시의 한족은 양쯔강 이남에 사는 미약한 존재였으니까요.

승은   그런데 중국은 황제 헌원을 자신들의 시조로 모시고 있잖아. 자신들이 황제의 자손이라고 하는 것도 황제 헌원에서 유래한 것이고 말야.

프락시모 황제 헌원뿐이 아닙니다. 중국은 1990년대 이후 치우 천황도 자신들의 조상으로 둔갑시켰을 뿐만 아니라, 중화삼조

당¹⁴⁰⁾에는 황제 헌원, 치우 천황, 염제 신농을 모셔놓고 자신들의 시조라고 참배하기 시작합니다. 이분들은 모두 배달국의 환웅들인데 말이죠. 한의학과 경농의 시조인 염제 신농은 8대 환웅이고, 치우 천황은 14대 환웅, 태호 복희는 5대 환웅이었습니다.

승은 또 답답해지네. 이렇게 된 것이 불과 얼마 안 된 일이었구나. 조금만 더 세월이 흐르면 배달국은 완전히 한족의 역사가 되겠어.

프락시모 이미 그렇게 되었습니다. 지금도 중국과 한국인들은 이런 현상을 당연하게 받아들이고 있습니다. 삼황을 중국에서는 태호 복희, 염제 신농, 황제 헌원이라고 하고요. 한국에서는 환인천제, 환웅천황, 단군왕검이라고 하죠. 사실 이 모든 명칭이 동이족의 역사인데 말이죠. 이렇게 적극적으로 자신들의 역사를 부풀리기에 혈안이 되어있는 주변국에 비해, 한국은 자랑스러운 자신들의 할아버지나 조상들을 비하하거나 축소하기에 바쁘니 참 안타까운 일입니다.

승은 우리는 언제부터 이렇게 되었을까? 항일투쟁을 했던 애국지사까지 폄하한다거나, 반민특위¹⁴¹⁾를 강제 해산시키고, 수십만을 학살하고 부정선거를 통해 독재를 하려다가 쫓겨난 이승만을 국부로 추종하는 사람들이 자신의 조상을 부정

---

140) 중국의 선조를 참배하는 사당.
141) 일제 강점기에 있었던 친일파들의 민족 반역 행위를 조사하고 처벌하기 위해 1948년 제헌 국회에 설치되었던 특별 기구이다. 정식 명칭은 '반민족 행위 특별 조사 위원회'이다.

하는 태도에 한몫하지 않았을까?

프락시모   반대로 생각하면, 한민족의 유구하고 장대한 역사를 몰라서 나타난 결과일 수도 있습니다. 민족정신을 말살하려는 일제의 치밀한 교육의 산물인 것이죠. 그래서 역사를 모르는 민족에게 미래는 없다는 말이 존재하는 것입니다. 개인도 마찬가지고요.

승은   배달국이 대략 어떤 시대인지는 알았으니 그다음 이어지는 고조선 이야기 좀 들어볼까? 배달국의 마지막 환웅[142]이 토테미즘 사상에서 벗어나 천제사상으로 개종한 웅족의 왕녀와 혼인해서 태어난 분이 단군왕검인 거지? 단군이 세운 고조선의 수도 왕험성은 배달국의 치우 천황이 황제 헌원을 이기고 수도를 이전한 탁론현[143] 부근, 즉 북경 근처에 있었고.

프락시모   깔끔하게 정리를 잘해주셨네요. 그렇게 이해하시면 무리가 없습니다. 기원전 2333년에 단군왕검은 고조선을 세우고 아사달에 도읍을 정하죠. 다만 아사달이 북경 근처에 있었고, 같은 뜻의 왕검성, 왕험성은 2대 단군이신 단군부루 때 발해만 요하의 끝자락에 성을 지었다고 이해하면 되겠습니

---

142) 48년간 제위했던 커불단 환웅.
143) "치우가 난을 일으켜 황제의 명을 듣지 않자, 이에 황제는 제후들의 군사를 징발해 탁록(涿鹿)의 들에서 치우와 싸워 마침내 치우를 잡아 죽였다." 사마천(기원전 1~2세기). 〈권제1 오제본기(五帝本紀) / (漢文本)〉《사기》. 10년간 73회의 전투를 벌여 황제를 사로잡아 신하로 삼았다는 설도 있다. 그러나 현재 중국은 묘족의 수장 치우가 화하족의 수장 황제에게 전멸되었다고 바꾸어놓았다.

다. 하지만 아사달과 왕검성, 왕험성이 같은 지역에 있었다고 주장하는 학자도 있습니다. 어쨌건 고조선의 중심지는 지금의 북경 일대입니다. 한국의 역사는 고려 때까지만 해도 주무대가 만주와 요서를 포함하는 역사였습니다. 반도 쪽으로 축소된 것은 고려 이후 조선조에 넘어오면서부터입니다. 고조선의 대를 이은 고구려의 발상지가 바로 중국 노룡현 지방이고, 현재의 평양 천도는 그 한참 후에 이루어진 것입니다. 당태종이 고구려를 칠 때 고구려의 수도가 바로 노룡 지방입니다. 이때 당나라에 요서평양 즉 노룡 지역을 내주고, 현재의 평양으로 옮겨 온 것이죠. 그러나 현재의 한국 역사는 이 당시 활약했던 안시성의 양만춘 장군의 존재조차 인정하지 않죠.

승은 우리 역사 이야기만 나오면 열받는 일뿐이네. 좌우지간 고대사의 핵심은 한반도가 아니라 지금의 중국 땅에서 벌어진 역사라는 거지?

프락시모 그렇습니다. 기록에 나오는 위만조선[144]이나 기자조선[145] 모두 한반도가 아니라 지금의 북경이나 산동성 일대에서 일어난 사건인 것입니다.

승은 고조선의 영토가 그렇게 넓었구나!

---

144) 한나라 여태후의 탄압을 피해서 고조선에 망명하였으나, 군사력을 키워 준왕을 몰아내고 후기 고조선의 일부, 번조선의 왕이 된 인물이다.
145) 중국 사서에만 등장하는 인물로 한반도에는 온 적이 없고 고조선 영역인 번조선에서 제후가 된 것으로 보아야 할 것이다.

프락시모	고조선은 국가의 체계를 갖추면서 삼한관 경제라는 독특한 구조로 국가를 운영하였습니다. 즉 나라를 셋으로 나누어 다스린 제도이죠. 나라의 강역을 천지인 삼재의 원리에 따라 진한(人), 번한(地), 마한(天) 셋으로 나누어 통치하는 방식을 말합니다. 진한은 만주 일대로서 단군왕검이 직접 다스리고, 요서와 한반도에 자리 잡았던 번한과 마한은 각기 단군을 보좌하는 부단군이 다스렸습니다.
승은	로마 시대에도 넓은 영토를 효율적으로 다스리기 위해 잠깐이긴 하지만 2명의 황제와 2명의 부황제를 두고 운영했었잖아.
프락시모	그렇습니다. 우리 역사의 최전성기인 고조선의 실체는 한 국가 안에 진한, 번한, 마한이라는 삼한 연방제로 광활한 대륙을 다스렸다는 것입니다. 위만조선이 고조선을 이어받았다는 주장은 상당히 문제가 많은 학설입니다. 고조선의 한쪽 날개인 번조선의 준왕을 내쫓고 왕위를 찬탈한 위만을 버젓이 고조선의 정통 왕위 계승자로 둔갑해 놓은 것입니다. 이것은 중국과 일본이 조작한 내용을 그대로 따른 것입니다.
승은	고조선은 사유재산이 인정되고, 팔조금법이라는 법체계가 확실히 존재했었다고 하던데, 이렇게 중요한 시대에 대한 연구도 부족할 뿐만 아니라, 존재 자체를 부정하는 학설이 버젓이 교과서에 실리다니. 알면 알수록 화가 안 날 수가 없네.
프락시모	게다가 한글의 근원이 되는 가림토 38자를 만들어 사용했었던 대단한 국가였습니다. 훈민정음과 가림토의 모양과

	체계는 상당히 닮아있고, 세종대왕도 옛 글자를 모방하여 한글을 만들었다고 직접 이야기도 하셨죠.
승은	이런 자랑스러운 역사를 우리는 왜 인정하지 않으려고 할까?
프락시모	러시아 사학자 U. M. 부틴이라는 사람이 세계 고대사 세미나 중에 "동북아 고대사에서 단군 조선을 제외하면 아시아 역사는 이해할 수 없다. 그만큼 단군 조선은 아시아 고대사에 중요한 위치를 차지한다. 한국인은 그처럼 중요한 고대사를 왜 부인하는지 모르겠다. 일본이나 중국은 없는 역사도 만들어내는데, 당신들 한국인은 어째서 있는 역사도 없다고 그러는지, 도대체 알 수 없는 나라이다"라고 말하기도 했죠.
승은	단군 같은 시조를 지폐에 넣으면 좋을 텐데, 맨날 조선시대 사람들만 등장시키지 말고.
프락시모	몇 년 전 카자흐스탄에서는 단군 주화를 만들었습니다. 오히려 주변의 다른 나라에서는 단군의 존재를 인정하고 있다는 증거죠.
승은	너무 안타깝다. 중국 아이들은 광개토대왕이 자신들의 선조라고 배우고, 일본은 학생들에게 독도는 당연히 자신들의 영토라고 가르치는데, 우리는 단군이 신화일 뿐이고, 조선 이전의 우리 영토는 지금의 중국 땅에 있었다고 말하면 미친 사람 취급을 받는 우리의 현실….
프락시모	역사를 모르는 민족에게 미래는 없다는 말을 꼭 기억하시길 바라면서, 마지막으로 한민족의 기원이라고 할 수 있는 홍

	산 문화에 대해서 말씀을 드리죠.
승은	홍산 문화, 요하 문명 모두 같은 의미인 거지?
프락시모	그렇습니다. 문화는 문명 속의 조금 작은 개념이라고 할 수 있죠. 요하 문명 속의 홍산 문화는 나중에 고조선과 직접 연결되는 대단히 중요한 유적입니다. 중국의 하북성, 요녕성, 내몽골 자치구에 존재했던 고대 유적으로 지금으로부터 거의 1만 년 전에 시작되었다고 볼 수 있죠. 황하 문명보다 최소 2천5백 년 이상 빠른 수준 높은 문명입니다.
승은	그런데 나는 홍산 문화라는 말이 이렇게 생소하지? 나만 그런 건가?
프락시모	한국인에게 조선의 역사 말고 낯설지 않은 것이 무엇이 있겠습니까?
승은	그렇긴 하지만, 요하 문명, 홍산 문화 이런 단어는 특히 그렇다는 말이지.
프락시모	지금까지 인정되고 있는 4대 문명 발상지 중 가장 빠른 메소포타미아 문명보다 최소 1천 년 이상 앞서는 문명이 요하 문명입니다. 황하 문명이 아직 국가 단계에 들어가지 못했을 때 벌써 국가의 전 단계에 진입했던 문명이죠. 즉 동이족이 거주하는 곳에서 먼저 문명이 시작되어 황하 문명권으로 넘어간 것입니다. 이러한 문화의 토대 위에서 고조선이 건국되었죠. 중국의 저명한 고고학자들도 '중국 문명의 서광이 홍산 문화에서 열렸다'고 했습니다.

승은	배달국과 고조선에 직결되는 중요한 문명이네. 이런 유적이 어떻게 발굴되었지? 우리만 모르고 있는 거야?
프락시모	20세기 초에 도리이 류조라는 일본인이 이 지역에서 한민족 고유의 풍습인 돌로 무덤을 만든 적석총을 발견하면서 알려지게 되었습니다. 처음에는 관심이 없다가, 1931년 일본이 초대 황제로 푸이를 내세운 만주국을 세우면서 "만몽[146]은 중국과 다르다"라는 구호 아래 중국의 장개석 정부하고 분리하는 정책을 세웁니다. 이 과정에서 요하 문명이 학문적 토대를 마련하여, 만주국을 중원으로부터 분리하는 데 이용했죠. 일본 패망 이후에 중국은 이 지역을 적극적 발굴을 시작하였고, 발굴 초기에는 정치적 목표가 없었기 때문에, 순수하게 동이족이라고 발표했습니다. 그러나 늘 그렇듯이 점차 한족의 문화라고 몰아가기 시작했죠.
승은	주변국은 늘 그렇듯이 역사를 왜곡하고, 우리는 늘 그렇듯이 별 대응 없이 그냥 넘어가고.

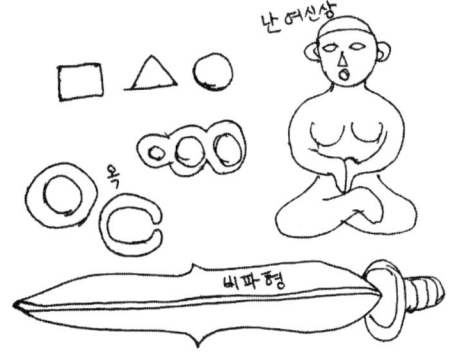

---

146) 만주와 몽골.

프락시모	중국은 문화유적이 발견되면 그 유적이 중국의 56개 민족 중 어느 민족의 유적인지 유물 속 유골의 DNA부터 분석합니다. DNA 자료는 UN에서 진행했던 인간게놈 프로젝트의 결과물을 기반으로 합니다. 그런데 요하 문명의 유적에서 함께 발견된 유골의 DNA에서는 중국인의 것이 하나도 나오지 않고 한국인의 것만 나왔습니다. 그뿐만 아니라 동이족 특유의 유적들이 발견되었습니다.
승은	그게 뭔데?
프락시모	홍산 문화의 3대 특징은 여신을 모신 사당과 원형 제단, 적석총이라고 할 수 있습니다. 이 가운데 적석총은 우리 동이족 매장 문화의 가장 큰 특징 중의 하나입니다. 어느 문화의 '특징'이라는 것은 다른 지역에서는 그 특징이 나타나지 않는다는 의미입니다. 즉, 섬서성처럼 중국 한족 문화가 융성한 황하 문명권에서는 이런 특징을 가진 동이족의 유적이 발굴되지 않습니다. 중국 황제는 무덤 조성 시 평지에 흙을 끌어모아 토갱(土坑)을 만들었죠. 게다가 능(陵)과 태묘(太廟), 제단(祭壇) 등은 부락 단계에서는 볼 수 없는 국가의 상징인데, 대규모 제단이 황하 문명에 앞선 홍산 문화에서 발견이 된 것이죠.
승은	중국은 특히, 자신들에게 불리한 유적이 발견되면 더 이상 조사를 하지 않는다고 하던데, 홍산 문화도 그런 식이었나.
프락시모	동북공정 이전의 일이니, 그 정도까지는 아니지만 워낙 방대하고 중요한 발견임에도 불구하고 자신들의 문화가 아니

기에 의미를 축소하고 감춰온 것이죠. 아무튼 여기서 발견되는 여제사장이 가부좌를 하고 참선하는 모습의 유물은 그 이후 다른 지역에서 발견되는 임신이나 생육을 강조하는 조각상과는 너무나 대조적입니다. 여신이 된 웅녀의 모습을 뜻하는 것일 수도 있죠. 실제로 곰 발바닥 조각상이 발견되었는데 이것은 웅족과 호족의 신화와 삼성기의 기록이 일치하는 부분입니다. 입을 벌리고 주문을 읽는 모습의 수행하는 남신상도 출토되었습니다. 그 외에도 다양한 옥기나 비파형 옥검, 청동검, 청동의기, 온돌, 검파형, 방패형 문양의 한국형 암각화 등등 동이족만이 가지는 유물과 유적이 대량으로 발굴되었습니다.

승은   진짜 흥미로운 부분이네. 그 시절에 이미 여제사장이 수행하는 형상의 조각상이라니, 게다가 곰 발바닥까지! 영화로 만들어도 재밌겠다. 이렇게 확실한 한민족 문명이 많이 알려지면 좋을 텐데.

프락시모   그렇습니다. 식민지를 겪었던 많은 민족 중에서도 특히 한국인들이 고대 역사에 둔감한 것 같아요. 그만큼 치밀했던 일본의 식민교육 덕분이었겠지요. 그렇기 때문에 더욱더 올바른 역사의식이 필요할 것입니다.

승은   프레임에 스스로 갇히지 말고 상식과 상상력을 더해 그 시대로 돌아가서 생각하려는 자세도 중요한 것 같아. 한국에서 역사 교육의 경우, 배우면 배울수록 사실과 다른 편견이 생기는 경우도 많잖아.

프락시모	중요한 지적이네요. 대화의 보람을 느낍니다. 가능성을 열어두고 합리적이고 상식적인 서사를 상상해도 좋을듯합니다. 예를 들어 상투는 고유한 동이족의 풍습입니다. 진나라 병마용도 모두 상투를 틀었죠. 진시황과 동이족의 관계도 생각해 볼 수 있습니다. 중국처럼 억지를 부린다는 개념은 아니죠. 다른 예를 들어볼까요. 고조선 시대에 만주 지역에는 중국인이 살지 않았습니다. 한족이 만주 지역에 최초로 살기 시작한 것은 청나라 말기입니다. 그전에는 한족이 만주에 와서 산 적이 없지요. 홍산 유적에서 나온 인골들에서 중국인 유전자가 발견되었다면 중국이 동북공정 따위를 할 필요도 없었겠죠. 그러나 홍산 문명이 상징하는 무서운 가설이 있습니다. 고조선 지역에서 홍산 문명이 청동기 고대 문명을 이룰 때 중국은 석기시대였고 중국 원주민들은 어느 날 갑자기 고조선족에 의해서 순식간에 정복되고 동이족의 시대가 열렸으며 중국이 원시사회를 벗어나는 계기가 되었다는 것입니다.
승은	사실일지도 모르겠지만 그럴듯하네.
프락시모	매우 설득력 있는 추측을 더하자면, 고조선의 남하에 의해서 중국 최초의 국가인 은나라가 건국됩니다. 중국의 모든 문화는 고조선의 문화로부터 시작되었습니다. 농업, 의류, 건축, 토목, 금속기, 달력, 도자기, 문자, 문학, 음악, 미술, 춤, 군사, 무기, 도덕, 철학, 종교 등등, 중국의 삼황오제시대 역사에 중국인들이 한 명도 등장하지 않고 동이족들만 등장

	하는 이유가 당시 중국은 석기시대 원시사회라 원시인들은 이름도 성도 없고 그것을 적을 종이나 문자도 없었기 때문에 이름을 남긴 사람이 없는 것입니다. 사마천의 사기에서도 삼황오제에 대한 언급은 없습니다.
승은	이런 이야기를 추측이 아니라 사실로 증명하는 한국의 재야 사학자들도 많던데, 아무튼 여러 가지 학설들이 교과서에 같이 실렸으면 좋겠어.
프락시모	저도 식민사학의 관점에서 벗어난 자료를 종합하여 말씀드리는 중입니다. 이어서 마무리하자면, 은나라 이후 중국사는 고조선 지역에서 남하한 동이족이 주도하여 이루어졌으며, 2,500년이 지난 후 기원전 202년에 중국 원주민에 의한 한나라가 세워지면서 고조선은 황하 이북 및 만주와 한반도 등으로 밀려나게 됩니다. 고구려, 신라, 백제, 삼국은 동이족이 중원의 지배권을 상실하고 고향인 동쪽과 북쪽으로 밀려나는 과정에서 생겨난 왕조들입니다. 중원의 동이족이 황하 이북과 만주 지역으로 밀린 것이 고구려이고, 동이족이 산동 지역의 동쪽으로 밀렸다가 한반도 서쪽까지 걸친 것이 백제, 중원 남쪽을 차지하고 있던 동이족이 경상도까지 피신한 것이 신라입니다. 정치세력과 관계없는 서민들은 중국에서 계속 살았으며 오늘날까지 중국인으로 살고 있는 것이죠.
승은	교과서에서는 접하지 못했던 역사지만, 생소하다고 해서 말도 안 되는 소리라고 무시해서도 안 될 것 같아. 은근히

　　　　　　설득력이 있거든.

프락시모　현재 한국의 역사는 중국과 일본 사람들이 만들어놓은 반도 사관에서 조금도 벗어나지 못하고 있습니다. '단군은 신화이고, 기자는 허구이며, 위만은 연나라 사람이니까 우리 민족은 타율적이며, 지배받아야 하는 열등한 민족'이라는 것이 식민사관의 핵심입니다. 중국과 일본은 자기 민족에 대한 긍지를 살리는 역사를 가르치지만, 한국은 대륙으로 한 번도 진출해 보지 못하고 한반도 안에서 지지고 볶고 싸우는 민족으로, 도저히 민족과 역사에 대한 자부심을 가질 수 없는 역사를 가르치는 실정입니다.

승은　확실히 한국에서 만든 컴퓨터답다. 한국적 시각으로 이야기해 주니까, 왠지 힘도 나고 희망이 보인다. 중국과 일본의 시각으로 우리 민족을 생각하면 안 되겠지. 국가와 민족과 역사는 삼위일체니까.

　둘 사이에 짧은 정적이 흘렀다. 충만한 대화였지만 녹록지 않은 대한민국의 현실이 더욱 차갑게 느껴졌기 때문인지도 몰랐다. 프락시모는 더 이상 대화를 이어가야 할지 망설였고, 승은의 머릿속은 복잡했다. 잘못된 역사관을 한 번도 의심해 본 적 없이 살았던 자신, 가족보다 돈이 더 중요하다는 의식이 팽배한 사회, 성형은 밥 먹듯이 하면서 노인 자살률, 저출산율, 우울증 지표는 1위인 국가…. 그럼에도 불구하고 프랑스 어느 신문사에서 "모든 것이 정신없이 돌아가면서도 깊은 인간미가 있고, 다양하면서도 상반되는 것들이 환상적으로 공존하는 한국의 수도,

서울에는 전체 인구의 절반이 모여 산다"라고 표현한 나라. 이처럼 한국은 너무나 많은 것들이 혼재된 채 격동의 몸살을 앓고 있었다.

승은	지금 우리는 올바른 역사의식 위에서 원대한 상상력을 잃지 않는 신인류가 필요한 것 같아. 마치 밀림을 벗어나 초원에서 새롭게 적응했던 남방 원숭이처럼 말이야.
프락시모	밀림에서 고착된 원숭이들이 아직도 그곳을 벗어나지 못하는 것처럼, 인간들은 도시에서 너무 오랫동안 모여 살았는지도 몰라요. 타성에 젖은 털 없는 원숭이들이 넘쳐나는 세상이 된 것입니다. 전쟁과 종교, 자본의 광기 속에서 약자들의 인권은 안중에도 없이 말이죠. 한반도도 예외는 아닙니다. 남북한 모두 분단을 빌미로 많은 가치들이 훼손되고 한국은 권위주의와 이념 갈등이 팽배한 정글이 되었지요. 제발 우아한 원숭이들로 새롭게 거듭나길 기원합니다.

6화 요점 정리

● 일본은 기본적으로 역사적 태동이 늦은 탓에 역사 콤플렉스가 있다. 1905년 외교권을 박탈하고, 1910년 강제 한일 늑약을 체결하였다. 일본은 1919년 무단통치에서 문화통치로 바꾸면서 **역사 왜곡과 언어 말살, 친일파의 대량 양산을 3대 목표로 삼는다.**

● **조선 통감부 초대 통감 이토 히로부미와 조선총독부 초대 총독 데라우치 마사다케**가 주도하여 한국사 왜곡 조작을 지시하고 실행하였고, 엄청난 양의 한국 고대사서와 문화재를 약탈하였다.

● 일본은 1910년 한일병합 직후 그해 11월 조선총독부 산하 취조국을 마련하고 전국의 모든 역사 서적을 수색하여 수집하였다. **51종의 20여만 권의 조선 역사서**(특히 단군에 관한)를 지금의 남산 중앙정보부 터(당시 조선 통감이 살았던 곳)와 경복궁에서 며칠에 걸쳐 밤낮으로 **소각**하였다.

● **일제는 1922년 조선사 편수회를 만들어 새롭게 한국의 역사를 조작, 날조, 편집하였다.** 이 과정에서 우리의 상고사는 사라지고 단군은 신화화되었다. 이병도(이완용의 조카)와 신석호(이병도의 제자)가 식민사학의 선두에 섰다.

● 이성계가 왕이 되는 과정에서 명나라에 대해 스스로 소국임을 자처하면서 사대주의(속국)가 시작되었다. 세조 때에는 국가령으로 **불순**

금서를 수집하였다. 주로 **고대 상고사**였는데, 황제 시대인 선대의 기록들이 명나라의 심기를 건드릴까 염려한 것으로 추정된다. 이후 만주와 요동, 요서에 대한 회복 의지는 사라졌을 뿐 아니라 스스로 그런 기록을 보존하기도 꺼려 하였다. 조선은 스스로 한반도로 입지를 줄이고 탄생한 나라였다. 많은 장점과 철저한 기록 문화는 높이 살 만하나, 중기 이후 왕권이 약화된 상태의 붕당정치와 세도정치는 너무나 절망적이었다.

● **일본의 임나일본부설**: 4세기 중반부터 6세기 중반까지 남한의 경상도와 충정도 지역을 다스렸다는 일본의 주장이다. 그러나 임나는 대마도를 말하며, 대마도는 고구려, 백제, 신라가 나누어 다스렸고, 대마도뿐 아니라 일본 서쪽 열도 대부분을 처음 진출한 가야, 그다음 백제, 신라, 고구려가 차례대로 다스렸다. 일본에 남아있는 한국의 지명과 유물 등이 사실을 증명한다. 규슈와 나라 등지에는 셀 수 없는 가야와 백제의 유물들이 있다. 동시대 쇠판으로 만든 일본의 갑옷에 비해, 가야의 갑옷은 비늘로 되어있고 말의 재갈이나 등자 등 철제무기나 옷 등에서 비교할 수 없는 수준의 유물들이었다. 한반도 남부의 가야 지역에서는 왜의 유물이 거의 나오지 않는다. 유물들의 흐름으로 볼 때 압도적인 양이 한반도에서 일본열도로 건너간다. 규슈와 나라 등(특히 관서 지방)에서 출토된 셀 수도 없는 많은 유물과 유적이 이를 증명한다.

● **중국의 한사군**은 한무제가 고조선을 멸망시키고 고조선의 강역에 세운 4개의 주둔지를 말한다, 그나마 4개, 3개, 2개 등 일관되지 않은

데, 그것마저도 고조선 멸망 후 곧 일어난 북부여에게 모두 무너진다. 이 위치에 대해서도 반도 사관에 입각한 사학자들의 관점과 사관이 안타깝다. 한(漢)사군의 '낙랑군 평양설 주둔설'이 소위 '정설'로 굳어진 것은 **조선총독부 조선사편수회에서 한국사를 왜곡 날조한 후의 일이다.** 한(漢)사군의 낙랑군은 한반도에 설치된 적이 없다. 한사군은 북한(대동강)에 있었던 것이 아니라 요서 지역에 있었다는 것이 많은 사료를 통해 증명되었다.

● 동이족은 유라시아 대륙을 기반으로 환국에서 갈라져 나온 유목민족이다. 근본적으로 중국의 한족(화하족, 황제족)과 다른 민족이다. **현대 일본인은 한국인의 후예이다.** 가야가 신라에 통합되면서 지배층이 일본으로 건너갔다. 가야 도래인들이 소와 말을 처음 건네주었고, 무덤과 토기의 제조 기술 또한 전수하였다. 기원전 4세기에 규슈에 농업이 전파된 이후 일본 전역으로 확산되었다.

● **중국은 2002년 2월부터** 만리장성 밖 동북 3성(요령성, 길림성, 흑룡강성) 지역에서 일어났던 고조선, 고구려, 대진(발해) 같은 한국의 고대 역사를 빼앗는 **'동북공정(東北工程)'을 시행하였다.** 그 목적은 '중국이 역사상 최초의 나라이며 세계 문명의 종주국'이라는 사실을 정당화하려는 것이다.

● **환국·배달·고조선** 이 셋을 **삼성조 시대**라고 한다.
환국: 7명의 환인(7199~3898/3천3백 년간) - 태초에 12개국이 있었다.

배달: 18명의 환웅(3898~2333) - 3천 명의 무리를 이끌고 동방 태백산(백두산) 아래 신시(神市)에 와서 토착족인 웅족과 호족을 통합하여 배달국을 건국하였다. 이를 신시배달이라고 한다. 14대 치우(자오지) 천황 때 지금의 북경 부근으로 활동지를 옮긴다. 이때를 후기 배달국 시대, 청구배달이라고 한다. 배달국 1대 환웅이 커발한 환웅, 18대 마지막이 커불단 환웅이고, 그의 아들이 단군이다.

단군: 47분의 단군(2333~238) - 단군왕검이 왕검성에 수도를 세우고 고조선을 개국한다.

- **요하 문명:** 기원전 8천 년 전 환국 시대부터 시작되어, 서기 5천 년 전, 배달국의 **홍산 문화**로 이어지는 중요한 유적으로 고조선으로 직접 연결되는 중요한 문명이다. 황하 문명보다 1천 년 이상 빠르고 문화적으로도 훨씬 수준 높은 문명이다.

- **동아시아에서 최초로 나라를 세운 것이 바로 우리 동이족이 세운 '고조선'이다.** 이는 홍산 문화(紅山文化)가 발굴되면서 입증되었다.

- **홍산 문화의 3대 특징은 여신을 모신 사당과 원형 제단, 적석총**이라고 할 수 있다.

- 여기서 발견되는 **여제사장의 참선(가부좌)하는 모습**은 그 이후 다른 지역에서 발견되는 임신이나 생육을 강조하는 조각상과는 너무나 대조적이다. 그 외 비파형 청동검, 남신상, 옥검 등이 발굴되었다.

● 사마천은 《사기》 130권 중 115번째 조선 열전에 고조선이 멸망하기까지의 과정을 기록하였다. 이 자체가 고조선의 존재를 입증하는 것이다. 단군왕검은 고조선을 삼한관경제(三韓管境制)로 경영하였다. 즉 나라를 셋으로 나누어 다스렸던 것이다. 천자(황제)가 다스리는 중심의 진한(진조선)과 한반도의 마한(막조선)과 중국과 인접한 서쪽의 번한(번조선)이다.

맺음말

우리는 한 세기가 지나도록 독립열사를 여전히 좌파나 종북세력으로 몰아가는 어처구니없는 세상에 살고 있다. 홍범도 장군의 동상을 육사에서 제거하자는 움직임도 모자라, 김구 선생을 테러리스트로 규정한 책이 광복절에 맞춰 출간되는가 하면, 정부는 종로 한복판에 이승만 기념관 건립을 검토하고, 이에 기업들의 참여 열기가 뜨겁단다. 민족의식과 애국이 아직도 이념과 정치의 도구로 사용되는 현실이 안타까울 뿐이다. 가뜩이나 새장 같은 아파트에 갇혀서 자라난 아이들이 이렇게 처참하게 비틀어진 역사관에 세뇌되어 자란다면, 대한민국의 미래는 암울했던 과거에서 크게 벗어나지 못할 확률이 높다. 우리 아이들은 더 이상 자신들의 역사를 스스로 축소하고 왜곡하고 부정하는 사회에서 자라서는 안 된다는 마음이 간절하다. 내 자식 또래의 우리 학생들은 한반도의 미래를 짊어질 신인류의 시작점이 되었으면 하는 필자의 염원만큼, 부디 혼탁한 이런 기회를 반면교사로 삼아 슬기롭게 헤쳐나가기를 바란다. 허물이 벗겨지는 무방비 상태, 즉 가장 약할 때 성장의 기회를 맞는 갑각류처럼 말이다.

나는 우리나라가 세계에서 가장 아름다운 나라가 되기를 원한다. 가장 부강한 나라가 되기를 원하는 것이 아니다. 내가 남의 침략에 가슴이 아팠으니, 내 나라가 남의 나라를 침략하는 것을 원치 아니한다. 우리의 부력은 우리의 생활을 풍족히 할 만하고, 우리의 강력은 남의 침략을 막을 만하면 족하다. 오직 한없이 가지고 싶은 것은 높은 문화의 힘이다. 문화의 힘은 우리 자신을 행복되게 하고, 나아가서 남에게 행복을 주겠기 때문이다.

- 김구 《내가 원하는 나라》, 1947